哈佛非虚构写作课
怎样讲好一个故事

[美] 马克·克雷默 编
温迪·考尔
Mark Kramer
Wendy Call

王宇光 等译

Telling True Stories
A Nonfiction Writers' Guide from the Nieman
Foundation at Harvard University

"Telling True Stories: A Nonfiction Writers' Guide from the Nieman Foundation at Harvard University" by Mark Kramer and Wendy Call(editor)
Copyright © 2007 by President and Fellow of Harvard College
Chinese translation copyright © 2015 by Caixin Media Company Limited
© 中南博集天卷文化传媒有限公司。本书版权受法律保护。未经权利人许可，任何人不得以任何方式使用本书包括正文、插图、封面、版式等任何部分内容，违者将受到法律制裁。

著作权合同登记号：图字18-2021-273

图书在版编目（CIP）数据

哈佛非虚构写作课：怎样讲好一个故事 /（美）马克·克雷默（Mark Kramer），（美）温迪·考尔（Wendy Call）编；王宇光等译. -- 长沙：湖南文艺出版社，2022.2
书名原文: Telling True Stories: A Nonfiction Writers' Guide from the Nieman Foundation at Harvard University
ISBN 978-7-5726-0493-5

Ⅰ.①哈… Ⅱ.①马… ②温… ③王… Ⅲ.①新闻写作 Ⅳ.①G212.2

中国版本图书馆CIP数据核字（2021）第269785号

上架建议：畅销·创意写作

HAFO FEIXUGOU XIEZUOKE: ZENYANG JIANGHAO YI GE GUSHI
哈佛非虚构写作课：怎样讲好一个故事

编　者：	[美]马克·克雷默（Mark Kramer）
	[美]温迪·考尔（Wendy Call）
译　者：	王宇光等
出 版 人：	曾赛丰
责任编辑：	刘雪琳
财新图书主编：	徐　晓
财新图书策划：	李佳钰
封面设计：	余　雷
版式设计：	谭　锴
出　　版：	湖南文艺出版社
	（长沙市雨花区东二环一段 508 号 邮编：410014）
网　　址：	www.hnwy.net
印　　刷：	三河市兴博印务有限公司
经　　销：	新华书店
开　　本：	875mm×1270mm　1/32
字　　数：	278 千字
印　　张：	11.25
版　　次：	2022 年 2 月第 1 版
印　　次：	2022 年 2 月第 1 次印刷
书　　号：	ISBN 978-7-5726-0493-5
定　　价：	68.00 元

若有质量问题，请致电质量监督电话：010-59096394
团购电话：010-59320018

中文版序

郭庆光

中国人民大学新闻学院执行院长、教授、博士生导师

我刚刚拿到这本《哈佛非虚构写作课：怎样讲好一个故事》的译稿，就听到了一个令人振奋的消息：白俄罗斯著名非虚构作家、新闻记者、毕业于明斯克大学新闻系的斯韦特兰娜·阿列克谢耶维奇荣获了2015年的诺贝尔文学奖。对新闻工作者来说这不啻是个福音，它意味着以历史、时代、社会和人性的深度发掘为己任的非虚构写作，在社会意义和文学价值两个方面都得到了空前的承认。

眼前的这本书，就是关于非虚构写作的。它根据"尼曼叙事性新闻会议"的精彩演讲结集而成，收录了美国51位最有经验的杰出新闻从业者对非虚构写作的经典心得，凝聚了世界一流记者、编辑、作家或出版人的经验和思考。书中不仅提供了非虚构写作的报道理念和社会视角，其丰富的采访实践与报道案例也让我们在阅读过程中产生思考并受益匪浅。

本书没有大而化之的理论，也没有把这些普利策奖、国家出版奖得主的经验奉为金科玉律；相反，从寻找选题、采访设计，到写作、编辑，每一个环节都有至少一章的详尽讨论。在书中你也可以看到观点

的争议，比如确定选题时是应该选择有陌生感、新奇感的群体还是从身边最熟悉的人入手，又如采访时到底应该录音还是不录音，等等，但不管哪一种观点，都会给你深深的启发，甚至会给你带来思考后的顿悟。

这是一本好书。中译本的出版，是一件值得庆贺的事情，我愿意把这本书推荐给正在从事深度报道、叙事新闻、专题报道的新闻工作者和广大在校新闻学子，它可以作为一本常翻常新的案头书：当你在采访写作中对某些环节或某些问题产生困惑时，不妨听一听这些一流作者的建议。任何新闻写作都是讲故事，无论你使用什么文体，处理的是什么主题，都要面对如何让读者进入你的故事情境，如何把握叙事节奏，如何让故事主体、读者和作者之间产生情感共鸣等问题，这里有共通的传播规律。

非虚构写作，也被称为"叙事新闻"，发源于20世纪前期，20世纪60年代在《时尚先生》《滚石》《纽约客》等杂志上迎来繁盛时期，在信息超载的互联网时代，以深度著称的非虚构写作又一次展现出不凡的魅力和生命力。非虚构写作技巧包括使用场景表达、引用丰富对话、描写人物细节以及选取独特视角等，这些手法在人物报道、专题报道、专栏报道、游记采写、历史写作以及调查性报道等领域中得到广泛应用。相比于消息写作的倒金字塔结构，非虚构写作更提倡一个精彩的结尾，以系列叙事作品《天使和魔鬼》而获普利策新闻奖的托马斯·弗伦奇就认为在叙述性写作中,结尾最重要,而并不是开场。

非虚构写作可以说是精耕细作的深度新闻精品。在互联网实时传播的快节奏下,虽然即时的碎片化新闻消费成为时尚,但社会对深度新闻精品的需求并没有减弱,毋宁说更加旺盛了。在注意力瞬息转换的网络时代,如何能让社会成员静下心来系统地思考深层次的问题?如何吸引多元化的受众?如何发掘和呈现新闻的深度意义?回答这些问题,《哈佛非虚构写作课:怎样讲好一个故事》也许能够给我们提供新的启示。

在为本书写下这篇序文之际,时值中国人民大学新闻教育 60 周年,纪念大会之后,一些在媒体工作的年轻毕业生回到学院座谈。他们的话题自然讲到了传统媒体而今的衰退和萧条、新闻工作者的压力和落寞等,这与他们在校时的乐观迥然相异。但即便如此,我还是从那一张张年轻的脸上,看到了他们作为新闻工作者的社会责任感和职业精神,看到了他们对探寻未知、讲好故事的追求和热情。我们都相信,新闻是社会的基本需求,专业的新闻媒体、有良知的新闻工作者是社会的柱石,无论什么时代,人们对新闻、对内幕、对故事的需求都是永久存在的,只是在当下的互联网时代,也许会换个形式出现。无论在任何时代,事实的深度发掘、真谛的本真揭示、故事的精彩讲述和内容的流畅呈现,都是不可或缺的。

　　最后，我还想再说一句，我认为这本书也适合更广泛的读者，无论你是否从事新闻或写作的相关工作。因为，讲故事、听故事、分享故事是我们基于社会交往和本能需求的信息行为之一。读完本书的一大触动，就是忍不住想要坐下来写点什么，感受讲述和探索带来的快乐。

2015 年 10 月 28 日写于人大宜园

前　言

马克·克雷默[1]，温迪·考尔[2]

写作是件很难的事，甚至可能让人痛苦。写得好，需要勇气、耐心、谦卑、博学、见识、执着、智慧和感受力等一系列必要的素质。《哈佛非虚构写作课》是一部手把手的写作指南，从构思到出版，每一个阶段，你都能从中获益。这本文集收录了51位美国著名作家的建议，他们都是经验极为丰富的非虚构写作者。

非虚构叙事有许多称谓：叙事性新闻（narrative journalism）、新新闻（new journalism）、文学性新闻（literary journalism）、创意非虚构写作（creative nonfiction）、特稿写作（feature writing）、非虚构小说（the nonfiction novel）、纪实叙事（documentary narrative）。我们在各种日报、生活月刊、非传统周报以及年度最佳非虚构图书榜单上都能找到非虚构作品。它的目标群体甚至包括公共电台听众、纪录片和电视观众。很多

---

[1] 马克·克雷默（Mark Kramer），哈佛大学尼曼基金会总监和驻留作家。——译者注
[2] 温迪·考尔（Wendy Call），驻西雅图的自由职业作家和编辑。她的非虚构叙事作品发表在六个国家的杂志和文集中。——译者注

大学的人类学系、传播学系、创意写作系、历史系、新闻系、文学系和社会学系等都有某种形式的非虚构写作课，但各院系的老师们常常不清楚其他老师常用的方法和兴趣。本书的作者们代表了各种各样的叙事传统，从调查报道、杂志编辑，到电影制作、诗歌创作。因此，它比多数教科书都别出心裁，也比许多写作指南更具实践性。

这种被我们称为"非虚构叙事"（或"叙事"）的体裁，对于读者和作者都是一种挑战。它在有人情味的内容里加入了学术理论和观察到的事实，给予日常事件专业的理解，整理归纳来自复杂世界的信息。它始于作者走进真实世界学习新东西的欲望。《纽约客》（*The New Yorker*）作者凯瑟琳·布[1]写道：

这就是艰难的新闻工作，也是孤独的新闻工作。不久前，我坐灰狗长途车到南部去做采访。那一次，孟菲斯车站就是我的"凯悦大酒店"（Hyatt Regency）。整整4天，我都睡在车站里，背疼，屁股也疼，没能睡上一个好觉。可是，无论是从思想上还是情绪上，我都丝毫没有觉得无聊，实际上，我反而处在一种跟无聊截然相反的状态中。确实，这是一份孤

---

[1] 凯瑟琳·布（Katherine Boo），《纽约客》专栏作家，曾为《华盛顿邮报》和《华盛顿月刊》作者和编辑，获得过普利策奖、国家杂志奖和麦克阿瑟天才奖。——译者注

独且压力很大的工作。可是,当你读到……一位经验丰富、技巧高超的作家的作品时,你就一定会觉得这是一份让人思维开阔、有所提升、其乐无穷的工作。

凯瑟琳·布的号召来自她在尼曼叙事性新闻会议(the Nieman Conference on Narrative Journalism)上的发言,本书的绝大部分内容也来源于此。每年秋天,哈佛大学尼曼基金会(the Nieman Foundation)都会举办3天会议,讨论非虚构叙事的艺术和技巧。会议包括演讲、工作坊和讨论会,有上千名处在职业生涯中期的作者和编辑参加。他们来自美国各州,以及世界各国,几乎每一个大洲都有参会者。(会议录音及更多信息详见网站:www.nieman.harvard.edu/narrative。)

本书包含了会议发言人的写作建议和经验。我们将其提炼、修订,希望能为更广泛的群体提供参考,包括非虚构写作者、学生和教师。编辑这91篇文章时,我们在篇幅上做了压缩和摘选,并重新编排,又与作者一起对文章中的字句进行了仔细推敲。最终,我们把60万字的内容精简到了原来的1/5,熬成了一大锅经验和解释的高汤。这锅汤的厨师众多,除了列出名字的51位作者,还包括他们的老师、同事和学生,以及尼曼会议的听众。因为书中的部分材料来自工作坊的问答环节,通过这些不断深入的小组讨论,发言人的想法也得以聚焦和完善。

本书为非虚构写作者提供了一本资料集。非虚构写作虽然困难，但值得为之努力付出。书中定义并描述了这项工作的许多方面。它首先对这个领域进行了综述，然后探讨了主题的选择和数据的收集（采访和调研）。书中还探讨了相关体裁（回忆录、游记、散文和评论）、叙事结构、文学性、伦理、编辑流程、新闻编辑部里的故事讲述和职业规划。

也许有读者会把这本书从头读到尾，但更多读者可能会将它当作一本参考书——一本随时可查阅的写作指南。我们对这本书的设计，确保这两种读法都会有所收获。

非虚构写作，就是讲述真实的故事。要做好这件事太难了，而且每一次都是那么难。我们希望，当你尽力想把故事讲得更好时，这本书能成为你最好的伙伴。我们祝愿你有勇气和灵感，把这件重要的事情做到极致。

马萨诸塞州，剑桥

目录

第一章 □ 叙事的邀请 / 001

故事之重 / 002

深入私人生活 / 006

叙事作品的点子 / 012

新闻业艰难却其乐无穷 / 018

第二章 □ 寻找、调查和报道话题 / 023

寻找好的主题：一个作者的几个问题 / 025

寻找好的主题：一位编辑的几个问题 / 028

为讲故事而做报道：十个窍门 / 032

访谈：迅速建立的亲密关系 / 041

参与式报道：把自己送进监狱 / 048

别总在现场 / 060

跨文化采访 / 061

报道自己人 / 064

从现场笔记到完整底稿 / 069

故事：从点子到发表 / 073

从没上过新闻学院的人的（叙事性）新闻学院 / 080

第三章 □ 非虚构流派细分 / 087

人物特写 / 089

所有的特写都是史诗 / 095

游记：内在和外在的旅程 / 099

个人随笔和第一人称角色 / 103

第一人称，有时就是写你自己 / 107

专栏：亲密的对话 / 110

撰写历史 / 113

调查性的叙事写作 / 117

公共广播：讲述社区的故事 / 120

第四章 □ 建立结构 / 125

叙事作家能从编剧身上学到什么 / 127

开头的开头 / 130

倾听对象的声音：引述和对话 / 134

倾听对象的声音：保证事实和真实 / 138

故事结构 / 140

概述与戏剧性的叙事 / 144

将故事和观念融合 / 145

结尾 / 149

第五章 □ 塑造作品品质 / 157

人物 / 159

塑造人物 / 163

重建场景 / 166

设置场景 / 171

排序：线性文字 / 175

写复杂的故事 / 182

故事的情感内核 / 186

讲故事，讲真话 / 193

谈语气 / 197

第六章 □ 伦理 / 201

事实与虚构的界线 / 203

叙事记者的伦理守则 / 210

公正对待当事人 / 213

应对危险：保护你的对象与你的故事 / 220

沉浸式新闻的两难困境 / 225

个人写作中的伦理 / 227

争取自由：真相的伦理 / 231

出处的伦理 / 234

第七章 □ 编辑 / 239

谈风格 / 241

作者和编辑的对话 / 246

修改，反复修改 / 250

100个笔记本变成35 000个词 / 253

如何以小取胜 / 258

连载叙事 / 265

编辑和作者的照管手册 / 268

第八章 □ 新闻组织里的叙事 / 273

叙事之初 / 275

报纸叙事小史 / 277

在新闻编辑部培育叙事 / 281

作为日常习惯的叙事 / 286

建立叙事团队 / 291

两种视角一个系列：作者与编辑的讨论 / 294

团队叙事 / 301

讲故事的摄影师 / 304

叙事颠覆家：组建叙事小组 / 307

第九章 □ 在杂志和图书行业规划职业生涯 / 311

做自由撰稿人 / 313

不停手：作者的时间管理 / 318

与代理合作 / 323

好书是怎样炼成的 / 326

出书：从主意到合同 / 329

书和市场 / 331

跨界：从主张到叙事 / 334

写作的热情 / 338

第一章 叙事的邀请

陆丁 / 译

故事之重
雅基·巴纳辛斯基[1]

　　我想请你和我一起动身，前往苏丹境内靠近埃塞俄比亚边境的一个饥民营。你之前肯定在电视里看过那些被饥饿折磨、腹部高度水肿的孩子。成群的苍蝇在他们嘴里、眼里爬来爬去，贪婪地吮吸着残存的最后一点津液，那是直到生命逝去才会消失的津液。而现在，你就站在他们身旁。你是一名记者，为美国中西部靠上地区的一家中型日报工作。你的任务是写一个你从来没有去过的地方，一件你完全没有可能理解的事情。至于你的读者们，他们也许一辈子也不会来到这个地方；除了会开上一张捐款支票外，他们也不知道这件事情跟他们有什么关系。

　　现在，你到这个营地已经有几天了。这里聚集了大约10万人，你每天从这些人身边绕过，有时甚至不得不从他们身上跨过。他们之所以来到这里，是因为听说这儿有水。有些人需要从埃塞俄比亚的村庄走上三个星期才能到达。可是，等他们到达这里的时候，所谓水，已经变成了干涸河道里的一汪泥浆。

　　你看着小女孩走到河边，用碎布浸吸泥浆里的水分，再一滴滴拧进塑料桶里；你坐在诊疗处，发现排队等待就医的已有上百人；绝望的父亲们把他们的孩子塞给你，觉得既然你是外国人，就一定是医生，能帮得上他们。可你唯一能给他们的，却是一个笔记本和

1　雅基·巴纳辛斯基（Jacqui Banaszynski），1988年的普利策新闻专题写作奖获得者，现为普利策奖评委。——译者注

几个事先准备好的问题。突然间,这些都变得太过渺小,根本无法应对现实。

你经过营地边那条曲折的小路,来到一大片排泄区。那些身体还算健康、还能硬撑着走到这里的人,在此解决他们的自然生理需求。只是,他们就连最基本的人的尊严都难以顾及。女人们用头巾蒙住脸,在自己的裙子里蹲下来,权且遮羞。

你深一脚浅一脚地走到石头多过土的山下,看见一群人刨开坚硬的地面,挖出一个浅坑,慢慢地安放下那些被寿布包裹住的身体。那些坑确实不用挖得很深,因为被埋葬的人都非常瘦。他们每天都要埋葬 75 个人,有时候更多,多数是婴儿。

到了晚上,你回到了包围这个可怕世界的草墙的另一边,瘫倒在一个小茅棚里的吊床上,为自己那片刻的、微不足道的饥饿感和自私的恐惧感到愧疚。你感激这黑夜,因为它让你的眼睛有几小时看不到那些可怕的场景。但你却无法堵住自己的耳朵。你仍然能听见那些咳嗽声、呕吐声、抽噎声和痛哭声。又有 75 个人死去了,你能听见他们嘶喊、愤怒的吼声,以及那种咬牙切齿的声响,听着它们吱呀着直到沉寂。

然后,你就听到另外一种声音——歌声,你听到甜美的吟唱和深沉的旋律。每到晚上,一遍又一遍,几乎总在同一时间响起。你觉得自己大概是产生了幻觉,怀疑自己是不是因为恐惧而变得太不正常。人在面对这种恐惧的情况下,怎么还能歌唱?又为什么歌唱?你在黑暗中躺着,思忖着,直到沉沉地睡去。然后,天光再现,你又睁开了眼睛。

我是 1985 年到的非洲,为《圣保罗先锋报》(*St. Paul Pioneer Press*)报道埃塞俄比亚的饥荒。此前,我从未去过北美之外的任何地方。

这歌声激起了我的好奇心。我花了好几天时间，才弄清楚到底是怎么回事。我找了好几个翻译，最后有一个人告诉我，他们那是在讲故事。在埃塞俄比亚以及现在的厄立特里亚（Eritrea），因为遭遇干旱或者轰炸，许多村庄再也无法居住。村民们不得不纷纷动身，长途跋涉，来到饥民营。在这里，他们会找一间不管多小的棚舍，按村落安顿下来。只要有可能，他们就会继续举行他们的仪式，晚上讲故事就是其中之一。老人们把孩子们聚在一起，然后大家开始放声歌唱。

这其实也是他们的学校。他们用这种方式与他们的历史、文化和律法同行。而我也因此第一次清醒地意识到：讲故事，是这样一种力量强大、历史悠久、在世界各地都普遍存在的人类活动。我们都是听着故事长大的，但我们可曾想过，这些故事如何把我们连接在一起？它们又有着怎样强大的力量？

甚至在面对死亡时，或者说，特别是在面对死亡时，这些故事依然得以传承，由年长者传给年轻人，由上一代传给下一代。他们对待这些故事，就像对待他们最珍贵的水罐，小心护持，唯恐破碎。世易时移，人生人死，沧海桑田，但故事一直绵延不绝。

从苏丹回来后，又过了几年，我偶然读到蒂姆·奥布莱恩（Tim O'Brien）的《士兵的重负》（*The Things They Carried*）。这本书后来也成了我最喜欢的书之一。他在书中写道："因为我们要连接过去与未来，所以有了故事。因为每值深夜，你无法想起你如何从过去走到现在，所以有了故事。当记忆被抹去，当除了故事再也没有什么值得记住的时候，故事是为了获得永恒。"

托马斯·亚历克斯·蒂松是我在《西雅图时报》一起工作过的同事，我也问过他这个问题：为什么人类需要故事？他是这么回答的：

感谢上帝，世界上有故事。感谢上帝，有人有故事可讲，有人会讲故事，有人将故事当作精神食粮消化吸收。故事让我们的经验成为实在的东西，让我们不至于盲目地走过人生的旅途。没有故事，所有发生的事都会四处飘散，彼此毫无差别。没有任何事情有任何意义。可一旦你把发生的事情转化为故事，所有与生而为人相关的好东西也都会随之出现：你会笑，会敬畏，会充满激情地去行动，会被激怒，会想去改变什么。

我的朋友和同行凯瑟琳·兰弗（Katherine Lanpher）曾经为《先锋报》(*Pioneer Press*)写过文章，现任职于美国航空公司（Air America）。关于故事，她是这么跟我说的：

故事是人类的结缔组织。不管你是去分析教育税还是韩国政治，在每个事件的深处，都有一个独属于人类的元素，通向世界上最美的三个字："然后呢？（What happened next?）"如果你回答了这个问题，你就是一个讲故事的人。

人们常说，是语言让我们成为人。这个说法现在受到挑战，因为我们发现，猿有语言，鲸鱼也有语言。我欢迎它们加入我们这一族，但实话说，我并不会因此觉得受到威胁。因为，在我看来，让我们成为人的是故事；而只有一直把故事讲下去，我们才能成其为人。

故事是我们的祷告词。写作、编辑故事都需要有敬意，哪怕这些故事本身并不表现敬意。

故事是寓言。要带着意义去写作、编辑，讲述属于你自己的故事。只有这样，每个传说才能超越边界、承载更广博的信息，每个故事才能成为我们集体旅程中的路标。

故事是历史。写作、编辑、讲述你自己的故事时,要准确,要带着你自己的理解,要清楚地给出语境,还要有对真相与真理毫不动摇的献身精神。

故事是音乐。写作、编辑、讲述你自己的故事时,要讲究速度、节奏和流畅性。掌握好起承转合,让故事更激动人心,但不要因此错乱了核心的节拍,读者是会用他们的内心之耳去听故事的。

故事是我们的灵魂。写作、编辑、讲述你自己的故事时,要全身心地投入,要犹如世间万物非于此则无存其重。同时,所有的讲述也重在这里:你要如此去讲,犹如世间唯故事独存。

深入私人生活
盖伊·特立斯[1]

虚构作家、剧作家、小说家处理的是私人生活。他们和普通人打交道,使这些人为我们所知。与之相反,传统上,非虚构作者则要关注那些公众人物,也就是那些知名人士。我年轻时在《纽约时报》(*The New York Times*)做记者,那时候,人们并不觉得我想要深入了解的那种私人生活有新闻报道的价值。我当时的想法是:对于这个世界上到

---

[1] 盖伊·特立斯(Gay Talese),美国新新闻主义中坚力量,文章发表在《纽约客》《时尚先生》等刊物上,著有《被仰望与被遗忘的》(*Fame and Obscurity*)和《王国与权力》(*The Kingdom and the Power*)等。——译者注

底在发生什么或者发生了什么，这些普通人也有他们的感受和理解。我相信，如果能够把这些都报道出来，能帮助我们更好地理解发生在身边的种种趋势。

我的父亲是个裁缝，来自意大利南部的一个小村庄，针线活做得很好。他把他独特的感受和理解带到了他的工作里。关于如何缝制完美的扣眼，如何精准地为顾客测量尺寸，如何把正装做得贴体合身来彰显一个人的身份，他都有非常好的感受和判断。他是穿针引线的艺术家，并不在意挣钱多少。

事实上，我们家属于社会底层，需要小心看别人脸色行事，别人却不用看我们的脸色。我父亲爱听些家长里短，知道好多他店里客人的故事。所以，我从小就是听这些普通人的故事长大的，而且我觉得这些故事很有吸引力。

我父亲通过阅读《纽约时报》学会了英语。"二战"时，他在意大利的亲戚们都站错了队。1943年，他的几个兄弟在墨索里尼的军队里，跟即将攻入意大利的盟军作战。所以，我父亲当时是带着一丝焦虑的心情来读《纽约时报》的。至于我，就在我们家那所小房子里，眼见着那些重大的事件如何影响到我们自身。《纽约时报》每天都会有那种标满了各种箭头的地图。那些箭头说明，盟军一天天在逼近我父亲的那个小村庄——我亲眼所见的这一切，本身就有一种强烈的戏剧感。

这可不是什么编出来的故事，这就是我的生活。

在《纽约时报》编辑部做记者的那段日子，是我人生中最快乐的时光。事实上，10年后，当我32岁辞职离开的时候，我哭了。我离开，并不是因为跟这家报纸有什么不愉快，而是因为日报所需的新闻报道在时间上和空间上都有一定的局限性。具体来说，就是做日报新闻，你所能投入的时间、纵容自己好奇心的时间是很有限的。如果一直待下去，会让我有种受挫的感觉。我想要花更多的时间跟那些未必有新闻价值的人在一起。当时，我的信念是（实际上，我现在仍然这样相信，而且更甚）：非虚构写作者应该跟那些虽然只有私人生活，但这样的生活能够代表更大的意义的人在一起。

1965年，我离开《纽约时报》，加入《时尚先生》。我到《时尚先生》后做的第一件事，就是回去采访《纽约时报》的记者，那些在城市部工作的人。他们虽然都不是新闻，却是非常精彩的人物。我写的第一个人叫奥尔登·怀特曼（Alden Whiteman）。他是一位讣告作者，总喜欢戴着一顶绿色小帽，抽着烟斗，在城市里转悠，一边琢磨死亡本身，一边琢磨谁即将离世。他会找到那些他觉得快要离世的人，采访他们，并告诉他们他会更新他们的档案——实际上就是某种预先写好的讣告。这就是他给自己找到的谋生办法，多么卓尔不群！想想吧，有这么一个人，他的采访对象，可都是那些死后会让《纽约时报》觉得值得花版面来登载他们生平的人物，这得是一种什么样的生活！

我现在已经70多岁了，可好奇心还跟我22岁时一样，一点都没变少。好奇心是一切的开始，但这东西可不是你上个哥伦比亚新闻学院或者密苏里大学就能获得的。作为一个非虚构写作者，我会放任我对私人生活的好奇，会把非虚构当成那种具有创造性的文学形式来写。当然，是创造，不是违背事实：不是编个名字、造个性格，也不是随意编造事实性信息，而是通过调查、信任以及建立关系来了解真实的生活，从不知到知。到最后，你会如此了解他们，就好像他们是你私人生活的一部分。我写黑帮分子，也写色情从业人员，但我尊重他们，会像他们那样去看这个世界。

事实上，我找到了一种尊重他人的写作方式，一种既能写出真相又不冒犯他人的写作方式。对于他们的游手好闲、偏离正道，我不会持容忍或者容许的态度，但当我把这些事实放进我的作品里时，我也不会过于严苛。要想做到这一点，写作精确是前提；马虎草率的写作跟这个要求背道而驰。我对语言的小心谨慎，是从弗·斯科特·菲茨杰拉德[1]、约翰·奥哈拉[2]、欧文·肖[3]等伟大的小说家那里学来的。

我有一本书，到1999年已经写了八年了，却还没有完成。书的主题是失败。我之所以对这个主题感兴趣，是因为失败其实是学习的过程。我在做体育记者的时候就知道：输掉比赛的队伍的更衣室永远比赢家的更衣室更有意思。

当时，我想写一个叫约翰·韦恩·博比特的人，一个没了男根的男人。他在任何意义上都是一个失败者，却没有人同情他。大家都觉得他妻子是个有德行的女人，他的下场属于恶有恶报。这就很有意思了。我想认识约翰·博比特。后来，我跟了他六个月，开车带着他到处跑，认识了他的医生，还有他的妻子洛雷娜。我追查到，她用的那把刀是从宜家买的，而且三年前就已经买好了。

1999年7月的一个星期六，我在电视上碰巧看到了一场棒球比赛的直播。那天，还有另一场比赛广告做得很足，是美国女足对中国女足。我对那场比赛也很感兴趣，因为美国女足的米娅·哈姆（Mia Hamm）不仅仅被认为是美国最伟大的女足运动员，还被认为是美国最伟大的足球运动员。我在棒球比赛和足球比赛两个频道之间来回切

---

1 弗·斯科特·菲茨杰拉德（F. Scott Fitzgerald, 1896—1940），《了不起的盖茨比》作者。——译者注

2 约翰·奥哈拉（John O'Hara, 1905—1970），小说家、专栏作家，代表作有《相约萨马拉》（*Appointment in Samarra*）。——译者注

3 欧文·肖（Irwin Shaw, 1913—1984），编剧和小说家。——译者注

换,正好我也不想工作,这样就能让自己的脑子暂时从悲惨的生活中多少解脱出来。

其实,我一辈子都没怎么看过足球。跟绝大多数同龄人一样,我也看不懂足球。我父亲也许懂,但不管他们从自己原来的国家带来了什么好东西,足球肯定不是其中之一。那天,有9万人在玫瑰圆形体育场(Rose Bowl)看这场比赛。我不明白他们那么闹哄哄是为了什么,但他们明显很兴奋。

我之所以对这场比赛感兴趣,还因为跟美国队对阵的是中国队。那场球踢到最后,结果是0比0,要通过点球大战分胜负:最终,一位中国队员把球踢飞了,比赛结束。如果我是一个体育记者,我那天一定会出现在中国队的更衣室里——我不会去采访米娅·哈姆,我会去采访那位把点球踢飞了的中国队员。

我会设想她的处境:她会在洛杉矶登机,在空中飞上20多个小时,回到中国,回到那个无比希望能够击败美国的地方,那个对美国这种爱管闲事的外交政策非常愤慨的国家。对我来说,打动我的地方就在这里:要是我来写中国,我就会从这个角度写。这位25岁的女士,输了球。在那个正在成为世界强国、信仰共产主义的国家里,一个25岁的女士把事情办砸了,情况会怎样?

我当时想:"哦,《纽约时报》明天会这么报道这件事。"可是,第二天的报纸上却没有任何关于这位女士的报道。《新闻周刊》跟《时代》杂志都报道了女足世界杯,可没有哪怕只言片语说到我想知道的这些事情。所有的文字都是关于美国队的胜利以及中国队是怎么踢飞点球的。但关于那位踢飞点球的中国队13号队员,什么信息都没有。

我认识时代华纳的诺曼·珀尔斯坦,我给他打电话:"诺曼,今天的文章里可一句都没提那位中国女士。"然后,我给他发了一份传真,告诉他我觉得这里面应该有个好故事——"如果你去写这位女士,她会告诉你中国那边对此怎么反应,她的邻居怎么说她,她的母亲会怎么面对这一切。女足世界杯可是在全世界转播的,她却把点球踢飞了。她们会怎么面对这次失利?她们可是中国成为世界强国这个伟大成就中的一部分。这位女士可能还有一个曾曾祖母缠足呢。足球用来代表新的中国,但她却没踢进那个该死的球,那她现在能代表的可就只有某种失望了。"

在我看来,她可能是讲述中国故事的关键。我很愿意来写这个故事。时代华纳的人对我的这个提议表示了感谢,可之后就再也没动静了。夏天过去了,我到了法兰克福,和我的妻子一起庆祝我们的40周年结婚纪念日。然后,我决定周末不回纽约了。我把机票改签到了香港。我必须找到 Yu Ling[1]。我去了北京,一句中文也不会说,一个人也不认识。我选了一家高档酒店入住,因为那样的酒店肯定会有人说英语。我去问了前台。

这不像给纽约洋基队(New York Yankees)的公关部打个电话约访德里克·杰特,我想要采访的是一个把点球踢飞了的人。我在中国待了五个月,仅仅就是为了能找到她。最后,我终于见到她了。后来,我们又见了很多次面,通过翻译进行沟通。我看着她在球场上比赛和训练,和她的队友见面。很快,一年就过去了。

2000年,中国大陆的足球队到台湾比赛,我也跟着她们到了台湾。这就是我所沉迷的非虚构写作:跟人待在一起。采访并非必不可少,但你得成为整个氛围中的一部分。

最后,这位没把点球踢进去的女士被写进了那本关于失败的书

---

[1] 原文如此,1999年中国女足13号队员应该是刘英。——译者注

里。除了她，书里还有很多其他人的故事：约翰·韦恩·博比特、一家谁都做不下去的饭馆、一位在塞尔马南部当警长的乡巴佬。所有这些，都变成了一个关于我如何努力应对现实的故事。而这个故事里，有我所有的不幸、挫折，以及对那些往往被忽视的人永远充满活力的探索之心。

叙事作品的点子
大卫·哈伯斯塔姆[1]

叙事性报道的作者都非常在意作品的质量。但在这个时代，做到这一点并不容易。这既有技术原因，也有经济原因。二十世纪六七十年代，电视进入我们的生活，很快就取代了纸媒的位置，成为新一代最迅速也最强有力的新闻工具。在遇到诸如 NASA（美国国家航空和航天局）航天飞机失事、约翰·肯尼迪遇刺、"9·11"袭击等灾难性事件时，人们首先会去看电视。电视成了新闻的主要载体。因此，我们纸媒记者必须能够去到电视摄像机无法拍到的地方，必须去回答那些人们因为看到电视画面而提出来的问题。幸好，我们的运气不错：电视新闻提出的问题比它回答的问题更多。

---

1 大卫·哈伯斯塔姆（David Halberstam，1934—2007），曾是《纽约时报》和《哈泼斯》杂志的记者，凭借对越战的报道赢得普利策奖。后来转向体育方面的报道，著有《出类拔萃之辈》(The Best and the Brightest)、《游戏中断》(The Breaks of the Game) 等作品。2007 年，就是本书英文版的同年，他坐在别人开的车里去做采访，该车司机在左转道上抢行，导致坐在副驾驶座上的他意外身亡。——译者注

无论如何，纸媒记者都必须做得比原来更好，因为现在各种东西都在抢夺人们的时间：网络电视、有线电视、互联网，甚至电子游戏。信息的来源越来越多，但它们对智识的要求却越来越低。与过去相比，人们在工作上更勤奋了，空余时间也变得越来越少。52年前，当我刚开始做记者的时候，一个家庭只要一人有收入就算中产。但现在，中产意味着一家两个人都要上班。所以，写作的人必须写得越来越好，讲好故事。

要把叙事性的东西写好，就必须回答一个问题：这个故事要讲什么？对叙事性报道来说，一个故事的点子（idea）、概念（concept）至关重要。整个过程就是让这个点子从诞生走向成熟，最后结出果实。

让我们从一本书的点子说起，这本书叫《队友们》（The Teammates）。2002年2月，我在棕榈滩跟多米尼克·迪马乔和埃米莉·迪马乔夫妇一起吃晚饭。20世纪40年代，多米尼克曾在波士顿红袜队（Boston Red Sox）打中场。2002年，他已经84岁了。我曾在《1949年之夏》（Summer of '49）里写过他。写那本书是在1989年，打那以后，我们就成了朋友。那天晚上，多米尼克跟我讲，他和他原来的队友约翰·佩斯基一起开车，从波士顿到佛罗里达，去看另一个即将不久于人世的队友，特德·威廉斯。他们都知道这可能是他们的最后一次相聚。多米尼克描述了他如何走进房间，特德的身体如何虚弱不堪，以及他如何开始给旧日队友唱歌。

那晚，我听完多米尼克的故事，回到家后想："这种事绝对不可能再有了。四个男人[1]，基本上都是一个队的，做了60多年朋友。大家

---

[1] 另一人是博比·多尔（Bobby Doerr），红袜的二垒、教练，1986年成为红袜名人堂成员。——译者注

总是互相关心，互相打电话，到了晚年又关照彼此的生活。"我当时就想："这可以是本很不错的小书。"然后，我给我的编辑威尔·施瓦尔贝打了电话，把我的想法和这本书的大纲说了一下。他立刻就明白了。"太好了，"他说，"《相约星期二》(*Tuesdays with Morrie*)[1] 遇到了《1949年之夏》。"就是这么回事！

《队友们》的写作是种享受。我喜欢那些人，之前跟他们一起工作过，在他们身上和他们的生活中看到了丰富性。他们了解自己，知道什么对他们管用，与此同时还保持着谦逊的态度。当时他们都已经80岁左右了，知道这本书会是他们人生的一次总结，不仅仅是特德·威廉斯的人生总结，也是他们每个人的人生总结。我的朋友和同事，也是《体育画报》的优秀作者，弗兰克·德福特，在拿到书稿的时候跟我说："真是的，我怎么就没想到这个点子！"

没错，这就是我想说的：一本书就是一个点子。一旦你有了这个点子，整本书就会自然流淌出来。这可能是我能给写作者提供的最好的建议了。有一个点子，一个中心观点，然后努力去落实它、发展它，把它变成一个故事，一个能讲出我们当下生活方式的故事。这就是叙事性新闻写作的根本所在。

让我再举一个例子。2001年秋天，《名利场》杂志的格雷登·卡特给我打电话，让我去采访位于曼哈顿西城、一个离我家大约三个街区的消防队。2001年9月11日，接到火警后，这个消防队里的13个人，仅仅拿了两套装备就冲了出去。最后，12个人都死了。跟很多纽约人一样，我也想在悲剧发生后那些悲伤的时刻做点什么。我很乐意

---

[1] 《相约星期二》是美国专栏作家米奇·阿尔博姆（Mitch Albom）1995年出版的畅销书。——译者注

接受这次任务。我去了消防队,跟那些处在巨大情感创伤中的消防队员交谈,他们都对我极其开放和慷慨。做了八九天的采访之后,我就想:"这可以做成一本非常好的小书。"

这本书的关键在于:在一座发生了灾难性事件的城市,在所有这一切之中,有这么一个小的机构,一个这么有人情味、这么老派的地方;在这个地方,大家住在一起,睡在一起,彼此交付生命。然而,就是这么一个机构,却因为那场灾难付出了惨痛的代价。在我看来,我可以通过把目光投向这个消防队,多少衡量出这座城市所遭受的痛苦。《消防队》在语言基调上是非常收敛的。我也只能采用这种调子,因为叙事的语言必须跟所处的场合相适应。你不能在悲剧发生后"大张旗鼓"。你得收着写,让事情自己说话。你得尊重每个人。最后,你得到的就是一个非常简单的故事,一个关于一座城市非常糟糕的一天,以及谁为此付出了代价的故事。事实上,这是我所有书里面唯一一本没有题献的,因为很明显,它献给死在那里的人们。

直到现在,我的第一本书《出类拔萃之辈》还是我最有名的书。这本书是我在1969年第二次从越南报道回来后想出的点子。当时,我已经看清,美国的越南政策肯定行不通。然后,我就想:"当年肯尼迪政府以摧枯拉朽之势执掌公职的时候,人人都说他们是由这一代最聪明、杰出、能干、适合为国家服务的人组成的。可是,现在他们在越南问题上做出的决定,显然已经证明是一次悲剧性的错误判断。它给这个国家带来的伤痛,不亚于内战以来的任何一次创伤。事情怎么会这样呢?这些被认为如此聪明的人,怎么会铸成如此巨大的悲剧呢?"我设想,这是一本小说,一本有各种大人物出场的悬疑推理小说。

我原本计划用四年的时间来写这本书。我得到的预付款并不多,大概每年一万美元。我当时想，如果我每天去外边做两个长采访，大概得需要两年半的时间来做这些到处跑的工作，而这本书实际完成的情况也是如此。让我意外的是，它成了一本非常畅销的书，在《纽约时报》畅销榜上停留了36周。这本书改变了我的生活，尽管它没有让我变得更有钱。但是，因为它的成功，我后来能得到相当丰厚的预付款，这样就有时间以我想要的方式来写之后的书。对一个纪实作家来说，时间真的至关重要：你能做的采访越多，你的作品就越厚重。

我想在这里给那些被这个行业吸引而且想要成功的人提一个小建议：点子至关重要。要想讲一个好故事，就需要有一个好的构想，一个关于为什么这个故事能行的好点子——这个故事到底要讲什么？它跟人的生存状况有什么关系？这跟点子有关，跟如何叙述有关，也跟到底怎么讲才算是把这个故事讲出来有关。简单说，你必须把你的故事跟某种更大的东西联系在一起。

对报道来说，那些到处跑的工作很关键，必不可少，也最有趣。正是那些工作，将一个点子最后变成一个有趣、有料的故事。报道的成分越多越好，换句话说，逸事越多，感知越多，主题的窗口越多，就越好。写作反倒是第二位的。有时，我在给大学新闻班做讲座的时候，就会跟他们说，现在我准备透露一个秘密，告诉他们记者能够向线人提的最好的问题是什么。虽然并非每次都一样，但每当我说起这个的时候，学生们都会提起兴趣，把注意力从笔记本上移开。然后，我就跟他们说："每次采访结束时，你一定要问这个问题：'我还应该去找谁？'"

道理很简单：不管什么主题，你掌握的观点越多越好。你做的采访越多，你的发声就越具有权威性。事实上，在任何时候，我总能看出哪篇新闻在偷奸耍滑，分辨出哪篇报道只不过打了两个电话就匆匆出炉了。假设你是一个电视节目的执行制片人，要拍一场橄榄球赛，你是用 20 台机器去拍效果好呢，还是只用两台机器？同样，你找到的人越多，收集到的观点越多，做的采访越多，效果也就会越好。至于写作，它会从你收集的材料中自动涌现出来。实际上，有很大的可能会是这样：你之所以来干这份工作，是因为你真的喜欢跟人聊天。如果不是这样，也许你应该另找一份工作。到处跑来跑去真的是一件很好玩的事情，你还可以把它想成是继续深造的一部分：等于是别人给我们钱，让我们学东西。新闻报道这件事，让你有动力的，可不仅仅是名字出现在标题下面，或者作品出现在报纸哪一版。从我干这行开始，到现在已经 52 年了，但我仍然喜欢我要干的这些事情。

这就说到我的最后一点建议，也是我从这 52 年里获得的经验：读书。读好的、纪实性的书；读那些非常好的新闻杂志：《纽约时报》《华尔街日报》《圣彼得堡时报》《洛杉矶时报》《华盛顿邮报》。如果你很欣赏某个人的作品，就去破解他的密码。你要去细细考究这个故事，搞清楚这个记者到底干了什么，他去过哪里，如何构建起一个故事，还有为什么这么做就有效果。

你还可以去读高水平的侦探小说。在我看来，没有什么人能够比好的侦探小说家更会构建故事了。你也可以读盖伊·特立斯的作品。他原来是新闻记者，后来在 20 世纪 60 年代打破藩篱，进入到叙事性写作中。在他的任何一部作品里，你都会发现信息的密度很大。他会花时间去观察，默默旁观整件事情的走向。他的作品是非常好的电影式的报道。你读的时候，几乎能听到一台小型摄影机在一旁嗡嗡运转。我们这一代人，包括其他一些跟特立斯一样的作家，一直都在与那种非常有局限性的新闻写作形式进行斗争，试图突破边界。我们的编辑只想要那五个 W：谁（who）、什么（what）、何时（when）、何地（where）、为什么（why）。很多时候，我们自己觉得写得好的地方甚至是最好的部分，都被他们删掉了。

情况已经有所改变。叙事性的非虚构作品正在兴起。我会觉得自己非常幸运，在这件事情上花了 50 多年时间。还能有人付我钱，让我去学习、提问、思考。难道还有比这更有价值、更让人愉快的事吗？

新闻业艰难却其乐无穷
凯瑟琳·布

叙事性报道最大的潜力在于能够传播一些最有难度的新闻。在我看来，这种潜力还远远没有被发掘出来。无论是政府或行业层面的重大失误，还是阶级之间的不平等，或是国家在与机会分配相关的基本结构上出现的种种裂痕，都可以通过叙事性报道生动有力地传达出来。事实上，它可以让公众几乎在违背其意愿的情况下，被强行拉入到有关精英体制和社会正义等关键问题的讨论中来。

多年以来，我一直在和我的编辑们为叙事与新闻之间的紧张关系进行着各种斗争。有一次，我交了一篇故事初稿，关于华盛顿特区忽视成年残疾人之家（group home）的系列报道。我的一位编辑，一位非常聪明、有经验又强势的女士，对我说："你揭露的确实是严重的罪行，但你把它们都埋在了一堆让人分心的文字里。"她的理由是，这种文学性的故事写法，会让人无法严肃地对待这些罪行，有可能导致正义无法得到伸张。

既然有这样的风险，那我们为什么还要选择叙事性的写法呢？

因为对一些主题来说，如果不这样写，就意味着根本没有人读。如果你的主题本身就很严肃，你报道的人物又贫穷、有残疾或者极不聪明，他们面临的各种不公正待遇还如此错综复杂，试问有几个人会在星期天早上就着他们的面包圈和奶油奶酪来享受你的故事？虽然有时候我自己也会犹豫或者动摇，但我之所以选择这种叙事性的文体，是因为我想推进我们这个职业所要达成的目标：读者读完一篇报道后，也许能够生出那么一星半点的关切来。

你在自己的社区，找一个不是那么熟悉的地方，换乘几次公交车，下车之后到处走走，再问问自己"我看到了什么"。我向你保证，你一定能发现一些尚未被公众注意到的事情。因为现在已经没有几个记者会费劲跑现场了，去现场反而会被认为效率低下。事实上，当编辑问你最近在干什么时，他们可不想听到："我整天就是坐着公交车到处走走看看，思考问题。"

做记者，可能确实需要在某种程度上颠覆你的编辑、流程，还有市场。说到底，严肃的主题卖不出报纸。因此，对于这些主题，用叙事性的写法来处理，尽管未必通行，却必不可少。可是，如果没有充分翔实的报道细节，所谓"叙事"也不过是一种空洞的色诱，好像自说自话，沉溺于听自己的声音而已。

那么，如何找到那些细节，那些必须发掘才能获得的事实，然后再把它们传达出去呢？这里面有两套相互对立的技巧。首先，做采访时，必须摆脱所有控制，这样才可能积累事实。而写作时，又必须对这些事实进行严格的把控。一开始，你得放松，悠着来。你要深深地吸气，直到开始呼气的时候，那些出没在你笔记本里的各种细节，才能以非常经济的方式传达出很多信息。这时候，你需要做的，就是把这些细节编织进硬事实构成的经纬网里。

我的一个朋友曾说，我之所以能找到那些故事，是因为我从来就没有学过开车。这话说得没错。我总是坐公交车，到处溜达。不管在字面意义上还是比喻意义上，我都是我那些故事的"乘客"，而非"司机"。也正因此，我才能走到外面，有机会看到那些我有可能永远无法看到的东西。

事实上，我之所以能找到那个残疾人之家的故事，最初恰恰是因为我错过了一趟班车，然后有个人让我搭他的顺风车。而这个让我搭顺风车的人，需要在残疾人之家停一下，因为他跟那里的职员在一些事情上有争执。正是因为这个机缘，我才会在晚上八点走进那个残疾人之家。也正是我在那晚的所见所闻，才让我写下了那篇故事。

我采访时，从来不会把采访对象带到饭馆去吃午饭。这是记者会做的最糟糕的事之一。相反，你得待在他们的地盘上，在他们的世界里去问他们问题。如果他们对你说："我现在得去幼儿园接孩子了，然后还得去一趟杂货店买点东西。"你就说："好啊，我可以在我们坐公交车的时候写东西。"我不仅听他们讲故事，还观察他们的生活。我要发现的真相，其实就存在于他们所说的话和他们的生活方式之间的辩证关系中。

对于这种报道，做准备的方式就是不做准备，不要一天安排三个访谈。《华盛顿邮报》的摄影师卡罗尔·古齐总说："喝咖啡的时候，带上帐篷。"我真的总是随身背一个大包，如果什么时候需要坐车去佐治亚，我立刻就能上路。记者这份工作很难做到一半就放手，你很难说："我得每天五点钟下班回家。"事实上，这给我们中的很多人带来了实际的问题：家庭问题。

不过，随着时间推移，报道会变得不那么困难。我在《芝加哥论坛报》(Chicago Tribune)的一位朋友说："好奇心就跟肌肉一样，越用越强。"强迫自己走出去，到外面的世界去碰运气，打电话给公共部门，缠着他们给你他们本来不想给的文件。这种事情，你干得越多，报道就会变得越容易，也越有趣。当你真正深入写作的时候，其中的乐趣与激情也会自己显现出来。

然而，我并不确定，写作也会随着时间推移变得越来越容易。对我来说，写作仍然是一件困难的事。其中最难的就是，如何能让读者不把文章扔在一边，改去喝杯酒。要做到这一点，你必须做出取舍，以激进的方式，至少以积极的方式。写作中，最让人痛苦的，是那些你无法写进故事里的东西。我想到华盛顿特区残疾人之家里那些因为管理疏忽而死去的人，那些我没写进报道里的可怕故事。通过观察读者们对于叙事性故事的反馈，我形成了这样一个信念：三个阐述清晰、细致入微、背后有精准证据支撑、指向某个更广泛问题的案例，远比二十个提出了问题自己又不能解决的案例要更好。有一个、两个或三个部分的故事，要比有十六个部分的故事更有力量。

说到写故事，我们经常把它想成两部分：先去采访，然后写作。这其实漏掉了第三部分：思考。写作过程中，我会花大量时间反复琢磨我的主题和场景，同时问自己：这其中哪些方面是直觉到的？哪些方面确实说出了有意义的东西？

当我这样思考提炼时，我会跟我的朋友们聊很多，他们不是记者，而是画家、诗人或者股票经纪人。我仔细听他们对哪些部分感兴趣，又会对哪些部分感到不适。我会用两句话总结我一天做的报道，然后听他们会追问哪些问题。正是通过这些问题和反馈，你会离那些最重要的观念和论证越来越近，这些正是你需要在故事场景中被呈现出来的东西。一旦你理解了整件事情的核心，你就能够对如何提炼和整理你的故事有更好的把握。

这就是艰难的新闻工作，也是孤独的新闻工作。不久前，我坐灰狗长途车到南部去做采访。那一次，孟菲斯车站就是我的"凯悦大酒店"（Hyatt Regency）。整整四天，我都睡在车站里，背疼，屁股也疼，没能睡上一个好觉。可是，无论是从思想上还是情绪上，我都丝毫没有觉得无聊，实际上，我反而处在一种跟无聊截然相反的状态中。确实，这是一份孤独且压力很大的工作。可是，当你读到亚当·霍赫希尔德[1]、比辛格（H. G. Bissinger）、达尔塞·弗雷（Darcey Frey）、琼·狄迪恩（Joan Didion）、杰西卡·米特福德（Jessica Mitford）、利布林（A. J. Liebling）的作品，或者其他任何一位经验丰富、技巧高超的作家的作品时，你就一定会觉得这是一份让人思维开阔、有所提升、其乐无穷的工作。所以，不如走出去，看看能在其中找到哪些乐趣。

---

[1] 亚当·霍赫希尔德（Adam Hochschild），《琼斯妈妈》（*Mother Jones*）杂志创始人之一。所著《利奥波德国王的鬼魂》（*King Leopold's Ghost*）进入 NBCC（全美书评人协会）奖决选名单，《埋葬锁链》进入国家图书奖决选名单。——译者注

第二章 寻找、调查和报道话题

陆丁 / 译

引子

在你构建一篇真实的叙事、塑造一个鲜明的角色、辨别一个主题，乃至认识到你有一个可用的故事前，你必须进行"报道"。而这个环节的起点，往往是收集经验数据。

这一章在这本文集中可能最为重要。它包含了各种复杂的技巧和实践：凭直觉找到合适的主题，在广阔的世界中找到恰当的地方切入这个主题，与在当地遇见的人们建立工作关系，以及解释构成现实世界的那些纷繁复杂的活动。作者必须将这些观察和数据转化成自己的理解，进而制定策略，将其传递给读者。

本章不再赘述一般性的报道原则，因为这方面的论述已经有很多。我们收集并整理了一些优秀记者的观察、经验与思考。他们将讲述自己如何发掘主题、确定合适的调研地点、长期驻扎、记录现场、诠释解读以及加入背景调查和他们的聪明才智，从而最终开始动笔写作。

这些作者曾为美国顶级报纸和杂志担任主笔和编辑，著作都曾获过奖，还在一些知名的新闻学校授课。他们的工作方式各异，呈现的是不同的世界，也有不一样的受众，然而，这一切都有一个共同的基础：报道。

如同一个单打独斗的创业者，一个有好的故事构思的作者，直到故事发表之前，都得自己承担最主要的风险。甚至包括那些在杂志社或报社工作的记者，他们在写作时，也在很大程度上是一个独立的工作者，尤其是那些出于作者本人意愿进行的写作。非虚构写作可以是艺术的、有人情味的，甚至是诗意的，但同样也是一种非常个人化的商业活动。这些作者在用他们的头脑、心灵和深入的务实精神进行着报道。

马克·克雷默，温迪·考尔

寻找好的主题：一个作者的几个问题
莱恩·德格雷戈里[1]

一个作者要怎么确定一个新闻故事到底值不值得写呢？

首先，必须要有正在展开的行动。也就是说，某些事情必须正在发生，这样故事才能向前推动。而且，为了能够跟上趋势，跟上这个正在发生的行动，记者必须奔赴现场。坐在电话机前是不可能写出好新闻的。你要到现场去——去闻，去尝，去听人们的对话，去观察他们的身体语言，去直视你打算写的那个人的眼睛。

其次，你必须想办法得到允许，让人接受你的采访。问问自己，如果你找人聊天，他们会对你敞开心扉吗？他们会让你跟着他们一起回家，看看他们的衣橱和冰箱里都装着什么吗？如果做不到，那就得另找一个相近的、可以提供这种视角的人，否则到最后你会徒劳而归。

等到这两个条件基本具备之后（以及在向编辑提交写作计划并为其做出预算之前），我就会问自己以下七个问题：

一、我能和受访者一同搭车、散步或者参加会议、庭审、葬礼吗？

行动推动故事发展。对于受访者已经规划好的活动安排，我能不能默默旁观？我一般会把采访放在这件事情之前或者之后，以免打断

---

[1] 莱恩·德格雷戈里（Lane Degregory），《圣彼得堡时报》特稿作者，她的作品曾获得 ASNE（美国报纸编辑协会）、NABJ（全美黑人记者协会）和 AASFE（美国星期日特写编辑协会）等奖项。——译者注

它。如果受访者有固定的日程安排，我也会跟着去。我就在一旁看着这个人做事，可能有些事我之前根本想不到会去问他。当然，如果什么事情都没发生，我也会找一些事来做。比如，跟这个人一起翻翻相册，在记忆的小径上散散步什么的。任何能让这个人动起来和放松下来的事，都会为我的笔记本增添素材。

二、是不是有什么事要发生了？

如果某件正在发生的事我无法到场，那么，是不是有什么重要的事情已经发生了？如果真有，那我能不能回头看看它对我要写的这个人或这件事造成了什么样的影响？有没有录像留下来，或者有没有人拍了照片？

三、地点重要、情节重要，还是人重要？

我到底要把焦点放在什么地方？现在的这个场景，或者眼前的这些举动，是最重要的吗？我是想把这篇文章写成一个人"寻找生命答案"的那种，还是只是想写一个安静的人和一段安静的时光？

四、我的人物和其他人物之间会有互动吗？

对话很吸引人，读起来，要比我与受访者的一问一答真实鲜活得多。我想知道，我要写的这个人会不会带着他的祖母去外面吃饭。如果会，我希望能跟着他们一起去，然后听听他们怎么自然地交谈，而不是像回答我问题时那么字斟句酌。

五、我是想围绕一个单一场景，还是五分钟或者一整天来讲这个故事？也许我需要跟着一个人一段时间？

我曾经写过一个变性人的故事，前前后后跟了她10个月。一开始，我的计划只是跟到她做完除毛就结束。没想到，后来她又改了名字，把衣橱里的衣服换了个遍，用新涂了指甲油的手给车换机油——我就这一直跟了下来。这个人其实很孤独，也没什么朋友和接纳她的熟人。我确实看到大街上遇到她的那些人一副惊讶的表情，可这种事怎么写呢？

于是，我就等，一直等。终于有一天，她去了发驾照的地方。因为换了新形象，她需要更新一下驾照上的照片，同时要把名字从安德鲁改成玛达琳。我们俩在那个办公室待了两小时，其中排队就花了一小时，那里的人必须和她互动。事实上，当我坐下来开始写这个故事的时候，我才发现这一幕是我唯一需要的场景。10个月的生活，最后压缩成了驾照办公室里的两小时。

六、这个故事中的人物会不会经历顿悟？

受访者是否对他们自身有所了解？他们对自己在世界上的位置感到更困惑了吗？在故事结束的时候，他们意识到了什么或者还没有意识到什么？

七、这个故事的大想法（big idea）是什么？

我之所以要问自己这个问题，是因为我的编辑经常这么问我。下面就是一个例子：我曾经写过这么一个故事，一个人在酒吧跟他的哥们说，有两个女人在他面前突然撩起衣服露出身体。这件事为什么重要？它能讲出什么跟我们文化有关系的事？好吧，这个事说明了，讲故事无论在什么地方都非常重要。当时，酒吧里的那几个人缠着另外一个人，要他讲个故事。这几个人下班后，来到酒吧，在那里消磨片刻。下班前，他们得开垃圾车；下班后，他们得回家喂狗、做晚饭、付账单。只有在酒吧的这段时间,完全属于他们自己。

如果你能在一个故事里发现一个普遍的道理,哪怕这个道理很傻,类似"人们就是喜欢在酒吧里乐和一下",那也是很重要的。因为当你在这样思考的时候,其实是让你的受访者从酒吧里的一个人变成一个人人都能理解的符号。

当我找到了这个意义,并把它和情节联系在一起的时候,我知道,我已经有了一个故事的讲法。

寻找好的主题:一位编辑的几个问题
简·温伯恩[1]

在我们编辑部,大家经常会去读别的报纸上那些写得好的叙事性报道,想知道他们是怎么想到写这个故事的。有时候,我们也会给作者打电话,直接问他们。后来,我们意识到,其实可以开发出一套寻找故事的方法。于是,我们设计了一套问题。当然,就像记者詹姆斯·斯图尔特[2]说的:"什么才算是聪明的问题?"下面就是我们自己会用的七个聪明问题:

---

1 简·温伯恩(Jan Winburn),曾任《费城问询报》《哈特福德新闻报》和《巴尔的摩太阳报》编辑,目前在《亚特兰大宪法报》工作。她编辑的故事获得过普利策奖和 ASNE 奖。——译者注

2 詹姆斯·斯图尔特(James B. Stewart),1988 年因在《华尔街日报》上发表股市动荡和内部交易的文章,获得普利策解释报道奖。——译者注

一、什么是时下人们一直讨论的话题？什么是具有普适性的主题？

对叙事性写作来说，这个问题还意味着另一个问题：怎样才能从一个人的具体生活中看出那些话题来？举例来说：死刑就是一个人们一直讨论的话题，不仅当下的头条新闻里会有，25年前和25年后的人们也都会谈论它。对于这样一个具有持久性的话题，如果总能用全新的版本去呈现，那它就是合时宜的。所以，当我们开始可以用DNA证据来免除那些涉嫌谋杀的罪名时，我就想："这些人差点就被处决了，他们会用自己的第二条命来干些什么呢？"

我想在那批最早因为DNA证据而被释放的人里找到这么一个人。我又找了一个记者，让他去写这个人如何面对自己的第二次生命。后来，那个故事出乎我的意料。我本以为他会尽可能远离故乡，远走高飞。但事实是，他直接回到了马里兰州东岸，他和他的父亲都曾在那里做过船员。

二、是不是有人和出现在头条里的人过着一样的日子？这个头条故事能不能从普通人的经验和眼光出发得到更好的理解？

当莫妮卡·莱温斯基成为新闻焦点的时候，一个记者可以去看看其他白宫实习生的个人生活。

三、这个新闻是不是讲了什么陈词滥调，它的反面是不是也有故事呢？

我们会写到各种传统智慧。有时候，你可以在诸多陈词滥调中选出一条，看看它的反面，也许就能找到故事。《纽约时报》的德克·约翰逊是我最喜欢的记者之一，他曾经写过一篇文章《当钱什么都是就是不属于她的时候》(*When Money Is Everything Except Hers*)。那是20世纪90年代，经济急速增长，他到伊利诺伊州迪克森市去采访。那是罗纳德·里根的故乡，一个按说应该很繁荣的地方，可他却写了那个地方一个过得很不发达的人。

四、什么地方值得深挖？什么地方需要把镜头推近给特写？还有什么地方仍然成谜？

当一个故事已经被大量报道时，就得换个地方去摆放你的镜头。你得从那种广角的、收集新闻的角度，慢慢把镜头拉近，去找到那个还没被说到过的特写角度。

五、在一个大故事里，是不是还有什么地方模棱两可？

要找到那种被加里·史密斯（Gary Smith）称为"情绪性真理"的东西。1994年10月的一天夜里，巴尔的摩一位名叫内森·赫特的62岁男性，跑到自家阳台，冲着暗处开了四枪，结果打死了一个13岁的男孩。赫特住的这个地方，光天化日就有人卖毒品，小孩子们会偷车，还进屋偷东西。赫特会是这围城中不堪其扰的房主的代表吗？还是他其实就是一个恶棍？

事件发生后八个月，判决出来了，《巴尔的摩太阳报》的特稿作者劳拉·李普曼到赫特家采访。她在家里看到了被塑料布保护得很好的整洁地毯，还有乳白色的沙发。赫特向她重新讲述了那晚发生的事情。而她的报道也展现了一些新的东西：那个人本身。"听着赫特说的那些话，"她写道，"你才开始理解，诚实地对待一个错误意味着什么。"

六、还有什么未被讲出的背景故事吗？

2002年，当约瑟夫·波尔钦斯基的女朋友跟他分手后，他在巴尔的摩做了一些颇为疯狂的举动。他绑架了他的女朋友，然后杀死了四个试图阻止他的人。他还把女朋友的家人当成人质。整个事件持续了超过俩礼拜，最后以波尔钦斯基被警察击毙收场。一开始，这个故事作为家庭暴力事件进入媒体视野，但因为它太过复杂，被人遗漏掉了一些事实。不过，《巴尔的摩太阳报》的四位作者却看到了其中可能存在的联系。他们找到了波尔钦斯基的六位前女友，发现她们都被波尔钦斯基虐待过。最后，基于那些时间跨度长达13年的证据，这四位作者编织了一个令人不寒而栗的故事：殴打女性并威胁其家人，其实是波尔钦斯基一直以来的行为模式。

七、一个故事的结尾会不会是另一个故事的开始？

结尾标志着将要展开的新故事的开始。一个农妇家里失火，失去了丈夫。这不仅是一个故事的结尾，还是另一故事的开始：没了他，她要如何在农场里继续过下去？我们确实写了这个故事，写她头一年如何在农场里孤身一人生活。

记者和编辑都应该向自己提出以上问题，然后去听，听听你身边的人会跟你说什么。你得让自己保持开放的状态，不要一头扎进报纸里就出不来了。有时候，我会强迫自己不再读报纸，因为我觉得自己好像变得很难再打开脑子里另外的那间小屋了——那间能够从生活中获得各种想法的小屋。

为讲故事而做报道：十个窍门
马克·克雷默

当你写作的时候，特别是写叙事性作品的时候，你会为读者创造出一系列精神上和情感上的体验。当然，作者如果从其自身角度出发，还会认为自己也在做一些别的事情：比如，描述一个事件、创建一份记录、传递一组信息、说明该信息的来源，或者按照我高中老师的话来说，"展示一下你是怎么做到的"（showing your work），就是"解一下这道题，展示一下你是怎么做到的"的后半句。不过，不管这些别的事情包括什么，有一个事实不会改变：你的读者在阅读中会获得一份精神上和情感上的体验，如果这份体验没法儿让他们感到愉悦或兴奋，他们就不读了。

所以，为了能让读者从头读到尾，你必须创造出一种有价值并且有逻辑的体验。叙事性作品中，人物会伴随着一段经历或一系列经历的展开而不断变化。无论作者怎样按照主题去设置大纲，这一进程总会跨越原先设置的主题类别。所以，一方面，人物会随着时间推移和事件展开而采取行动；另一方面，为了有条理地叙述某事，作者又必须按照主题依次阐述。为了让两个任务能够同时完成，作者必须收集所有主题方面的信息和所有的行动。这就要求一种不同的报道方式。下面是可以遵循的十个步骤：

一、选定话题前，仔细思考到底是什么让读者欲罢不能

故事的构思至关重要。这个话题的情感温度是高还是低？对于那种"高价"（high-valence）的故事，读者会投入更多的情感。最常

见的具有高情感价的新闻就是身陷险境的婴儿：车辆被盗，婴儿却还在后座上。这样的故事不用费力就能够调动起读者的关切。因为，在物种层面上，我们的硬件早就被这么设计好了。一旦你能让读者切换到参与和关切的状态，他们就全在你的掌握之中。你尽可以把笔锋岔开，提供一些背景信息。这时候，无论你做什么，读者都会原谅你。具有高情感价的故事，既不需要上下文语境，也不需要刻画人物。

相应地，一个低情感价的话题写起来就更难一些。作者不得不运用另外一些工具，包括更成熟的写作。泥石流（flow of rocks）大概算得上叙事性写作中最没劲的话题了，可约翰·麦克菲（John McPhee）却写了四本这样的书。要想找到麦克菲始终让读者保持阅读兴趣的秘密，你可以做一个小练习，会很有帮助。比如，他有一本书，叫《盆地与山林》（Basin and Range）。你可以在这本书的书页边记一个流水账，也就是在看书的过程中，把脑子里浮现的问题随时记下来。你会发现，这些问题几乎每过一段就会换成另外一个。而且，麦克菲会狡猾地把它们安插到合适的地方，跟他那些醒目的插图、强烈的特写以及各式各样的逸事咬合在一起。不仅如此，你还会发现，这些问题都是小谜题，而并非什么主题性的大问题。但正是这些谜题，让读者愿意跟着作者的思路一起进入泥石流的世界。

二、选好话题后，要保证能有好的路子

比方说，你现在打算在巴黎、布宜诺斯艾利斯、博伊西选一个地方去旅游。如果你在巴黎和布宜诺斯艾利斯都没有认识的人，倒是遇见一个有趣的人正好来自博伊西，那么你就应该去博伊西。好的路子就是一切。如果你没有路子足够深入到他们的生活中去，哪

怕是最好的点子写出来也会变成很糟糕的故事。而要获得这种路子，需要的是魅力、勇气以及面对任何事情都从容裕如的能力。当潜在的受访者带你进入他的世界，你能从中获取到的信息的复杂程度，完全取决于你能带给受访者多少东西。如果你自己就头脑简单又笨手笨脚，那么你从他那里只会获得一些基本的、公关性质的应付。所以，你得事先在家就做好功课。你知道的越多，就越能够享受圈内人的待遇。

不管写什么故事，你都必须能够找到路子去接触人，即亨利·詹姆斯[1]所说的"那个有实感的生活层面"（the felt life level）。在小说《一位女士的画像》（*The Portrait of a Lady*）的前言中，詹姆斯谈道："艺术作品中的'道德'感，完全依赖于作家在创造这个艺术品的过程中所关切的那种有实感的生活到底有多少。"而所谓有实感的生活，就是在你采访了一天之后对受访者获得的那种非正式的理解。

你筋疲力尽地坐在床边，你家领导问你："今天过得怎么样？"你回答说："那个道路施工监理真是个混蛋，粗俗不堪，刚愎自用。不过，话说回来，他也还有些不错的地方。"然后，第二天你到了编辑室，写下："昨天，道路施工监理宣布，将在霍姆斯和十四大道街角修一个新的道路交叉口。"

叙事性的写作要求你能接触到这种有实感的生活，但做到这一点很难。你打电话给一个外科大夫，说："我听说您在进行一种新式的

---

1 亨利·詹姆斯（Henry James），19世纪继霍桑、梅尔维尔之后美国最伟大的小说家，被誉为西方现代心理分析小说的开拓者，是20世纪小说的意识流写作技巧的先驱，他的创作对20世纪崛起的现代派及后现代派文学有着非常巨大的影响。代表作有长篇小说《美国人》《一位女士的画像》《鸽翼》《专使》《金碗》等。——译者注

颈部手术，我想详细了解一下。"他说："没问题，我周四下午两点有空，咱们一起喝个咖啡？"在这个时候，你需要说："我不想采访，我想看看您的工作生活环境，还有您普通的一天是怎么过的。要不约周三上班时间怎么样？我不会打扰您，就是跟着转转。"

另外，如果是因为那个外科大夫是你舅舅，你才有了这个路子，那你也最好别做这个选题。因为这已经是一个被污染了的路子。比如，如果你后来发现你的这位大夫舅舅感觉迟钝、极端自我，而他的这个特点还跟你的故事相关，你要怎么办？可能还是不能把这点写进故事里，因为总得考虑你妈的情绪吧。这样看来，你需要的，其实是一个跟你没那么近的朋友的舅舅。

三、找到能提供叙事线的行动进展

路子弄妥后，你就得为不断展开的行动找到更好的例子。问问你的消息来源，看看她下周的日程安排，有没有什么有趣的事你可以跟她一起做。只有等你真的到了现场，看到了各种事，你才会知道故事真正的主题是什么。在这里，主题并不是指话题、地点或者主要人物，而是指这个故事在更深的层次上到底关于什么。

你并不一定要按照时间先后来叙述。不过，不管最后什么顺序，它都得对读者有意义。比如，如果按照报道者收集材料的时间顺序写，那出来的应该就不会是什么好故事。这无非讲的是一个无知的人（也就是记者）如何变得多少不那么无知的过程。在你的叙事中，焦点得放在你的受访者身上。你当然不能弄错各个事件发生的先后顺序，但你的故事可以从整件事的结尾讲起，只要读者能明白你在干什么就好。

四、在行动中寻找能提示人物性格的细节

我写过一篇关于船模制作者的故事。那个人年纪很大了，做事情仍一丝不苟，还特聪明。不过，他的脾气算不上好，而且他自己知道，也会这么跟你说。他有好几个儿子，其中一个是个相当有名的作家。有一次，他曾经在私下里对他父亲这种自行其是、一根筋的性格表达过怨怼。最后，这些人格特质变成了整篇报道的核心。

五、通过细致的感觉报道来发现合适的场景细节

看到的、听到的、闻到的、摸到的以及尝到的东西，会让你构建出强烈的场景，而这些场景又会回过头来帮你在写作时建立起一种空间感。刚开始写叙事性文字的作者，通常不太注重设定场景，有时又在某个场景中堆积过多细节。要让读者感受到体积、空间和各向的维度，但不要试图在纸面上完成一个立体布景。

如果你想写的那件事发生在很久以前，或者你没有亲眼看到，你就需要问问你的受访者，请他们来帮助你。不要写"乔治记得，他当时蹚着雪"这样的句子；你得跟乔治说，"我下面要做的事情可能有点奇怪。我会问你一系列问题，都是关于过去某个时间点上可能并不那么要紧的细节。不过，要是你能回答出这些问题，就能更好地帮我为读者构建起当时的场景"。最后，如果你不太能证实这个人的记忆，你至少得在文本中写明，这些都只是回忆。

六、探寻受访者的情感体验，而不是你自己的情感体验

我在写一本关于外科大夫的书时，第一次走进了手术室。我当时想："呃，血，太血腥了。"可是，我写到的所有人，没有一个曾经说过类似"呃，血"这样的话。我之所以要把自己当时的情感记录下来，

是因为它们能在故事中重复读者在这一点上的情感。尽管如此，对我来说，更重要的是注意到并记录下那个外科大夫和手术室中其他人的对话、想法和感受。我确实会考虑读者的反应，但我必须要呈现出人物的反应。

七、对你故事所处的语境做严格的调查研究

叙事存在于社会、经济以及多重语境之中。因此，调查工作必不可少。你必须从不断向前的叙事中岔开来，提供必要的背景信息，为你的故事设立一个框架。比如，一个关于家庭农场如何挣扎求存的普通故事，如果作者加上经济学的解释，说明家庭农场为什么会难以生存，就会变得更加有力。

如果你在报道前不做一些调查研究，那别人很有可能给你的都是些公关性质的花言巧语。不过，一开始的时候，并不需要做太多调查研究，只要能确定自己的采访方向就够了。把绝大部分调查研究留到采访后期去完成。那个时候，你就可以只去找那些跟故事有关的信息。反之，如果调查工作做得太早，你就不得不什么都要搞清楚。

八、在打底稿后期，把故事的要点提炼出来

目标（destination），就是我高中语文老师所说的"主旨"（theme）。我写了15年，才终于明白老师用这个词到底说的是什么。让我回到最初的那个论点：叙事性写作是要为读者创造出一系列精神上与情感上的体验。所以，从一开始，读者就一定会：（1）对故事中的人物和事件产生一种情感态度；（2）并意识到，之所以有人要给他们讲这个故事，一定是因为某个有价值的理由。所以，所有设定的场景、刻画、背景信息，都必须朝着这个目标。结尾必须给人带来某种收获。

九、在写作的最后阶段,调整你的观点和受访者的观点之间的差别

当我写《三个农场》(Three Farms)的时候,可能确实对那些家庭农场遭受的损失感到伤心或者愤慨,但我仍需要公平持中地去写那个大公司农场的经理。一般来说,你不需要弄个面具把自己的观点隐藏起来,可是要保证你的读者能同时理解受访者的观点。而且,你的文章总要发表在什么平台上,这个平台会有自己的规则,进行调整其实也在帮助你在规则的水域中更好地航行,平衡各方。不过,不同杂志的规则是不一样的。《国家》(The Nation)杂志就跟《时代》杂志的规则不一样。

十、珍惜你在采访中想到的隐喻以及跟结构相关的点子

当你坐在受访者的仓库、手术室或厨房里,你可能会突然冒出一个念头:"哦,兄弟,我太喜欢这句话了,因为我可以拿它来引出那个重要的话题。"在那个时刻,你会觉得,这个点子会像钉在留言板上的字条那样一直跟着你。不过,你的脑子可不是什么留言板。你得把你当时想到的东西用楔子固定住。你得记笔记,记下如何写你这篇东西的笔记。

录音还是不录音
亚当·霍赫希尔德

我对人们发明了便携式录音机这事深怀谢意。没有它之前,我们这行干起来要困难得多。录音机能让我同时干好几件事。它处理音轨的方式,也比我记笔记要精准得多。与此同时,它还让我腾出手来,可以记点别的东西:比如,那个人穿的什么衣服,

书架上放的什么书,墙上挂的什么画,从窗户看出去能看见什么,以及那个人说话时的表情、姿态、手势,还有动作。我发现,人们几乎不会注意到有一个录音机在工作,尤其当我打开它录音的时候,并不打断我跟他们的视线接触。

我曾写过一本讲俄国人如何与斯大林的遗产达成和解的书。所有的访谈都是用俄语做的。我的俄语并不算流利。有时候能全听懂,有时候能听懂的少。我琢磨出一个自认为比较独特的办法,但后来却发现,在莫斯科的美国记者都是这么干的:我把我的访谈用录音机录下来,然后再去找一个英语说得特别好的俄国人,请她把我的访谈用英语听写下来,这样我就能拿到一份非常好的英语记录,里面有好多我自己都不知道我已经收集到的有趣材料。

雅基·巴纳辛斯基

我做记者时,倾向于不录音。录音机会像笔记本一样对记者造成干扰,还会让我的脑子犯懒、走神,因为我知道它已经把所有的话都录了下来。

每当我用录音机再回编辑部做转写的时候,我的效率就会大大降低。做访谈时,我的脑子会对信息进行筛选,直抵故事核心。然而,当我一边听录音一边把它们转写下来的时候,却觉得那些本来已经提炼出来的信息又在我的脑子里被删掉了。结果就是,我又回到了那一大片访谈素材里,而我从中挑选出来的那些重要信息都丢了。这就等于把事情又从头做了一遍。

如果你的意志足够坚强,能够不把录音当成依靠,并且能够扛得住转写之苦,那我会说,去录音吧。如果问题仅限于此,那现在使用录音机也就算有了好的理由。但问题是,还有另外两个很微妙的风险。首先,如果你做了录音,然后又把录音跟你的笔记做比较,你会发现,你的笔记上的很多材料其实并不那么准确。其次,如果你想直接从录音里获取引语,那你基本上没法儿获得任何正经的引语。因为人在说话的时候,并不总能说得那么完美,他们又嗯又啊,还会省掉主语和代词。反过来,我在笔记里记录下来的引语,虽说跟受访者说的不完全一致,却更接近正确的语法。

乔恩·富兰克林[1]

我在各种场合都会用到录音机。很多时候，我并不会去听这些录音，但我把它当成一种备选：如果我需要听，就会有的听。做访谈的时候，我不会记很多笔记，除非是那种我不是很明白的技术性的话题。一般来说，我会记下几句引语；更多的时候，我会用自己的语言记下对方的意思。我会写下一些对话，因为我会大量使用对话。做这行的时间越长，我变得越善于记忆，只要我确实弄懂了我的故事到底要写什么。当你第一次到外面采访的时候，最好带上一个录音机，同时还要记笔记，并花大力气去进行记忆。因为，即使有了笔记和录音机，你可能还是不能得到你想要的所有东西。

盖伊·特立斯

我不用录音机。我支持这种做法：听的时候耐心听，努力去把握那个人到底在想什么，努力从那个人的视角去看世界。这样一来，我就不是特别需要在意人们嘴里说的每个词。精准记住每个词并不一定就能把握住他们的观点，特别是当他们知道有一台录音机正在录下他们说的话时。

二十世纪五六十年代，我在《纽约时报》工作时，录音机还不是很流行。现在新闻里问答的内容太多了。录音机造就了一种纸上的谈话广播，一种重要人物思想的"草稿"。有了录音机，一切都可靠了，没错，确实如此，律师们喜欢这个。但当我要去了解一个人，我跟他们一起玩乐、倾听他们的时候，我所要做的却是把他们塑造成可靠的人物。

---

[1] 乔恩·富兰克林（Jon Franklin），曾获得1979年普利策奖首次颁发的特稿写作奖和1985年解释报道奖。——译者注

访谈：迅速建立的亲密关系
伊莎贝尔·威尔克森[1]

我不太做迈克·华莱士[2]做的那种访谈。如果我讲一个10岁孩子的故事，目的肯定不是要把这个孩子狠狠惩戒一番。同样，你也不能就这么跑到一个90岁的老人面前问他："1942年11月18日那天，你在43街是不是收到一张违章停车的罚单？"我的工作需要跟特别情境下的普通人待很长时间。这就需要一种不同类型的访谈，需要另一种方式来与受访者建立关系。

我需要创造出被我称为"加速亲密"（accelerated intimacy）的那种关系。事实上，除非我们能从消息来源口中得到些什么，否则写不出那些梦寐以求的漂亮故事。所以，这些受访者必须处在一种非常舒服的状态，不管什么都能说出口。在新闻学院里，没人会用"亲密关系"[3]（relationship）这个词来形容记者和受访者之间的关系，但其实就是这样的。

而且，当你来思考这些关系时，别忘了好好考虑以下这个问题：在这些关系中，相对于你的受访者，你自己的角色是什么？为了能够

---

[1] 伊莎贝尔·威尔克森（Isabel Wilkerson），首位获得普利策新闻类奖项的非裔美国女性，曾获得古根海姆奖、乔治·波尔克新闻奖（George Polk Award）和NABJ年度记者奖。《大迁徙》一书作者。——译者注

[2] 迈克·华莱士（Mike Wallace），美国CBS电视台《60分钟》主持人，以采访中提出直接尖锐的问题而著名。——译者注

[3] 在英语里，有时候会把relationship用得比较特定，因此也用得比较重，几乎接近"恋爱"的意思。——译者注

更好地赢取受访者的信任，我会尽力把我最好的品性发挥出来，并且在我和我的消息来源之间，形成一种自然的关系。因为我的受访对象的平均年龄是86岁，所以在他们面前，我是作为孙女辈的人出现的。

为了迅速达成这种亲密关系，我只有在必要时才会做正式的访谈。而且，我会尽力让受访者在谈话时感到轻松自在。当然，聊天时，我还是会问问题——实际上，我会问很多问题。但我同时也努力成为一个好的倾听者。我会点头，直视他们的眼睛，被他们说的笑话逗笑，无论我是否真的觉得好笑。而当他们严肃起来的时候，我也会严肃起来。

我把这看成一种引导式的对话。在这样的对话中，整体的互动要比具体的问题来得更为重要。我会努力让互动过程尽可能愉快，因为没人会喜欢被架到火上连续烤一小时。那种正式的访谈对挖掘心灵并没有什么助益。

人们经常会把做访谈比喻成剥洋葱。这个比喻虽然老套，却仍然能说明一些问题。想象一个洋葱，它的外皮很干且易碎，你得把这层皮撕下来扔掉。接下来的那层是光亮、有弹性、柔软的，有时甚至还带一丝绿色。当然，你也不会用这一层，除非你只剩这一个洋葱了。你想要的，是洋葱的中心部分，那个又脆又辣，却又最新鲜，味道最正的部分，那才是洋葱最好的部分。那部分也不怎么需要再细切了，因为它本来就很小、很紧凑了。事实上，它的品质和大小如此完美，以至于无论你做什么菜，都可以直接把它扔进锅里。

访谈也是这样。受访者最开始说的话往往没什么用，好像洋葱的外皮。不管什么时候，当你跟一个人坐下来谈话时，总希望能够更快地到达洋葱的中心部分，越快越好。也就是说，你要迅速建立一种亲密关系。每一次访谈，每一段与受访者之间的关系，都有一个不离常规的弧形轨迹（arc）。这个弧形轨迹会历经七个阶段，其中每个阶段都有陷阱。如果你想让别人告诉你他们的心里话，你就得确保自己不要在这七个阶段完成之前就早早放弃。

第一阶段：介绍

所有的一切都始于介绍。你在街上招手拦下一个人，或者给一个人打电话，跟他说明你在干什么，又或者直接走进别人的地盘。你掏出笔记本，那个人正忙，他不想谈，想摆脱你。

第二阶段：调适

你们俩相互试探。你问一些最基本的引导问题，以便打开话题。如果你要赶截稿日期，你会这么想："我需要的东西有了吗？"而被你访谈的那个人会想："我真的想跟对面的这个人谈吗？我有这么闲吗？"消息来源会逐渐习惯你做笔记这件事。他会看着你的笔记本，而你会看着你的表。

第三阶段：联结的瞬间

你必须跟这个人产生某种真正的联结，这样才能加速你对这人的了解。怎么知道你已经与其产生了真正的联结？当受访者放下公文包，靠在椅子上的时候，会想："也许这次不会太差，我会多给他一点时间。"

很多访谈在初始阶段就会中断，访谈者这时候往往还没什么收获，受访者也还没把手里的公文包放下。你可能会认为你已经得到了一个能用得上的引语，但受访者最早说的那些话基本上不会有什么价值。事实上，回答别人的问题是一件很难做好的事情，所以得给受访者机会，让他们理清思绪。有时候，有些人需要你跟他谈上三四次才能真正进入状态。下一次你会得到完美的访谈。

第四阶段：安适

在这个阶段，受访者会发现她多少有点享受这个互动的过程了。你们俩都进入了一段可能只是非常短暂的关系中。

第五阶段：袒露

在这个阶段，受访者会感到比较轻松自在，会非常坦诚地跟你讲一些内心深处的事情。受访人自己都不相信他会跟你讲那些话。这当然是好事，但未必是你所期望的。因为在很多时候，受访者说的东西虽然对他自己很重要，但对你来说却没什么意义，跟你要写的东西没什么关系。不过，不管怎样，到了这个阶段，就意味着你们俩的关系到达了一个与信任感有关的转折点。它预示着记者开始能够得到他想要的东西了。

第六阶段：减速

事情慢慢接近尾声。你可能觉得已经从访谈中获得了所能获得的最好的东西，现在开始要尝试结束访谈。你把你的笔记本推开。咦，怎么回事？受访人还不想结束谈话。因为你们俩之间其实形成了一个契约：你是一个记者，所以当受访者说的时候，你得听着。

第七阶段：重新激活

现在，受访者觉得他什么都可以说了，也正是在这个时刻，这次访谈中实质性的内容才会出现。当你合上笔记本的时候，受访者突然开始变得对你更加信任了，他自己都没有意识到这一点。在最后这个阶段，你让受访者进入了一种愿意积极主动跟你合作的状态。这时，你就剥到了洋葱的芯。你得尽力抓住这一刻，因为它转瞬即逝。如果回到编辑部才发现还有些别的问题是你该问但刚才没问的，再打电话回去，那感觉已经不一样了，你们俩的关系已经变了。

包含这七个阶段的整个沟通过程，可能会花上五分钟、五小时或者五个月。不管你是写一篇日报上的文章，还是写一本书，过程都是一样的。

记者应该如何应对这种突如其来的坦诚？千万不要引导受访者，否则一定会陷入麻烦之中。如果你引导了受访者，觉得自己知道这个故事是怎样的，就把它写了出来，然后事实又证明根本不是这样，那么你的麻烦就来了。

在一个理想的访谈中，受访者应该会觉得非常轻松自在，足以同我分享一段经历中的所有细节，我只需要倾听就够了。理想状态当然是这样，可事情从来都不会这么简单。正如你是带着某种动机来做这次访谈一样，你的受访者也是带着动机来接受采访的。没有一个人在跟媒体说话时不带着动机——明星想要宣传电影，竞选人想要拉票，还有人需要宣泄。

做访谈的时候，我们必须非常谦恭。同时也要知道，受访者跟我们交谈是在做一件多么不得了的事情。甚至有时候，连他们自己都没有意识到这一点。为了完成我的书，我把好多人从某种相对的匿名状态中拖了出来。对于他们，我感到一种巨大的责任，要把他们的故事讲得准确，不仅是准确，还得用一种公平、持正的方式去讲。在这一点上，你自己的正直、诚实以及同理心比什么都重要。同理心是对权力的平衡。没有同理心的权力会让你和对方的关系变成一种操纵性的关系，这是非常可怕的。

记者和我们要写的那些普通人之间在权力上存在着巨大的差别。当你的人生故事在某个星期天出现在《纽约时报》的头版，被黑体字标明，超过100万人能够触及你内心深处的想法，你很难想象那是一种什么样的感受，我们绝大多数人都不会去做这种事。所以，我对那些做了这种事的人总是怀有无限的感激。对于那些允许自己成为我们社会中代表着某种更大的、超越个人生活的东西的人，要承认他们的贡献，这非常重要。跟他们给予我们的东西相比，他们得到的回报非常少。

心理访谈

乔恩·富兰克林

心理医生通常会和每个新患者一起完成一份历史记录，把这个过程应用到新闻领域，就是我们说的"心理访谈"。虽然未必会用这个词，但写作者们使用这种访谈技术至少已经有一个世纪了。对叙事性文字的写作者来说，这种类型的访谈能够回答是什么使这个人变成了他现在这个样子。受访者对于这类深度访谈给予的耐心会比你想象的要多。在做这类访谈时，我会从那个人早期记忆里的某个问题开始，一步步过渡到青春期。整个过程大概需要两到四小时。

其中，无论哪个时间点，都不要让受访者把注意力集中在你身上，这一点很重要。除非你在鼓励受访者，否则不要说话。你可以用这样的问题开场：你最初的记忆是什么？可以是一个故事，有时间、地点、主题、人物以及情绪。最初的记忆不是随随便便的故事。如果有人跟你讲他自己的最初记忆，那很可能是个关键的故事。可能实情并非完全如记忆那样，但一个人记得的东西，确实就是他认为发生了的事情。

即便一个人的最初记忆和你的故事不那么相关，它也能为你打开一扇门。只要受访者跟你讲了他的最初记忆，你就可以接下去问：你家里人是怎样的？你是老大、老幺还是中间的孩子？家里的经济状况怎么样，富足还是贫困？你当时了解家里的经济状况吗？合家团聚的时候会发生些什么？你的父母是一起把你养大的吗？你们养过宠物吗？我对所有这些事情都感兴趣，也想知道是否发生过家庭危机。

在访谈的这个阶段，你要做的事情是东碰碰、西探探，既要弄明白这个人都记得些什么，也要看清楚这些事是怎么被记住的。当你提问时，要问这个人的经历和想法，不要问感觉或观点。通过这个人的故事，你可以分辨其性格。跟随这个故事，一直到他的成年时期。你对一二年级的事，还记得什么？跟我说说你的中学，你学习成绩怎么样？喜欢哪一科？你们经常搬家吗？你在学校受欢迎吗？你有很多女性朋友或者男性朋友吗？

为什么受访者会回答这些问题，尤其这些问题还是被一个陌生人提出来的？因为人们最感兴趣的其实是他们自己。除非面对的是心理医生，否则你能跟谁完全坦诚相待？你妈吗？别开玩笑了，她的专业就是操纵你。你的配偶吗？你肯定？所以，真相就是没有人。作为访谈者，你有一个巨大的优势，就是跟受访者的人生毫无利益关涉。这在某种意义上确实是一个侵入性的活动，但在访谈过程中，我们带着尊重，而且得到了受访者的完全同意。

这种访谈能够让你对受访者获得某种理解，只有通过这种理解，你才能够和人物产生同理心，才能把故事讲得更深入。等你掌握了充分的信息后——虽然经过了受访者主观记忆的过滤——就可以把它们和公共历史以及从别的家庭成员或朋友那里得到的信息进行比较。最后，可能只有很少一部分信息能用到你要写的东西里，但那一部分信息会非常有力。而且，整个过程会让你从受访者的角度或视角去讲这个故事。

每一个讲得深入的故事里，都会有一个突然闯进客观世界里的主观人物。要想搞明白到底发生了什么，主观的东西和客观的东西都得理解。

总的来说，你在心理访谈中得到的回应，会让你对这个人到底是什么样的有一个很好的理解。事实上，很少有成年人会改变他们的本性。成年时期所经历的创伤性事件确实可能改变一个人，但从本质上说，绝大多数人都只不过是变老了的高中生而已。

参与式报道：把自己送进监狱

特德·康诺弗[1]

无论什么人，只要脱离了传统记者的舒适区——电脑、电话、编辑部和同行的陪伴——就得随时准备好面对尴尬、窘迫甚至受伤的风险。与此同时，调研时，敢于抓住机会，也会打开通向未知洞见的大门。不管怎样，如果一个记者有机会身临他人的境遇，有什么理由不这么做呢？

我觉得我写得最好的那几部作品，都是因为我深深地沉浸到了他人的世界里。我的本科专业是人类学，所以我知道如何进行参与式观察。它指的是研究者调研访问一个群体，通过跟他们一起生活来观察了解，吃他们吃的食物，说他们的语言，和他们同处一个空间，以同样的节奏生活。与此同时，研究者每天还要记笔记，既做参与者，也做观察者。

正是因为有这双重身份，我才能够架起连接受访者和读者之间的桥梁。第一人称叙事可以让读者觉得我是他们的替身：为那些他们没见过的事情感到惊讶，为那些离奇的事情感到不适，为那些好事感到高兴。要做到这一点，我就得在采访前想好：我是谁，我跟这个故事的关系到底是什么。很多新手在这里都会犯一个错误：他们往往以为，在进入一个不一样的世界时，应该表现得很能、很行的样子。他们忘了，受访者才是他们的老师；有时候，他们甚至把自己变成了故事的

---

[1] 特德·康诺弗（Ted Conover），他的书《新来的》入围普利策奖决选名单，获得 2001 年 NBCC 奖，此外，他还是古根海姆奖获得者，哈佛大学客座研究员，并在布瑞德·娄夫写作协会和纽约大学授课。——译者注

主角。一个聪明的记者从来不会忘记，哪怕写文章时用的是第一人称，但主角并不是自己。主角是他们。读者喜欢谦虚的叙述人。

在用第一人称写作的时候，诚实非常重要。读者能够看出来谁在装腔作势。当我为了写我的第一本书而跟那些流浪汉在货运列车上到处跑的时候，我并没有试图让我的读者相信我自己就是一个流浪汉。如果我真这么做了，那才叫荒谬（感谢上帝，我自己不是流浪汉，我从没有那么切身地理解到底什么叫无家可归）。在那个有几分可怕且鲜为人知的世界里，我只是个初学者——而这一点恰恰就是你们想要的戏剧性了。

一个好的叙事会有变化，有一个叙事弧线。我的书里，一个通常能看到的变化就是那个用第一人称讲故事的人。一方面，我会从天真变得聪明起来，但有时候，我也会被击垮。

在各类新闻里，叙事性新闻应该算是最难的一种。要想获得一个故事，记者需要跟人走得很近，近到那人会觉得彼此已经是朋友了。但等到文章一发表，就到了该算总账的时候。所以，当我在做报道时，我希望人们记得我是一个记者，这样他们之后就不会感到意外了。这里唯一的例外是我的第四本书，《新来的》(*Newjack*)。我在这本书中采取了一种非常不同的办法：没有人知道我其实是在写自己的经历。

这本书源自我想写监狱的欲望。我当时刚搬到纽约，从报纸还有跟人谈话中得知，纽约有一大批人因为毒品犯罪进了监狱。我就问我自己：有没有一种新的办法来写监狱呢？还有没有什么是没被报道过的？答案是：惩教官，还有狱警。惩教官员熟知监狱，可我们绝大多数人却对他们一无所知。

《纽约客》很喜欢我这个想法，让我去写纽约北郊一些惩教官员和他们的家庭故事。我本来计划写一写他们的工作和生活。不过，纽约惩教局却有另外的想法。他们对《纽约客》不是特别看在眼里，告诉我只有一次采访的机会。可是，如果我不能看看我的受访者是怎么工作的，就根本不可能写出我脑子里想写的那种有深度的东西。另外，他们也拒绝让我跟踪采访一个通过七周惩教训练学院培训的新的惩教官。于是，我就自己申请了一份惩教工作。我没跟他们说我要写这个题材的东西。我觉得我这样做理直气壮，因为我们国家正面临着巨大的监狱危机：高额的费用，种族问题，惩教官的工作却鲜为人知。

我只跟几个人说过我的计划，绝大多数朋友都对此事一无所知。我之前从来没这么干过，而且希望我以后也不用再这么干了。《新来的》让我了解到，为什么有这么多便衣缉毒探员会离婚、入狱，让自己的生活分崩离析。因为，有秘密这事本身就具有摧毁性。所以，必须写一个非常重要的故事，否则就不值了。（当然，通常情况下，做记者就意味着都会有所隐瞒。如果记者总是坦诚地告诉你他为什么会打电话给你，他们基本上也就得不到他们想要的信息了。）

当我写完《新来的》，我立刻就给六七个我最好的同事以及监狱长打电话，告诉他们这本书的事。惩教局纽约分局的大头头们之所以不喜欢我的书，有一部分原因是我突破了他们的安保系统。

实际上，当我申请这份工作的时候，以为自己不会被录用，因为我如实填写了申请表。我说我是一个自由职业的作家，然后历数了我曾经做过的，用以支持我写作生涯的各种卑微职业：管理公寓大楼，辅导小孩西班牙语，辅导孩子考SAT（美国高考），教有氧操。我还说了在此期间我曾在《阿斯彭时报》(*The Aspen Times*)当过记者，我想，"这可就是危险标志了。"

结果几乎是一个奇迹，我被录用了。事实证明，对惩教局来说，真正的危险标志是不良信用记录和脾气暴躁。在他们看来，欠债的人更有可能接受犯人的贿赂；而平时就经常情绪失控的人，在监狱工作时，一定会经常情绪失控。

被录用之后，我就立刻开始在惩教学院接受培训。我在最后一天被分配到了星星监狱（Sing Sing），纽约历史第二久的监狱。而且，幸运的是，这是离我住的地方最近的监狱。我决定就这么干下去——当时我以为，我可能会干上四个月。不过，四个月之后，我发现得到的材料还不足够写一本书，还没有足够多的事情发生在我身上。于是，最后我干了十个月。

那段时间，在我的认知里，我最主要的身份是一个惩教官。我也确实是这么做的。有一个例子：当我在那里待到第九个月的时候，他们宣布要进行一次每五年才举行一次的升职考试，为那些想要升警司的人准备的。我当时确实想过："哦，我最好去报名。如果错过了这一次，就要再等五年了。"

这份工作强度很大，要求也高，对于新手尤其如此。事实上，我基本上没办法再见其他朋友，也没空想别的事。我确实进到监狱里了，一天天的，忙着把犯人领进或领出他们的囚室，跟他们交涉，根本没时间去想书的进展。离职之后，我才开始写草稿。我在那儿的时候没法儿写，因为我不知道它最后到底是什么形态，又该如何结尾。我需要从整体上对它做一个反思。

工作的时候，我偶尔会记点笔记，也尽可能地多记。惩教部建议每个惩教官在衬衣口袋里放一个小笔记本，用来记犯人需要的东西，比如"厕所泛水，派管道工，C23室"。这对我来说正合适，我会把这些记下来，然后接着记"犯人有三颗金牙，上面还刻着'R-E-D'三个字母"，我还尽可能写下各种对话。

每天下班到家，我都会先把这一天的印象敲到电脑上，再打发保姆回家。我会有意识地清空我脑子里的东西，努力不让监狱的事影响到我。我为《新来的》做的那些满是拼写错误和糟糕语法的笔记，要远远长于书本身。当我真正开始写的时候，这些笔记就是我用来捏成一个故事的泥土。

我从一开始就指出，那本书里有两个东西不完全是真的：有些人名不是真的，有些对话不是真的。当我为《纽约时报》杂志撰稿的时候，我不能改名字。可是，在书里，我还是行使了一点自主权，因为那更多算是一种个人化的文学形式。在星星监狱，同事们并不知道我写书的打算。所以，我决定，写到他们的时候，只要有任何一点可能会让他们觉得不舒服，我就会换成别的名字。最后，我大概换掉了三分之一的人名。

在惩教官的文化中，如果有人做了不体面的事，别人就会"跟你在停车场见"，这是"下班把你暴打一顿"的暗示。那时候，差不多每天我都在害怕，担心被发现，然后被要求在停车场见。当我在监狱工作的时候，书也还没签合同，我也压根儿没想要签。因为，如果最后我在停车场挂了的话，我不想为一本我不能完成的书承担任何责任。

一开始写《新来的》的时候，我没什么明确的主旨，只有一堆关心的问题。我对惩教官的形象感兴趣，对那种残忍的刻板形象感兴趣，也对惩教官与犯人之间的种族分别感兴趣。我自己会有一些政治理念，但我尽力轻装上阵。我并不想对一堆由监狱改革鼓吹者组成的歌队宣扬什么，也不想讨好一群由惩教官组成的听众。我想做的事情，是面对那些一般听众、那些有理智的读者，向他们描绘一段经历以及一种看世界的方式。在我看来，如果我能看清楚这份工作对我以及我周围的人的影响，如果我能把发生在惩教官和犯人之间的摩擦或者和谐共处的瞬间记录在案、分门别类，如果我能够深入地了解几个犯人和惩教官，我也就基本上得到了我想要的东西。

我的书有没有带来一些惩教系统上的改革呢？我愿意说它确实造成了一些正面影响。不过，在种种变化中，我拿得准的只有一个。在《新来的》中，我描绘了一下B区，也就是我所工作的那个巨大建筑物。那里面住着600名犯人，差不多是世界上最大的独立式监区。这栋楼里面非常晦暗恐怖，窗玻璃好像有50年都没擦过的样子。我把这个细节写到了书里。后来，B区的一位犯人的妻子，在看望了她的丈夫之后，给我写了一封电子邮件，里面说："我的丈夫只是想让你知道，你的书出版一个月后，他们把窗户擦了。"

这就是媒体的力量。

身临现场

安妮·赫尔[1]

写作从来都很难，而环境往往让它难上加难。你可能不得不在科索沃难民营外，嘴里叼着一支笔式手电，用膝盖保持着笔记本电脑的平衡来写作。有些新闻报道会发生在非常极端的情况下，而这却是我们的谋生之道，至少是我的谋生之道。如果不干写作这行，我无法想象我还能干什么。我唯一干过的事情就是写作。很多时候，我们会因为写作而让自己的生活失衡。我们对自己的个人生活没有投入足够多的精力。我们难于共处，因为我们心不在焉——我们想要与之共处的，是我们的故事。

从一开始，写作就是一场难于取胜的赌博。如果我们没写清楚，那所有的采访就等于零。如果我们没有做好采访工作，那它一定会在写作中透露出来。如果我们炫耀自己，就会模糊真相。

---

[1] 安妮·赫尔（Anne Hull），《华盛顿邮报》记者，1995年尼曼学员，曾入围普利策奖决选名单，赢得ASNE杰出写作奖。——译者注

如果我们过分伤春悲秋,就会让整篇文章支离破碎。好的采访是成功的关键。哪怕是现在,我完成每个故事的时候,也总是磕磕绊绊的。尽管如此,我也确实学会了一些尝试把事情做对的办法。这些办法不是规律或者规则,只是一些被我在路上顺手抛弃的意外而已。

仔细观察

在采访中,特别是报纸新闻的采访中,最容易被低估的一个要素是观察,或者说"看"的艺术。因为,当你采访的时候,你的自然冲动是去问问题。有时候,这种做法根本就是错的。因为它会让记者本人变成注意力的焦点。保持谦恭,给你试图去观察的那个人应有的敬意。

像摄影师一样思考。去观察。变换位置。当你参加一场家庭晚宴的时候,绕着桌子变换你的位置,不断移动,不断改变你的视角,同时保持安静,努力不要打断事件的进展。

像他们一样生活

几年前,我写过一群来自墨西哥中部的女性,她们都来自一个叫作帕洛马斯(Palomas)的村庄。这些人跑到北卡罗来纳州,当挑蟹肉的工人。她们需要手持小刀,站在一个钢台边,把蓝蟹的肉挑出来,每天工作10小时。这大概是人类能想象到的最乏味的工作了。而且,做这事还有可能受伤,因为蟹壳非常尖利。

可是,那些女人还是拼命想要获得这份工作。它属于美国合法的"客工计划"(guest-worker program)的一部分。她们乘坐大巴,从墨西哥中部来到北卡罗来纳州海岸。我也跟她们一路同行。这不正是一个记者梦寐以求的吗?我跟着她们坐了四天的车,穿越美国。她们对这个国家一无所知,只是梦想过它,梦想过它能给她们带来什么。这四天的旅程是一段非常美妙的经历,它最后变成了一篇两万字文章里的十个段落。

我们在午夜到达我们在北卡的目的地。这四天里,无论是那些女人、摄影师,还是我自己,都没睡过觉,也没换过衣服。蟹场的老板把我们扔在了拖车那边,今晚我们就得住车里。老板说:"明天是第一天,我会五点钟到。"换句话说,就是五小时之后。我看不出我们中有谁能够做到这一点。当然,凌晨五点钟,汽车喇叭呜呜响了,我们走出了车厢。

有个女人因为太累，手不停地抖。有人告诉你一个人的手在抖是一回事，亲眼看见一个人的手在抖是另外一回事。而最要命的是，一面感受着你自己那双发抖的手，一面看着她那双手做出同样的动作。而就是同样这双手，螃蟹会划到掌心，刀也会切到手指。那个活儿我连 10 分钟都干不了，而她们却要干 10 小时。所以，如果你能对你的受访者感受到的东西有那么一点共鸣，哪怕就只是一个瞬间，它也会为你的写作注入某种权威性，因为它打开了你的心扉。到了罗马，就像罗马人一样过日子。让别人替你受苦不是什么好事。注意你的受访者在干什么。不要在一个不被允许喝冷饮的人面前喝冷饮。

努力降低你的存在感

如果你到哪儿都带着笔记本，就很难真正融入现场。你本来就明显是个旁观者了，不要再让自己吸引更多的注意力。

记住，你并不是她们中的一员

告诉你的受访者，你会跟她们保持距离，并不断提醒她们。在开始采访前，你就要说："我要做的只是观察。当你低头为你的晚餐做祷告而我没有的时候，不要觉得我很无礼"，或者，"拜托，如果在舞会上有人要邀请我跳舞，我可能跳不了。如果你们都要了一杯啤酒，那我会觉得来一杯也不错。不过，我是在工作。我会尽力躲在背后"。这种做法并不总是有效，但至少它能建立起某种边界。这确实是一个很严苛的规则，但它非常重要。

查清楚人的背景

跟政客们不一样，穷人们的各种档案通常都不会那么完善，但你还是要对所有受访者一视同仁，严格查清楚他们的背景。从一开始，就要尽最大努力做好记录核查。如果你已经跟某个人一起工作了好几个月，却在半道上发现些什么，这可能会让所有事情都得重新安排。另外，如果你在调研中发现了什么，先和你的编辑沟通——有可能那些东西并不重要。在更大的故事里，一点都不重要的东西比比皆是，重要的可能是别的东西。

围绕她们的世界构建一个世界

写一个长篇故事就像谈一场恋爱。为了支撑自己，我会努力围绕受访者的世界构建一个世界。我用她们的生活中的某些东西来增强我的想象。我花了九个月的时间来写北卡那些挑蟹肉的墨西哥妇女。为了那个故事，我去了四次墨西哥。我买了她们在家乡帕洛玛斯听的那些音乐CD。我读加西亚·马尔克斯的《百年孤独》和盖伊·罗伯托·吉尔（Guy Roberto Gill）的《曼波之王》（*The Mambo Kings*），还有威廉·朗格维舍（William Langewiesche）的《辨迹追踪》（*Cutting for Sign*），那是本讲美国-墨西哥边境的书。

作为写作者，不管你如何投入别人的世界，永远都是局外人。当这个帕洛玛斯来妇女的故事发表之后，我接着就去写棒球的故事了。我又为自己创造了另外一个世界，开始读大卫·雷姆尼克[1]和大卫·哈伯斯塔姆。这些可能帮不上什么忙，却也并无大碍。

记住，写作的过程可能很煎熬

当你写得不顺利的时候，有人能陪你度过那些孤单的时刻，这很重要。把新闻跟写作结合在一起，不容易，唯一的办法就是反复写。墨西哥的那个故事是一个三天的连载，我写了四稿，最后花了四个月才写成那两万字。

字斟句酌

一个故事的"为什么"是它的一切。而它的特殊性就体现在那些用词上。每个词都很重要。每个动词都必须起到它应起的效果。如果一个句子读起来有点老套，就再想一想。当然，如果现在已经是凌晨五点，还有两小时就要交稿了，你也未必有时间这么做。不过，哪怕是改进几个词，也会提升你的故事。如果截稿还远，就花时间好好打磨你的句子。

注意感受自己身在何处

一个故事需要有一个中心地点。巨大的信息洪流和记者通过电脑做采访的习惯，使我们现在的很多新闻缺乏一种真正的位置感。现在的新闻报道，可以说是哪儿都不在，但又无处不在。可是，不管你是在费城市政大厅，还是在棒球场的菱形区，一个故

---

[1] 大卫·雷姆尼克（David Remnick）是1994年普利策奖得主。他从1998年起担任《纽约客》的主编。——译者注

事肯定得有它发生的地点。你得用基本的、直截了当的报道做到这一点。

当你开车到处去采访的时候，睁大你的眼睛。注意人们在餐厅里点什么。如果要过夜，不要住那种连锁酒店，住在本地人住的地方。无论什么时候，只要你有机会待在那种提供早餐的民宿里，不妨跟店主聊聊天，了解一下那个城市。翻翻黄页，把你的发现记录下来。

把这些信息都用你那创造性的滤网过滤一遍。这可能是最难的部分。你想要的，是最后编织成一个关于你身处何方的整体感受，而不仅仅是一张记满了各种细节的清单。

读一读当地的报纸

在小超市买东西的时候，拿一份收银台上的报纸。下面是我在一份肯塔基州的报纸头版看见的东西："上周日，在埃尔克·利克浸信会教堂（Elk Lick Baptist Church），我们人手不足。我们的牧师查理·威尔逊住院了，没能来布道。不过，主又赐给我们戴维·库姆斯，让他能够尽他的力，而他确实做得不错。那天有 21 个人来做礼拜，我们在主那里度过了一段美好的时光。"多美好。想象一下，在你的报纸里，能出现这么有实感的新闻。

去教堂

为了让自己能够把握到那种身在何处的感觉，无论到什么地方采访，我都会去当地的教堂参加礼拜。我在肯塔基做采访的时候，几乎被一个旅行中的、带着一把吉他的福音派教士给镇住了。我当时也没带裙子，于是去那种家庭两元店花了 6 美元买了一条。在圣灵降临节去教堂，女士最好还是穿裙子。

我在那儿就是采访和观察。突然，每个人都散开了，嘴里嘟囔着什么。他们拿着一大瓶橄榄油围着我，又用那油往我身上涂。如果你本来就是想去获得充分的体验，那你就应该做好充分体验的准备。无论如何，教堂是了解整个社区的好地方。

用那个人自己的语言

语言对于感知身在何处很重要。带个录音机是很方便的事。不要用自己的话转述他人的话。允许他们的句法、词汇和俚语填满你的笔记本里。把这些东西用到你的故事里，并且尽全力确保它发表在报纸上时不会被编辑改动,这里面包括那些能够说明某个人是谁的个性化语言。

面对你的受访者时,尽可能保持开放的心态

你不可能就这么坐在那儿一言不发,一点都不跟对方分享你自己的人生。在你们之间,必然会有某种给予和索取,哪怕它不公平。几个星期或几个月过去之后,你不可能还保持那种专业的、冰山一样的姿态。

把自己调整到可以适应受访者的节奏的状态中去。如果你的受访者开始有点恼火,或者需要一些空间,你就离开一会儿。哪怕就快要到交稿时间了,你也可以先离开几小时再回来。你得能够感受到他们的需求。他们需要休息,你也需要。

当"科尔"号驱逐舰被炸[1]的时候,我想写一个可能已经死亡的水兵的故事。我看了所有水兵的照片,其中一个人呼之欲出。她的名字是拉凯娜·弗朗西斯,来自北卡农村。那是一个周六下午,我给她的母亲打了电话。我说不出什么安慰的话,事实上,我说得磕磕绊绊的:"弗朗西斯太太,我对您的不幸感到非常难过。"

"现在还不是说这话的时候,"弗朗西斯太太说,"我们还在等消息。"拉凯娜还没有被宣布死亡,她只是失踪。当然,我当时的感觉很糟糕,她跟我说:"不,我现在不想跟人说话。不是谈话的时候。我们这里已经有电视台的人待了一整天了,该说的我都说了。"

过了一段时间,我又给她打电话,为之前的打扰向她道歉,说我一直放不下拉凯娜。我说的是实话。我跟她说,对《华盛顿邮报》的读者们来说,多了解一些有关拉凯娜的事情——不是她生前的事情——是很有意义的。

弗朗西斯太太说:"好吧,如果你想来北卡的话,我们会在这里等你。"我到达她家的时候,已经是第二天晚上十点半了。她们住在一个很偏的地方,没有灯,牛就斜倚在篱笆上。我到了弗朗西斯家,待了一个半小时。我基本上没说什么话。我根本就不需

---

[1] 2000年10月12日,美国导弹驱逐舰科尔号在也门停港加油的时候,受到自杀式袭击,17人死亡,39人受伤。——译者注

要成为那种准备了各种问题和答案的记者。当时那里有两个海军随军牧师,穿着象征死亡的白衣、白鞋,戴着白帽子。那天晚上,我就问了一个问题:"我能不能明天早上再来?"

第二天,我又来到她家,待了一整天,还是没问什么。好多头发灰白的女人一个接一个来到她家,带着用锡纸盖着盘子的通心粉、奶酪,还有炸鸡。有的人则带着美国国旗。

我写了一个故事,主题是一个年轻女性的生命消失在一个小镇上,消失在这个她曾经拼命想要离开的地方。最后,一个叫作伍德利夫(Woodleaf)的一小片土地将她紧紧拥入了怀中。第二天,我就把故事发出去了。那是一个简单的故事,用了好多我们用来写长篇故事的技巧,但是我在截稿日期之前就完成了。

稿子发出去后,我到了弗吉尼亚州的诺福克去报道纪念仪式。弗朗西斯一家也去了。克林顿总统跟所有水兵的家属做了私下的会面。他跟弗朗西斯一家说:"我感觉我认识你们的女儿。"我无法说清楚我为此到底有多高兴,不是因为他读了我的文章,而是因为他知道了这位女性。我希望拉凯娜的故事能够一直留存在克林顿的心里,但这会影响到我们的海军政策或者我们在世界上做事的方式吗?当然不会。

还是那句话,做采访的时候,重要的是那些在你面前展现出来的细小的、被你观察到的细节。记者往往会非常自我:我们的问题,我们的答案,我们的时间表。可是,现场采访干的活儿不是这种,得走进别人的家里去。当然,你得留出问问题的时间。我也得知道拉凯娜的背景,所以我会问。但是,更重要的,我会花时间看看她的卧室,看看她在离开家参军之前收集的那些小东西。在我们的故事中,真正重要的是那些小东西,因为,正是这些东西意味着你身在现场。

别总在现场

路易丝·基尔南[1]

叙事性新闻好像总是迫切需要记者在工作节奏上时时刻刻都沉浸在采访活动中。但实际上，如果你知道何时应该离开现场，反而能更好地完成你的故事。

我曾经写过一位女性被一块掉下来的玻璃砸伤致死的故事，那是一个连载两期的故事。那位女性有两个女儿，一个3岁，另一个十几岁。那个3岁的女儿，是看着她妈妈死掉的。而在整个采访过程中，她的姐姐都对我比较抗拒。我觉得自己就像一块发光的霓虹灯牌，在不停地对着她闪烁：你的母亲去世了，我到这里来是想知道你现在什么感觉。

她们家是墨西哥人，姐姐快要过15岁生日了——那是一件非常重要的事情[2]。她的父亲邀请我参加她的生日聚会。不过，我知道，她并不希望我出现。到底去不去，我相当纠结。最后，我还是决定去，但只要她表现出不高兴，我就走。

当我到时，是姐姐萨莫拉开的门，她的脸一下就拉下来了。我进了屋，花了几分钟跟她寒暄了几句。然后，我说："我只是想过来跟你说生日快乐，好好玩。"说完，我就走了。

---

[1] 路易丝·基尔南（Louise Kiernan），《芝加哥论坛报》记者和编辑，参与报道并主笔的系列文章获得2001年普利策解释报道奖，2005年尼曼学员。——译者注

[2] 在墨西哥，女孩到了15岁，家里要为她举行隆重的成人礼，成人礼是女孩一生中最重要的节日。——译者注

在我做出了这个退后的举动后,她就不再抗拒了。之后的一次见面中,她拿出了她妈妈的首饰,告诉我每件首饰对于她意味着什么。而这个突破,来自不出现在现场。

跨文化采访
维克托·梅里纳[1]

无论何时,只要你在采访中遇到与你不同的文化,甚至有时候就是你自己的文化,你都不得不去处理包括语言、宗教、道德价值、社会规范、仪式、禁忌、成见以及历史在内的各种问题。你还不得不面对那个社群与媒体关系的整个历史。

在很多文化中,场所非常重要。有聚会的场所,进行宗教活动的场所,发泄不满的场所和坦诚交谈的场所。记者必须能够找到这些场所,找到这些侦听哨位。你得先去这个哨位,搞清楚附近有什么,这样才能开始了解什么事正在这个社群或者这个特定的文化里发生。在这些哨位上,你可以听到社群在说些什么,感受到它的心跳。

哨位可以把记者带出惯常的采访领域,跟社群的领导者或自命的专家交谈。在那些地方,你并不是去做访谈,而是去学习和理解。不要翻出你的笔记本,走到一个人面前,跟他说,"这个社群最近有什

---

[1] 维克托·梅里纳(Victor Merina),南加利福尼亚大学安纳伯格传播与新闻学院的高级研究员,与他人分享了1993年普利策奖,进入了1997年普利策奖决选名单。——译者注

么事发生？"要说人话，做人事。

不要急于求成，要随时向社群的领导者或者消息来源提问。想一想你要采访的事情；做好前期的案头工作；大量阅读；跟不同的人交谈；花时间待在社群里；拓宽你的调查面；找出有效数据；找到哨位，然后去听。

在你听过了之后，你就可以开始做访谈了。要成功地完成一次访谈，成熟的跨文化技巧至关重要。当你在跟别人说话的时候，注意跟别人保持合适的身体距离。在一些文化中，人们说话时会并肩而立，你必须抵抗住那种退后一步的冲动；而在另外一些文化中，站得太近会被认为是挑衅。所以，你要让对方设定距离。

很多人在见面的时候，一上去就用力握手。这个举动并不总是得体的。要让对方来领头。2002年，我访问南非，跟我的翻译建立了很好的关系。旅程结束时，我为了表示感谢，拥抱了他，我能感觉到他整个人都僵住了。我意识到，这是大失态。我跟他道歉。"不，不，"他说道，"下次就这么办。"他用他的拳头碰了我的拳头。第二年，我又见到他时，我想跟他碰拳，他却拥抱了我。我们之间达成了某种相互理解。

当你跟别人说话的时候，注意自己脸上的表情，小心它所传达出的东西。同时，也要明白，对方脸上的表情未必表示的是你以为的那个意思。当我在《洛杉矶时报》做调查记者的时候，一位导师曾跟我说："如果你看着对方的眼睛，而对方退缩了，或者转头看向别处，那这个人就是在撒谎或者有所隐瞒。"他错了。在有些文化中，你根本就不能看着别人的眼睛。

这位导师还告诉我说："他们必须得直截了当地回答你的问题，要不然就是在闪烁其词。"好吧，我有个叔叔是从菲律宾来的。凡是你问他什么，他总是用一个故事来回答你的问题。他确实不直接，但在他看来，他是在用一种更完整的方式来回答你的问题——比简单地说是或者不是要更完整。

在不同的文化中，微笑有不同的含义。有些时候，男性记者不要向女性微笑，甚至不要直接向她们打招呼。比如，在一些亚洲社群中，未经允许就跟女性说话，会被认为是一种不尊重的行为。所以，别忘了性别差异。

尊重他人。不要自动地就省掉姓氏，只用名字称呼别人。在很多文化中，要注意尊重老人。

如果你跟翻译一起工作，就必须了解翻译得是否准确。当你想要的是一个准确的回答以备引用（而不仅仅是对他们的话的解释与复述）时，确保翻译也知道这一点。

很多时候，当我们采访的不是主流文化时，就远没有那么沉得下去：提问时不用功，不勤于搞清楚自己是不是确实弄懂了，也不会那么卖力地反复核查。当有人主动跟你说话时，不要只是感觉到一阵放松。不要因为编辑不知道该问你什么，你就对自己放松要求。不要局限于那些简单的、表面的故事，要努力触及微妙和复杂的东西。

也许最重要的是，找到一个安全的场所，可以预估和讨论困难的、有争议的议题。如果我们真的希望能够见到对我们自己的文化或者社群更好的报道，那就应该对其他记者——那些向我们提问，问一些帮助他们成功完成跨文化采访的记者，采取一种更为开放的态度。在编辑部里，问一些可能不恰当或者让人尴尬的问题，总比让他们到外面，到别的社群里去问这些问题强。如果你对即将报道的社群有什么问题，那就找到一个可以讨论的人，讨论那个社群的传统、语言、禁忌，并让那个人能够诚恳地回答你。

只要我们真想做，几乎每一个人都可以做好跨文化采访。所以，不要放弃希望。有时候，我们会把那些有关争议问题的报道边缘化，特别是那些有色人社群中的争议问题，我们会说："好吧，找个从那个社群出来的人去报道这事吧。"让我们的编辑部变得更多元确实是一个重要的目标，但与此同时，我们也必须拓展我们自己的报道范围。

我们的新闻报纸把记者的大部分时间都投入到报道竞选宣传、政治人物和其他的故事上面。我们必须做出决断，意识到跨文化报道也同样重要。而当一个故事发生在我们这些记者、读者或者观众不熟悉的社群中的时候，特别是当它发生在那些正处在变化中的社群里时，时间就变得至关重要。如果你所在的新闻机构想持续地报道一个社群，它就需要投入时间，投入能够让报道变得尽可能完整所需要的时间。如果你所在的新闻机构还没有投入这份时间，可你却已经这样做了，你可能就需要花一点时间，自己去做采访。这样做的好处是，它会给你更准确和更丰富的故事。投身进去，强迫你自己去学习吧。

报道自己人
米特拉·卡利塔[1]

1998年7月，我为美联社写了一个短篇，关于郊区一家放老片的电影院，通过重映宝莱坞电影，吸引新观众，抗衡巨型影院兴起。这

---

[1] 米特拉·卡利塔（S. Mitra Kalita），《华盛顿邮报》获奖商业报道记者，曾任南亚记者协会会长。——译者注

还是我第一次尝试去写我自己所在的南亚社群的故事。我在一家电影院采访了一位印度观众,问了他几个基本的问题:宝莱坞电影是什么样的?能不能给我简单总结一下剧情?你是看这种电影长大的吗?在我问完了这些问题之后,他问我是哪儿的人。我说我生在布鲁克林,但我的父母是从印度来的。他回答说:"那你为什么要问我这些?你不是早就知道答案吗?"

这个经历可以说明我们在报道自己社群时会遇到的难题。关于这事,说得最好的是我在《纽约时报》的同事米尔塔·欧希托:"你知道得越多,他们就跟你说得越少。"那个看电影的人,不仅认定我会知道关于宝莱坞电影的各种事情,而且认为我应该知道。当然,为了报道,我们必须了解更多关于自己社群的故事,但与此同时,我们也必须忘记我们所学的,忘记那些我以为我知道的东西,这样才能把我引到那些真正能构成叙事性新闻的话题。

要想为普通读者报道一个我自己社群内部的故事,我必须在故事中纳入必要的背景、语境,并说明某些事情到底复杂在哪里。现在,全美国的各种媒体平台都很看重从社群内部去讲故事。雇用像我这样来自特定社群的人,就是第一步。可是,即使进入了新闻机构,我们还是需要打好自己的基础,保证我们最后讲出来的是受访对象的故事,而不是我们自己的故事。

在我的书《住在郊区的先生们:三个移民家庭以及他们从印度到美国的旅程》里,我写了一个叫哈里什·帕特尔(Harish Patel)的人。他于20世纪80年代从印度移民美国。在最初的几次访谈里,我问过他的出生日期,他说是1947年。这一年对印度独立运动来说至关重要——印度成功脱离英国独立;同年,印度和巴基斯坦在流血中分离。我的父母就经历了那次分离，我自己也读了很多相关的东西。我立刻就明白了这个年份的重要意义，以至于他认为不再有必要向我解释。可事实上，他需要解释，这样我才能叙述他对这件事的看法。叙事性新闻提供了这种奢侈的空间，让我们可以回溯过去，为我们的故事提供语境。而那些与这个语境有个人关联的记者，应该格外小心，以求获得完全精准的事实和视角。

我曾听说，一位哥伦比亚新闻学院的教授在上课第一天掏出一堆纸袋说："自己带饭，永远不要吃免费的午餐，因为世界上从来没有免费的午餐。"在书写自己所属的社群这件事上，我不认同这条规则，以及另外一些规则。我们当然得保持自由，不欠人情债，但我们同样不能阻挠自己完成该完成的工作。我在门口脱鞋，我接受别人递给我的茶，进入清真寺前我会用头巾遮住我的头发。

我看到过一张照片，上面是一位年轻的女性采访一位伊玛目。她上身穿了一件背心，裸露得相当多。我当时就想，她那天穿成这样去上班的时候，到底知不知道今天会有这么一个采访？如果知道，那她到底有没有想过她该为能够真正接触到受访者付出多少代价？不管怎样，我们确实会为了能够真正接触到受访者而付出代价，不管你是要进入另一个社群，还是更深入地进入你自己的社群。

我偶尔也会遇到来自受访机构的阻力，这些机构抗拒把采访任务分配给与他们出自同一社群的记者。可是，从美国中部的市议会到白宫，当白人记者去采访这些白人机构的时候，我却从来没有听到过任何投诉。2001年9月11日之后，这种情况有所好转，因为那一天，所有的新闻平台都被迫反省检讨自己的做法。在那个可怕的日子里，我是《新闻日报》的记者。当天，那本杂志的编辑们到处打听：谁了解穆斯林社群？谁曾经报道过穆斯林社群？在很多编辑部里，回答都是：没有人。

　　作为一位报道自己所属社群的记者,我还要面对受访者的期待。当我作为一名记者接触南亚人群的时候,他们经常会跟我说:"写一个关于咱们的好故事。"当我刚开始报道,人们这么跟我说的时候,我只会呵呵一笑,然后暗自希望这事不会再发生。如果他们问,"这个故事最后写出来会怎样?",我就会转移话题。不过,后来我明白了一件事,就是遇到这种情况,应该直接面对。这可能会是一个时间很长的对话,因为人们确实想知道我所代表的机构,以及他们到底是怎么在新闻上做决策的。

　　社群里的读者经常会告诉我,我所在的《华盛顿邮报》上登的关于印度的报道里,有太多关于贫困、因为嫁妆太少导致新娘死亡、洪水和地震的故事。他们问:"这回你能不能改改,写个咱们的正面故事?"对于这种问题,我经常会回答:"我要写的,既不是个正面的故事,也不是个负面的故事,就是个故事而已。"如果再被逼问,我可能就会补充说,工作的时候,我首先是个记者,其次才是印度人;而如果被逼得更紧的话,我就会解释说,身为一个印度人,我是编辑部里的真正的财富。不过,话说回来,真相却是(我确实会遇到这种情况),我有时候会向编辑推销一些故事,白人编辑却不理解它的重要性,因此也不想接受。

　　人们会把新闻报道看得跟自己有切身关系。像"你为什么老是写地震,而不写印度的富人"这样的问题,可能看起来有点荒谬。这些问题也显示出对于新闻所承担的任务缺乏了解。很多读者似乎都认定,媒体有一个对付印度、用一支大笔涂抹整个印度次大陆的计划。我当然会戳穿这种阴谋论的说法,但我也承认这些抱怨不无道理。在写我那本书的时候,我就觉得,关于南亚的新闻,主要集中在像我父亲那样的人身上，就是那些在美国公司干得不错、住在城郊豪宅的人。而对那些像哈里什·帕特尔一样的人，那些做保安、便利店职员或者加油站服务员的人，却很少涉及。

这种抱怨并不止于一个社群。当我报道拉丁社群的时候，人们也会问我，为什么报纸老是报道那些打零工的人，而不去报道那些以西语社群为目标受众的价值数百万美元的市场推销活动。这确实是个合情合理的问题。我们必须推动对移民社群的完整的反思——哪怕那些被称作"正面报道"的东西，也常常过分简单化。我们总是一遍又一遍地写那些移民在庆祝会上跳舞，一遍又一遍地刊登移民端盘子的照片。与此同时，其他事情却几乎从来不会被报道，比如一个移民社群的成员用离谱的按揭利率骗取另一个社群里的人的钱。

对于移民社群的报道，我们总是把焦点集中在他们在美国所获得的飞地上，却忽略了他们的家乡。而要理解一个社群，我们必须理解它的历史，以及它和它的故乡之间持续未断的关系。在当今这个通信技术普及的全球化时代，移民们与他们原来的国家之间的联系，要远超过从前。

在任何一篇关于南亚社群的报道开始前，我都会问自己，这对我来说是新闻吗？如果答案是否定的，我就不去管它了。我们对于移民社群的报道，应该也向移民社群提供新闻，而不仅仅是提供关于移民社群的新闻。你可以去问任何一个移民社群的成员，问问他们想看什么样的新闻，而答案最可能是这样几种：教育、犯罪、与小买卖有关的法律。实际上，这个回答，跟任何一个社群的回答都是一样的。所以，我们的标准也应该一视同仁才对。

从现场笔记到完整底稿

特雷西·基德尔[1]

写作，是我占据的一个区域，一个心理空间。进入状态后不久，我就会失去自我意识，也会失去对于时间的所有知觉。不过，在此之前，我必须从现场记笔记跃升到写出第一稿。要为我笔记本里的混沌赋予秩序，是件很难的事情。不仅做起来难，说清楚也很难。以下就是我对后者的尝试。

年轻的时候，我的采访笔记里全都是我的想法和对事物的感觉，一般没有太多关于那些让我产生这些想法和感觉的东西，也就是我想法和感觉的来源：我到底看见了什么。它们很少有关于衣着、场所、气味、声音以及其他一些感官印象的细节。对此，我深感惋惜，因为现在，我很是用得上这些东西。

从那时起，我也学会了一两件事。我努力写下所有可见、可触、可闻的事实以及我所听到的东西。有了这些材料摆在我面前，我就有了完整通向记忆的道路，它可以让我想起当时我对某个特定事件或者场景的感受，换句话说，我就不需要把我的那些想法再记在笔记本上了。

一般来说，一本书我要记一万页的速记笔记。这些笔记里有所有易逝的材料，有那些被我看到的转瞬即逝的事件。我会用另一组笔记本记录我在图书馆里做的调查研究，以及在办公室里做的正式访谈。

---

[1] 特雷西·基德尔（Tracy Kidder），曾获普利策奖、国家图书奖和罗伯特·F.肯尼迪图书奖，著有《越过一山，又是一山》和《新机器的灵魂》等。——译者注

等我把这一切都弄到手，我就开始进行整理。

我以前常常为这些笔记本做索引。编制索引的过程中，我不得不非常仔细地再看一遍我的笔记。我努力不要在这上面花太多时间。我不想把太多的精力浪费在工具性的东西上。我的索引经常会出问题，因为一旦开始做起来，我就不愿意再回过头去重新校订。现在，我会把我所有的笔记都打印出来。看起来，这花的时间也不会比编制索引长太多。一旦我做完了这个工作，我会翻来覆去地看我的笔记，找到最有趣的部分，找到一种整体的感觉。

写草稿的时候，我会把所有我觉得可能要写到的东西都写进去。我会把笔记中所有看起来可能有文学创造力的东西都收集起来。对于那种特别复杂的故事，或者没有明显叙事线的故事，我会编制一个事件的时序表。我从来不会写详细的大纲，但有时候会抓起一张纸，写出这本书所要包含的要素的清单。我会制订一个计划，为自己设定一个截稿日期，然后努力在这个日期之前完稿。

我现在还能清晰回忆起我在写《房子》这本书时，整理好所有笔记，坐下来开始写的情形。那可能是我有生以来第一次没有感觉到不耐烦。我坐在桌子后面，想了一会儿。我的脑子里有一个声音，一种我想让这书读起来给人什么感受的大致感觉。听到那个声音，让《房子》写起来比写其他书的时候容易了许多。对我来说，写作主要是句子的声音和节律。

我尽可能写快一点，以免为那些写得糟糕的句子而懊悔。当我最初为《大西洋月刊》(*Atlantic Monthly*)写文章的时候，我会在晚上 8 点左右等孩子上床之后开始写。有时候，等到太阳升起来了，我还在写第一句话。我那时的感觉是，除非我把第一句话写对了，否则我根本无法写下去。现在，我会先写完整部书稿，努力不回过头去看我写了什么。如果我做了什么激烈的举动，比如在200页的地方改变了我的观点，我也努力不去为此而担忧。我会写糟糕的、超长的粗稿。其中，第一稿会花最长的时间，也最费劲，其中很可能根本没几段真正值得留下来的。

一旦开始写，我通常就会意识到我对那些应该知道的东西知道得有多么少。于是，我不得不回去采访。不过，在那个时候，我的采访就会直指目标。在写一本书的时候，我会想尽办法不去讲故事。我无法把那些不同的要素——观点、语气、顺序和主题——分离开，因为，在我写作的时候，这些要素彼此之间无法分离。

改写草稿的时候，我会整个重新来过。我现在已经认命了，接受了把一本书一遍一遍地改来改去。我所有的书都改了好几遍，有时候多达12遍。在这么多份草稿中，会有一个不断增进的过程。开始的时候，你会从前面1000万个句子中得到5个或10个句子，将它们留下来。不过，慢慢地，它们自己就开始增长了。有时候，我不得不扔掉写得非常好的东西，或者完全把它打碎，因为它跟整体合不到一起。

当我真的受不了一本书，想到它就要吐的时候，这通常是件好事，因为这说明我已经把它全都想明白了，也想得足够细致了。不过，尽管如此，最后10%的重写工作也非常重要，因为这10%往往就是平庸的作品和好作品之间的差别。当一本书基本上是合理的，只是结构上可能还有瑕疵的时候，我就会把注意力放到句子上，同时调整语序。这是一个要求精确度的工作，因为我要严格无偏差地说出我想要说的东西。这个时候，我就会再次回到我的笔记上去。事实上，回答"这人是什么时候说的这话""这事到底是什么时候发生的"这样的问题，需要花费大量时间。

我的编辑对我非常好。他虽然会跟我开玩笑，却愿意读我的书稿。

我会把厚厚的第一稿给他看。过一段时间之后，他会跟我说："不错，继续写。"当我把所有的草稿写完，我们会坐下来，好好开个会讨论。那时，我会去琢磨他说的"不错"到底是指哪部分。虽然很痛苦，很艰难，但我还是学会了，放手确实很重要。我需要一个远比我聪明的人，一个多少客观点的人。而当我决定要砍掉哪段的时候，我信任我的编辑理查德·托德，尽管我们有时候会争吵。有那么几次，我坚持我的做法，但后来我就后悔了。能够有这么一个人，对书进行温柔的裁决和批评，确实是一件非常重要的事情。如果理查德·托德先我离世的话，我也不会再写作了。

我在艾奥瓦大学作家工作坊当学生的时候，有些非常有天赋的年轻作家（可他们最后却完全放弃了写作）在那里很快就发展出了强大的批评能力，可他们的写作能力却没有跟上。每次你重新上演这个被称为"写一本书"的小型剧本，你就必须在自我批评和自我驱动这两极间找到一个平衡。有时候你必须这么想："啧，我刚才写的真不错。"而其他时候，你又必须得心甘情愿地说："等一下，这话完全没有意义。这太糟糕了。我得把它扔掉，从头开始。"

采访有够吗？

沃尔特·哈灵顿[1]

叙事性写作中，工匠精神有着非常重要的意义。保罗·亨德里克森（Paul Hendrickson）有一本书，叫《寻找光影》（*Looking*

---

[1] 沃尔特·哈灵顿（Walt Harrington），曾任《华盛顿邮报》专栏作家，现为伊利诺伊大学新闻学系主任，获得过包括 NABJ 奖在内的多项奖项。——译者注

for Light），讲的是大萧条时期摄影师玛丽昂·波斯特·沃尔科特（Marion Post Wolcott）的故事。这本书里面有一章，叫作《工具颂歌》（Ode to an Instrument），只有两页，描述了老款格拉菲（Speed graphic）相机令人惊叹的美丽。大概有五十年时间，美国摄影师基本人手一台这个品牌的相机。读了那两页之后，我只有一个感想："我永远也写不出这样的东西。"

我问过保罗，他是怎么把这两页写出来的。他其实是去了史密森博物馆（Smithsonian Museum），找到了50年前这个品牌的原始产品目录，还有关于这个品牌的宣传文献。他又在一家古董相机店买了一台旧的格拉菲相机，这样他就能拿到它，感受它，抚摸到它的皮革，体验一遍它所有的复杂机械流程，听到它发出的快门开合和胶卷转动的声音，然后把所有的这些细节都记录下来。

保罗还找到了一位老摄影师，《华盛顿邮报》的比尔·斯尼德，他用过格拉菲相机。保罗问他："比尔，这相机怎么用？"比尔陷入遐想："啊，老款的格拉菲。"保罗说，看斯尼德用这相机拍照片，就好像读一首诗。

这就是保罗如何写出那两页纸的过程。这就是叙事性新闻的手艺，它无边无际。

故事：从点子到发表
辛西娅·戈尼[1]

这个故事的点子是这么来的：我在足球场上做了一个"急停过人"

---

[1] 辛西娅·戈尼（Cynthia Gorney），曾为《华盛顿邮报》记者和《纽约客》特约撰稿人，曾为《哈泼斯》《纽约时报杂志》《体育画报》和其他刊物写作，现在伯克利加州大学教授新闻学。

（plant and cut），随后就听到我的腿发出可怕的咔吧声，我摔倒在地，然后就被送进了急救室。在这之后的三天里，那条左腿只要一吃劲就会外翻——我的前十字韧带拉伤了。

我当时想："接下来的一年，我都得忍受伤痛，还要做康复运动，但我至少可以把它写成一个故事。"这个故事最后发表在了《纽约时报杂志》（The New York Times Magazine）上。不过，尽管最后算是大团圆收场，但整个发表的过程，不仅对我，还有我的编辑，以及我周围的所有人来说，简直是地狱。可以说，把这个故事写成的过程，基本上就是一出四幕的悲喜剧。而这个四幕剧的内容是，一件看起来很简单又直截了当的事，怎么在某些至关重要的节点搞得很拧巴。

你可以把故事的写作过程看作东西经过一个漏斗：开始的时候，你有一些未成形的、模糊的想法，然后你把它扔进漏斗，出来的就是一个集中起来、有中心有意图的故事。写作大致就是这样一个过程，需要不断练习。开始第一幕，你把故事的各种要素扔到漏斗里；到了最后第四幕，你的故事就成形了。

第一幕：初露微光

你有了一个点子。比如说，你在市议会的会议上得到了启发，或者看到一个你觉得很有说服力的故事，或者摔倒在足球场上，进了急救室。那就是你想到"这能写成个故事"的时刻，你的微光时刻。

我的微光时刻是"我要写一个关于膝盖的故事"。于是，我就把我的膝盖扔进了故事漏斗里。这个故事已经有了一个很自然的载体。我要从我受伤开始写，中间会写到手术以及康复过程，最后会结束在我重返足球场的那一幕：我带着那个吱嘎作响的支架，迈着不是特别利落的步子，重返足球场。从某种角度看，我其实很幸运——在那个微光时刻，我就非常清楚，我已经有了一些对一篇杂志稿来说很像样的材料。

第二幕：前期发现

一旦你下定决心要把一个点子变成故事，你就进入了调查研究的阶段：对你选定的话题进行广泛的调研。这个过程跟律师们查找证据一样。你有一个点子（膝盖、文盲或者黑人妇女的艾滋病），宏大，不聚焦。然后，你决定尽可能多地去掌握和这个话题相关的所有东西。这个过程能够让你搞清楚，你的这个点子到底值不值得做。如果确实值得做，该怎么做？又该怎么把这个点子推销给编辑？

着手调研、访谈和观察，但不要在这个阶段做过了头。到了某种程度，你就必须停手，不要试图成为这个话题的世界专家。

这就说到我犯的第一个错误。我学了很多有关膝盖方面的知识，可以这么说，你现在给我一把磨尖的勺子和一点麻醉剂，我大概就能做膝盖手术了。作为一个记者，你并不需要这样的专业水平。在初期探索的阶段，你的目的是要找到故事。

我找到了两个故事。我在急救室以及之后跟大夫聊天的过程中，得知有两类人容易拉伤前十字韧带：女运动员和年龄较大、在婴儿潮中出生的那代人里爱运动的。实际上，在婴儿潮运动人士里，膝盖损伤的数字有明显的增长，原因就在于像我这样的人拒绝放慢脚步。出于某些现在还没完全搞清楚的原因，在足球和其他一些特定的运动项目中，女性运动员前十字韧带损伤的人数大概是男性运动员的二到六倍。

我给《纽约时报杂志》报了计划。这个计划要完成的首要任务是对这本杂志的读者到底是些什么样的人有清晰的认识——不管谁给杂志写计划书,这都是他的首要任务。因为杂志的读者要比报纸的读者更聚焦、更专精,哪怕这本杂志隶属于一份报纸。换句话说,这本特定的杂志是一些特定的人为了一些特定的目的去读的。而你的工作就是得抓住这类特定读者的注意力。

在计划书中,我需要让编辑多少感受到我的故事读起来会是什么感觉,该用什么样的语气。事实上,用什么样的语气来写,跟你要在一篇文章里塞什么料是两码事。我想让这个故事包含很多信息,看了让人知道很多事,而不是那种内省式的,更不能自怨自艾。这篇文章会把我受的伤当成一个载体,承载那些以更具一般性的话题为目标的采访。我最初写给《纽约时报杂志》亚当·莫斯的备忘录里,就包含两篇文章的计划,我让他来选一个。

第一个就是对女性运动员膝盖受损率的标准处理。我在计划书的开始几行,就给编辑呈现了我的文章会以什么语调进行:

很明显,对那些关注女性在竞技性体育项目中处于上升状态的教练员与骨科大夫来说,膝盖损伤正在成为他们的头等大事——所有人都知道,膝盖受伤的人数在急剧上升(用新泽西州一位骨外科大夫的话说,"跟传染病一样")。一方面,这是因为参加体育运动的女性总数有了大幅增加(这是《教育法》修正案第九条——妇女运动——所造成的妇女形象上的改变)[1];另一方面,则是因为现在年轻女性的运动方式正变得跟男性一样激烈、快速、勇猛。所有人都知道,女性损伤

---

[1] 此处所指1972年美国《教育法》修正案第九条。它要求"对任何一种教育计划和接受联邦经济资助的活动而言,没有人应该在美国因为性别上的理由而被排除在这些计划和活动之外,也不应该被拒绝从中获益,或者在其中受到歧视"。——译者注

前十字韧带的比率是男性的三到六倍，虽然原因还并不十分清楚。而对运动员来说，这是一种后果非常严重的损伤。

没错，开头的那句实在太长、太复杂了，但它确实给出了这个故事可以成为新闻的理由。它给了编辑一句来自专家的引语。这句引语让他知道，我已经做了详尽的调研。写计划书的关键，是在一开始就让人知道你对这个话题有相当的了解。

第二个计划书是说，我想写一个长篇的、第一人称的、有采访的文章，针对的是那些跟我一样在婴儿潮中出生的人，我们都拒绝让自己的人生不失体面地退回到静态的中年生活中去。这些出生于婴儿潮的人是这本杂志的主要读者。事实证明，这一篇才是编辑亚当想要的文章。他相信，这个故事如果由我来讲，会讲得更好，因为我对这事会更多一点介怀；另外，我处理这个题材的方式，也会跟杂志的目标人群更契合。

第三幕：漏斗发现

接下了任务之后，我就要开始投入到我称之为"漏斗发现"（funnel discovery）的阶段中。打磨故事的核心，打磨要完成这个故事所需要知道的东西。我的问题，我犯的第二个错误，是没有遵循自己的行军口令。我接到的任务是写一篇关于出生于婴儿潮的运动人士的膝盖的故事，可我在开始我的漏斗发现时，却从"我要写的是膝盖"这个太过宽泛的点子出发。一篇"关于膝盖的文章"并不成其为故事。

我是一个传统记者，一个自学者。我喜欢调研，喜欢采访，但不喜欢写作。我写一个故事，就好像我要拿个骨科的学位一样。我之所以会把调查阶段的工作做过了头，是因为我想展示出我是一个多么好的记者，我学到了多少东西。而且，那段时间我确实很愉快。

不过，最后一查，我才发现："哎呀，截稿日期要到了。"那时，我已经采访了我的前老板关于他的膝盖置换手术，虽然我的故事并不是关于膝盖置换的。我说服《纽约时报杂志》让我飞到俄亥俄州的辛辛那提市，因为那儿有一个很优秀的膝盖医生在一家医院的一栋侧楼做膝盖手术。我到俄亥俄去寻找我能用的、跟我所有的调研合拍的场景。这是我的第三个错误。我也没问一下自己这些场景和我要写的故事之间的关系，目的或者意图何在。

第四幕：写草稿

我那堆笔记已经有60多厘米高了。我终于坐下来开始写作。跟往常一样，我从中间开始写，嘟嘟囔囔，反反复复，问自己好多问题。而最后的成果，是一堆并不融贯的素材：比如，"而且，事实上，运动医学的整个现代分支，其起源都要感谢损伤的膝盖……扭伤的前十字韧带……脱落的半月板……或者被废掉的膝盖……所带来的推动。一直延续到我现在所动的手术之中……马特森做的这个手术"。这就是我写草稿的方式。每个人都有他自己的方式。

最后，我找到了适合这个故事的语气。我开了一个很好的头，找到了我想要的语气：

好吧，我确实42岁还在玩足球。不过，在你开始嘀咕"喊，那她还指望能有什么别的下场"之前，让我先跟你说说那些精力过剩的在婴儿潮中出生的人是怎么干的：打网球，打篮球，打排球，打棒球，速降滑雪，在沙滩上侧扑入水抢飞盘，或者在橄榄球场上玩那种灵机一动触球佯攻的游戏——就是那种看起来像是个好主意……直到有人在地上翻滚哀号……然后张皇失措的人跑去要冰块、找医生……的游戏。至于我，对那段记得就不是太清楚了。

在写第一稿的过程中，我的中心任务是把文章的不同部分安排好。首先，我需要找到怎么开头。然后，我决定要对我的伤势做一个描述：一段非常漂亮的话，讲我怎么拖着我那条上着支架的腿，旅行到东海岸，一路上还听着各种跟运动人士受伤的膝盖有关的故事。所以，下一节的开头，是我到辛辛那提的旅行。第四节，处理斯坦福大学的女运动员和她们的伤势。结尾要有一个我带着吱嘎作响的支架跑向运动场的场景。

我写了 8000 字。而我接的工作，是个 4000 字的故事。但我还是把稿子交上去了。我当时的想法跟所有记者一样："他们会觉得这故事太棒了，然后会把给它的版面翻倍。他们会把整个杂志重新排一遍。"

亚当·莫斯把我的文章删掉了几千字，然后做了一个非常有趣、非常宽容的评论："剩下的部分，我觉得我们可以省着点删，4000 字也就出来了。"当然，一篇 8000 字的文章，是不可能这么简单地砍成两半就算完事了。所以，他们是这么删的：关于辛辛那提的一整节，全都删掉了（1000 美元的开支啊！），所有关于膝盖的为人熟知的知识，以及一半关于女性膝盖的信息，也都给删掉了。至于我的那些个人故事，则以一种让人肉疼的方式给删去了。

不过，我最后必须承认，这样大删大改是有道理的。最后呈现出来的故事确实直击目标：与婴儿潮运动人士的膝盖密切相关。一段简短的旁支侧出，谈到女性的膝盖，确实是有效果的，因为我自己是女性，而我的膝盖的故事构成了整个故事的框架。在故事的最后，我一瘸一拐地挪进了斯坦福大学的康复中心。两位斯坦福篮球队受伤的明星，瓦妮莎·尼高（Vanessa Nygaard）和克里斯蒂娜·沃克尔（Christine Vokl），跟着我一瘸一拐地进了楼。我们看了看对方的伤疤，她们的伤疤比我的长，因为她们的腿比我的长30多厘米。我在文章里写了我们关于膝盖康复的对话，她们对篮球的激情，以及她们以后怎么继续进行比赛，为此需要付出怎样的代价。我同意她们的想法：我要继续踢球，就用我自己这具有瑕疵的躯体，直到我踢不动为止，因为足球对我真的很重要。

我成功地从膝盖损伤中恢复了过来，不仅如此，我也成功地从写完一个膝盖损伤的故事的过程中存活了下来。

从没上过新闻学院的人的（叙事性）新闻学院
阿德里安·妮科尔·勒布朗[1]

我发现，文学性新闻能够把我对社会学和对美国的阶层问题的深层兴趣结合在一起。我从来没上过新闻学院，所以就一直觉得肯定有一些写故事的方法是我不知道的。回过头来看，我这种没有方法论的工作方式对我来说反而有好处。为了好好完成工作，你必须找到你自己的办法，犯你自己的错。

---

[1] 阿德里安·妮科尔·勒布朗（Adrian Nicole LeBlanc），著有畅销书《随机家庭：爱、毒品、烦恼与布朗克斯的成年礼》（*Random Family: Love, Drugs, Trouble, and Coming of Age in the Bronx*），此书进入了NBCC奖决选名单。——译者注

有些我写的好的故事来自一些被毙掉的任务。比如，我在《新闻日报》读到了一篇短文，其中提到一个年轻人因贩卖海洛因而受审，于是我就去旁听审判。我从《滚石》(Rolling Stone)杂志得到了一个任务，就是报道这件事，为此我在法庭里花了大概三个月的时间。当时，被告仍在上诉，所以我跟他之间全面的消息通路实际上非常有限。事实上，如果他的上诉被驳回，他反倒会对我说得多一点，但那要花上一到两年的时间。《滚石》不想等那么久，他们就把这个选题给毙掉了，可我却还一直跟踪这个故事。

在做采访的过程中，我认识了一些同案被告的母亲和女友。我去采访她们，而这变成了一场漫长旅程的开端。这次旅程最后积累成了我的一本书——《随机家庭》(Random Family)。如果《滚石》那篇稿子顺利完成的话，也许这些关系不会持续下去。

我经常也会这样：拿到一个简单的任务，然后就相信，如果我能以不同的方式进行采访的话，那么编辑也能以不同的方式理解这个故事。也就是说，任务只不过是一个让采访开始启动的框架而已。当我开始写一个故事时，经常会感到难以进行下去。我会问自己，也会问别人这样一些基本的问题，比如：什么叫"黑帮女孩"(gang girl)？当人们说到这些词的时候，表达的是什么意思？这些词会给人什么样的联想？

当我开始做采访的时候，我是整个故事的温度计，我会不断衡量自己的反应。刚开始做记者的时候，我会写个人日记，同时也记一些现场笔记或者录音。我会记下我在现场工作的感受，我喜欢谁，我不喜欢谁，谁让我生气，谁吸引了我的注意，以及为什么会这样。其中有些材料最后的确成为我故事的一部分，倒不是因为我觉得它们有趣，而是因为好的编辑把它提取了出来。这些编辑会问我一些我只能通过翻看当时的日记才能回答的问题，因为在日记里，我会更自由，而我是不会允许自己在正式的采访笔记里拥有这种自由的。

这些年来，我了解到一件事：我必须立刻把场景写下来。我会在采访结束后马上干这件事——最理想的情况就是，在我把我的笔记誊印出来的时候做这件事。我从来没有适应过干这件事，为什么我的《随机家庭》花了差不多10年时间来采访和写作，部分原因可能就在于此。现在，在尽快在笔记上填充血肉这件事上，我已经比以前更自律了。

哥伦拜恩惨案[1]之后，《纽约时报杂志》让我写一篇被孤立的孩子的报道。那个编辑让我找一所有孩子被孤立起来的学校，但他们在灾难发生之前把事情拦住了。当时，有三到四所学校都满足这个条件。

人们都相信自己明白青春期是怎么回事，因为都是那么过来的。我知道我现在已经无法理解高中对一个孩子来说到底意味着什么，更不用说被一个位于中产阶级学区的郊区中学孤立了。我试图说服编辑写一个关于被学校孤立是什么滋味的故事。我在一所高中的外面拦住一个小孩，问他："嘿，我是一个记者。我在写一个被孤立的孩子的故事。你认识的最被孤立的学生是谁？"只跟六个小孩聊了一会儿，我就知道了这所学校的社会等级是什么样子的。

最初的采访有时会异常艰难。我发现我撞上了一堵让人绝望的墙，因为我完全是个外人。我需要往内部再深入一些，可我不知道怎么才能更深入，我甚至不知道这个内部在哪儿。不过，我总能挺过这个阶

---

1 哥伦拜恩（Columbine）是美国科罗拉多州杰斐逊县的一个地名。当地有一所高中，就叫哥伦拜恩高中（Columbine High School）。1999年4月20日，该校两名学生携带武器（不仅有枪，还有自制炸弹）进入校园，杀死了12名同学和一名老师。另外有24名学生和三名其他人员受伤。之后，两人自杀。格斯·范·桑特（Gus Van Sant）有一部叫《大象》的电影描述了整个事件。——译者注

段。我在六个不同的地方布下了各种"探头",最终还是给了我一些回馈。现在,我必须做出决定,因为我不可能同时跟访六组孩子。如果我有一个好的编辑,我会给他打电话谈谈这事。我也会给我的朋友打电话,听听自己到底想要说什么,以此来决定哪条故事线才是我最感兴趣的。如果我总是谈回到某一个人,那么那个人就是我最终选定的人。那次谈话变成了一支指向我未来方向的箭。

如果这一点你成功完成了,能够交上去一些朝向某个中心、非常集中的故事,编辑就会信任你。他们就会允许你从一个非常宽松的任务开始做。能有多宽松呢?这里就有一个你需要去小心找到的平衡了。如果太宽松的话,那故事可能最后会被毙掉,别忘了,因为这个拿不到钱的可是你自己。

当我决定了要集中跟访的小团体之后,我就跟他们说:"我现在还没有问题要问,就是想跟访你们一段时间。"他们觉得这事既奇怪又好笑。我这么做了大概有几个礼拜。其间,我对其中一位年轻人越来越感兴趣。我们花时间谈话。我需要让他的母亲知道,我在采访她的儿子。我们到了他家,然后我说明了我在做什么。从那以后,他就再也不跟我说话了。又过了几天,他跟他的朋友都嗑了药。他过来跟我说:"你可真假。"他之所以这么说,是因为那天我跟他母亲说明我在干的事情的时候,用的是非常成年人的方式,和跟他在一起的时候完全不一样。

一般来说,如果能足够长时间地闭上自己的嘴,我就会知道更多的事情。那种恍然大悟的瞬间,需要时间的积累才可能出现。人总是需要时间,需要大量的时间。而绝大多数人,不管是什么年龄或者什么社会阶层,都很少会被单纯地倾听:不打断、不问问题地倾听,对别人说的话,深思熟虑之后才去回复。

在整个采访过程中，我会跟人说："这是我的故事。"我经常会这么告诉他们："想象我正在拍一部关于你的生活的电影。我必须带着个摄影机跟着你到处跑，因为我想向人展示出来的，不是别的东西，而是你的生活。我得看看你的卧室，见见你的朋友，看看你是怎么跟你妈相处的。我会一直看着你，而且是以一种跟你自己看自己不同的方式去看你。我会跟别人谈起你。我会在这里出现一段时间，然后我就会消失，去写你的生活故事。这不会是关于你的生活的唯一的故事。这个故事所涵盖的，也只会是我们所谈过的东西里一个非常微小的部分。你可能会告诉我 1000 件事，可能里面只有两件最后变成故事的一部分。"无论是从伦理上，还是从把事办成的角度说，让你的受访者和你一样去理解整个采访过程是一件非常重要的事情。

我倾向于把自己看成是那种不问太多问题的记者。话是这么说，有时候当我听我做的访谈录音时，会惊讶于我的受访者居然能够在我的滔滔不绝中插得上话。我意识到，当我说得太多的时候，那是因为我要么对受访者将要告诉我的事情感到不自在，要么就是对自己的处境感到不自在。因为我需要从受访者那里得到些什么是有侵略性的。其他时候，我会记得我的目的。因此，当谈话变得太过紧张的时候，当我的受访者要暴露出那些最深的东西的时候，我就会比较抗拒。

对我来说，明白自己为什么会对那些情况做出那些反应是一件非常重要的事。这不是因为它们本质上非常有趣，而是因为它们创造出一张地图，一张我的理解如何逐渐展开的地图。有些事情，比如说，在同等条件下，我会想去相信什么，抗拒什么，会很兴奋地去学什么，知道这些对我自己来说是很重要的。那些死胡同，那些盲点，会给你的故事一个非常好的叙述方式。我自己的困惑，有时候就会提示一条叙事策略。为了让一个记者把他的自我从他的故事里拿出来，知道那自我住在什么地方，这会有帮助。

为了能够让自己明白自己的反应，我努力不要让脑子里充满别人的想法。我并不觉得非得在开始采访之前就去做背景方面的准备工作。一般来说，我不会去读有关这个主题的书，也不会去跟专家聊。不让自己陷入这些二手文献中去，有助于我把自己的自我看管好。如果不这么做的话，我就可能觉得自己已经明白了，然后问题就会太快问出口，而不是保持安静，注意倾听。

在我为《随机家庭》做采访的早期，有一位年轻女性跟我谈起她的男朋友。这个人有很多女朋友，不过她认为，她才是他重要的女朋友，看起来确实是真的。她描述了自己如何处理因为他多姿多彩的爱情生活而产生的各种闹腾。有一段时间，他在跟另一个人约会，而她仍然会去见他。当他跟另外一个女孩在外面玩的时候，她会到他屋里，帮他熨 T 恤，刷跑鞋。听了她告诉我的这些，我说："哦，天哪，这对你来说肯定很难吧。"我把那段时间解释成了一种受欺压的时刻。

很多年后，我采访了另外那个女孩，然后问她："你记不记得那谁谁谁，她在你男朋友的房子里为他做所有事？"她说："哦，是啊，我敢打赌，她跟你说她经常照顾他。要知道，是我在给他洗衣服，给他做饭。"我忽然明白，第一个女孩在刷鞋的时候，是在宣告她的地盘。我那时候对这个处境的理解完全错了。只有通过这种事实核查，我才能明白这两个女孩是在竞争。

而我在很久以前的那场对话里那样回应，实际上是把第一个女孩的嘴给堵上了。我的反应如此不靠谱，她又该怎么向我解释这事呢？这个经验教会了我保持安静。又有哪本书能教会我这个呢？我必须学会去听，去让自己委身于每一个"当时"。

第三章 非虚构流派细分

魏春亮 / 译

引子

报纸新闻以往的规范——包括牢靠、实用、有目的地为当地社会服务——决定了一套行之有效的非虚构写作方法。经过几个世纪的不断演化，这套方法为不同信仰、阶级、教育程度、政治观点、文化志趣的全体公民呈现了大家共同关心的新闻报道。

新闻写作渴望团结公众并保障他们的知情权，它通过严格的修辞学原则完成这一使命（当它成功时）。新闻写作避免大多数情绪化的内容，将描述和分析导向显而易见的事物，它远离那些让人头痛的社会和哲学问题，这些问题甚至让日常的事情都变得难以言说。无论是富有的还是贫穷的、年老的还是年轻的、虔诚的信仰者还是不可知论者、受过良好教育的还是未受过教育的，新闻写作并未偏离所有人所期待共享的那些理念：社区服务值得称赞，犯罪是不好的，儿童应该受到保护，商业是有益的，扶持艺术，永远支持自己的主队。

但真实的世界总是比标准新闻实践所捕捉的那个世界更为丑陋、友善、微妙、富有、残酷、陌生、单调、混乱，也更为复杂。包括那些阅读传统日报的读者也认识到了这一点。生活在喧嚣的现实世界的人们令我们着迷，哪怕他们寂寂无名。他们的历史、社会构成、苦难、经历、成功、偏见、冲突、制度以及永恒的隐秘，始终吸引着写作者。

千百年来，不同的非虚构流派，这些文学家族中的远亲近邻，由于写作者对不同主题的尝试，得以不断发展。每一种流派都展示了一条呈现真实故事的道路，它们有各自的转角、岔路和风景。这一章里，我们将快速浏览若干流派，包括人物传记、游记、回忆录、个人随笔、评论、历史写作、调查报告和广播纪实。

马克·克雷默，温迪·考尔

人物特写
雅基·巴纳辛斯基

为什么要做人物特写？成功的人物特写包含了叙事新闻所有必要的元素。一个作者必须学会如何刻画人物和地点：把握住个性，从外在进行描述，对他们的动机做出解释。一篇优秀的人物报道需要有充分的采访，这是一项超越形式的技能，并且能展示出什么是负责任的报道。当你在写另外一个人，而那个人又知道这件事时，你必须做得足够好。

人物特写呈现具体的案例，以小见大。在《艾滋病在中心地带》（AIDS in the Heartland）系列报道中，我深入描写了明尼苏达州两位同性恋农民，两人都因为艾滋病不久于人世。这个故事不仅仅关注这两个个体，也关注面对艾滋时人们的生与死，以及他们的社群是如何应对的。

人物特写让我们在抽象阶梯的两端同时开工（见下文《抽象阶梯》）。故事的特殊性——农民兼政治活动家迪克·汉森和伯特·亨宁松——在抽象之梯的下端，而这两个男人所表征的——承诺、爱、死亡以及家庭的抗争——则在梯子的上端。很多报纸上的故事都很无聊，这是因为他们停留在了梯子的中间：既没有特殊的人物，也没有宏大的主题。这些故事既没有任何事物做基础，也没有任何东西可以让它们超越平凡，得到升华。

做人物特写报道的关键是弄明白一些问题。采访至关重要，而且不能仅仅采访要写的对象。他或她身边都有些什么人？谁能提供一些料？谁知道影响他一生的决定性时刻？你要去采访这些人。

你的问题必须要深入。这个人的特征是什么？动机是什么？价值体系是什么？生活方式又是怎样的？这个人是谁？想要达到这种深度，你必须问一些相当抽象的问题。我曾经问过六个徒步穿越南极洲的男人（他们差点在途中丧命）：南极洲是男性还是女性，为什么？这个问题帮助他们以一种新的、个人化的方式看待南极洲。问人们最担心什么，或者谁对他们来说最重要，或者最害怕什么。抽象问题问完，还要问一些具体的问题，以引出详细的逸闻趣事。

有些人喜欢谈论自己，也有一部分人喜欢谈论自己却说不出多少有用的信息。他们会说诸如"主让我做的"或者"我已经把这个交给我的队友了"。采访者的任务是，把采访对象变成一个讲故事的人。要问有层次、有深度和刁钻的问题，以引出不寻常的答案。把他带到他平常不太会去的地方，问一些需要描述才能回答的问题。如果你的特写取决于描写对象必须做出的一个重大决定，那就要问关于做出决定那天的一切。那天有什么特别的？那天早上你起床后做的第一件事是什么？你还记得那天早上你早餐吃了什么吗？那天天气如何？你穿了什么？那天你在想着谁？有电话打进来吗？带我一起回忆一下那天的前两小时。这些事情看起来可能和故事没有直接的关联，但这有助于帮助他回到那个时刻。给他一点压力。做一些假设，让采访对象印证你的假设，或者与你辩论。

有一次，我参加了一个顶级奥林匹克跑步运动员的新闻发布会。她的简历勾勒出一个十全十美的女人：辉煌的运动生涯、法学学位、富有且崇拜她的丈夫、封面女郎的相貌。虽然已经30多岁，但她还在赛跑。我问她是否担心整个人生图景上有什么缺失，譬如孩子。她是不是和自己的生物钟在赛跑？相比于对她跑步方式的分析，这能够构成一个更为有趣的故事。

要全身心投入到你的采访中去。你必须高度集中，以确保你的思维紧紧跟随你的采访对象。你必须认真聆听，和你的采访对象一起行动，适时地前进或后退一步。不要考虑采访提纲、你的编辑和故事的开场白，考虑眼前的人就够了。我的一个朋友把这叫作"全身采访"（full-body reporting）。如果你真的做到了，采访结束时，你应该感到筋疲力尽。

对于写作，尤其是人物特写，最重要的是生动的细节。记者常常抱怨编辑删掉了生动的细节，编辑这么做，有时候是因为这些细节相关性不足。如果没有透露重要的信息，这些细节就没有必要。要一直采访，直到找到绝对必要的细节。在《艾滋病在中心地带》中，我描写了那两个男人在他们的农舍周围种的凤仙花和美洲石竹。我注意到，其中一个男人住院前最后吃的食物是邻居的西葫芦面包。我写了房子四周种在水罐中的牡丹花，这些细节描绘出了美国中西部传统乡村夏天特有的景象。

人物特写需要靠近观察，然后再把镜头拉回来。当你从采访转向写作，你必须与采访对象拉开距离。当你在桌前坐好，你效忠的对象就要转变了。就好像你笔下的人物正从背后看着你，但你必须背对着他。这并不意味着你不尊重自己的写作对象和他们的故事，但你现在效忠的对象必须是读者。

在我编辑完一篇人物特写后，还必须对它进行一个测试，才能最终定稿。我会要求作者把文章给一个对报道对象一无所知的人看一看。这位读者必须能够回答，且必须能用一句话来回答两个问题：第一，你认为这个人的特点是什么？第二，在读完文章后，你是否知道自己喜不喜欢这个人？如果答案并非作者所期待的，那么这篇人物特稿就没有最终完成。

有各种各样的人物特稿，我只讲三种。我把它们叫作从摇篮到当下的特写（Cradle-to-Current Profile）、定位特写（Niche Profile）和段落特写（Paragraph Profile）。

从摇篮到当下的特写

加里·里奇韦被当成绿河杀手遭逮捕，他被控谋杀了华盛顿州48位妇女，《西雅图时报》（*Seattle Times*）的一篇人物特写详细叙述了他一生中林林总总的事情：他在哪里长大，何时第一次显出生病迹象，警察从何时开始追捕他。这类人物特写需要了解一个人的一生，需要大量的时间做调查。只有很少的情况下才需要从摇篮到当下的特写。

定位特写

定位特写是我最喜欢的一种人物特写。你可以几天就写完一篇千字之内的文章，并且很快就能刊登在报纸上。写定位特写的关键是，你要准确说明一个人为什么有新闻点，然后在此基础上展开。

当我们做加里·里奇韦从摇篮到当下的人物特写时，我们也可以做一篇代表他的辩护律师的定位特写。定位特写并不需要介绍这位辩护律师在哪里出生，也不需要说明她五年级时做了什么，除非这件事和她作为里奇韦律师的角色有直接关系。她的生平信息可以压缩，或以小贴士的形式出现。定位特写要描述她如何成为律师，以及为一个连环杀手辩护是否会给她带来内心的挣扎。

要想创作一篇出色的定位特写，你必须清楚地知道你要寻找什么，即服务文章主题的生动细节和引语。

段落特写

　　这是篇幅最短小的人物特写，其实并不算严格意义上的人物特写，而只是一个大故事中的段落而已。段落特写可以将单调乏味的故事变得有真正的个性。因为名字不再只是名字，它能让读者很顺畅地读完整篇文章。段落特写反映了人物的个性，而这种个性和更宏大的主题紧密相连。

　　当处理最寻常的故事时，段落特写可以让你去尝试叙事写作需要的那种报道方式。它迫使你去深挖和聚焦与主题真正相关的东西。

　　还是用里奇韦报道的例子，与其只是点出最终破案侦探的名字，倒不如来一段他的段落特写。这种特写可以讲述这个侦探对绿河杀手的追捕：25年来，他将线索装满了几十个盒子，痴迷到做梦都梦到这些。你也可以提及法官那天走进法庭前做了祷告，或者听了一首他最爱的歌曲。

　　还有许许多多种特写，譬如主角不是人物而是一个地点或一栋建筑，甚至是一个会议的特写。为一个市议会会议做特写，不报道结果，也不关心谁为什么投了票；而是写会议的"个性"，它的节奏，甚至是它的愚蠢。如果你写扫雪机司机的特写，主要的角色可能是卡车、道路、雪，或者是司机。不管话题是什么，对人物的仔细观察都会让你能更好地阐述它。

抽象阶梯

罗伊·彼得·克拉克[1]

对讲故事的记者来说,抽象阶梯是最好用的工具之一,尽管它并不太容易理解。我花了大概 15 年才弄明白如何得心应手地运用它。

在成为美国参议员之前,塞缪尔·早川(S. I. Hayakawa)是一位语言学家。他在出版于 1939 年的《使用中的语言》(*Language in Action*)中首次提出了这个概念。早川写到,所有的语言都存在于阶梯上。最概括、抽象的语言和概念在阶梯的顶端,而最具体、明确的话语则在阶梯的底部。

在讲故事时,我们在阶梯顶端创造意义,而在底部去做例证。记者更乐于沿着阶梯向下,然而,问题在于我们既不能到达高处,也不能恰到好处地抵达底部,用一句亚拉巴马州的老话说,山羊吃矮草。新闻倾向于停留在阶梯的中部,而我从写作教师卡罗琳·马塔莱纳(Carolyn Matalene)那里学来的教训却是,这是最危险的区域。

我们的教育体系就是抽象阶梯中部的极好案例。学校董事会从不谈论阶梯顶部,诸如文字素养或鼓励年轻的公民参加民主生活等关键问题;也不会讨论阶梯底部,诸如加拉格尔小姐一年级的课堂上孩子们如何吃力地做阅读理解这样的问题。相反,在教育体系中,老师被当作"教导环节",他们讨论的是关于"语言艺术课程的范围和顺序问题",这正是阶梯中部的问题。

阶梯顶端的写作是言说,呈现概况;阶梯底部的写作是展示,呈现细节;而抽象阶梯可以帮助写作者弄明白如何在顶端表达意义,又如何在底部举出具体例子,并且避免中部的混沌状态。当你在精心布局的叙事中展现细节,它会带领读者向阶梯上方走,在他的脑海中,意义自然就从故事中获得了。如果你向我展示一个 14 岁的小女孩在大冷天把自己的上衣给了一个无家可归的人,你无须告诉我她多么富有同情心,她的行动说明了一切。

---

[1] 罗伊·彼得·克拉克(Roy Peter Clark),1979 年起在波因特学院讲授写作,是学院的副主席和高级学者。在那之前,他是《圣彼得堡时报》的写作教师。——译者注

所有的特写都是史诗
托马斯·亚历克斯·蒂松

我在菲律宾一个天主教家庭长大。在菲律宾，天主教早已和本土宗教相互融合，形成了一种万物有灵的信仰。从小到大，我都相信权力到处在作祟。无论是我自己努力学到的还是在学校所学的，都没有动摇我这个信念。

大约 17 岁时，我开始想成为一名牧师。我把这个想法告诉了我的妹妹，她是家里最聪明的孩子。她说："如果你不是这么一个荡妇，你会是一个好牧师。"我们都笑了。她说的话有一定道理。她并不是说我真的是一个荡妇，而是说我对世俗的欲望让这个愿望很难实现。她完全说对了，如果谁要是给 17 岁的托马斯·蒂松做人物特写，这可以被写进核心段落中。

她这个精辟的观点回答了所有人物特写都必须回答的问题：这个人是谁？对于不同的对象，这个问题有不同的回答方式。不妨回答得有创意些，比如 2004 年 5 月的《名利场》(*Vanity Fair*) 杂志有一篇人物特写，写的是蒂莫西·特雷德韦尔（Timothy Treadwell），一位将毕生精力都用来保护阿拉斯加熊却最终被熊所杀的活动家。巧妙的是，内德·塞曼（Ned Zeman）在文章第一部分是用熊的视角切入的。

人物特写的角度会从我们自己的个性和兴趣中自然生发出来。然而，我们却一定要始终聚焦于对象。当我着手做一篇人物特写的时候，我会提醒自己四件事：

一、你的对象和你一样复杂

对记者来说,很容易在自己的故事中描绘出一个单向度的人物,尤其当记者们只关注他们的官方身份,如士兵、市长、受害人、强盗时。为了避免这种状况,我会提醒自己,我本人就有很多自相矛盾的地方,别人同样如此。这使我能够避免情绪化和简单化。

每个人都有阴暗面,对阴暗面的审视为人物特写增加了复杂性。探讨一个具体的人的阴暗面也许并不合适,但我可以经常探讨环境的阴暗面。我曾经写过一个死于伊拉克的美国士兵。那个人物特写并不适合让我去探讨诸如他对色情文学的癖好之类的问题。我通过他的家人来探讨:他们都反战,也讨厌他被当作英雄来膜拜,但他们爱自己的儿子。这篇特写的张力都围绕着他的父母,而不是那个牺牲了的士兵。

二、你的对象和你一样背负着沉重的负担

早上七点半,周围静悄悄,你独自一人开车上班的时候,折磨你的是什么?每次遇到可能要写的人,都要记住,那个人要面对和你相似的境况。在人物特写中,这些境况可能不会写到,但是作者必须寻找到他们的痛苦,去理解他们。

三、你的对象有所求

每个故事都有一个有所求的主角,而且必须经历各种各样的障碍才能最终得到它。每个精彩的故事,每篇出色的特写,都是一种寻求。这种寻求可能很简单:为了摆脱无聊,追到一个姑娘,赢钱,自我救赎,或者是报复什么。

我最近做了一个25岁士兵的人物特写。他是看着战争片长大的,一心想要成为一名战士,报效国家。他被派到伊拉克,但是刚一上战场,他的坦克就被炸了。受伤之后,他被送回到蒙大拿的小镇。他整个战地生涯仅仅持续了七分钟。我本打算把他写成一个被埋没的英雄。我坐在他的客厅,他给我展示了他画的伊拉克事件的素描:他的坦克在一座桥上爆炸了,士兵们爬出来,等待救援。通过这些画,我可以看出他的痛苦。他一生都在准备成为一名战士,但好不容易上了战场,甚至都没能开上一枪。他觉得自己这一生就是彻彻底底的失败。这就是他的苦痛。

那他的需求是什么呢?就是他同那个诡异的转折和解。表现对象那混乱的烦恼,以及欲望,这里面的纠结,构成你的故事。

四、你的对象有着史诗般的故事

这里说的史诗故事是一种更宏大的故事,而你的对象的生命就蕴含在其中。我坚信,无论和谁谈上两小时,我都能从他身上找到一个史诗般的故事。我承认,这种信念可能来自从小天主教万物有灵论的熏陶。我们在学校学到的所有古希腊传奇故事,都变了个方式,进入了我们当下的生活。

西绪福斯被惩罚要永无止境地将巨石推上山顶。意思是说:他的一生就是不变的、痛苦的、永无休止的劳作。

盗火之神普罗米修斯惹怒了宙斯,结果被缚在岩石上,被恶鹰无休无止地啄食肝脏。意思是说:他的处境就是一生不断地努力挽回失去的东西,却只能一再被夺走。

米达斯实现了自己的愿望,他所触及的一切东西都变成黄金。但这里说的是"一切",也包括他的家人。意思是说:你最强烈的欲望,也能毁灭你。

每个人都有无数的故事,但没有一个作者能够写完所有故事。我们只能尽力而为,用我们所有的感官、智慧和直觉去挑选合适的故事。

人物特写的局限

马尔科姆·格拉德威尔[1]

虽然一直在做人物特写，但我觉得需要重新审视一些指导人物写作的假设。推动标准人物报道的理念是，我们通过阅读和写作来更深入地了解那些人物。回过头看我做过的那些特写，可以确定地说，没有一篇接近人物对象真实的样子，那也从来不是我的目的。

做人物特写的标准方式是：找到一个人，然后跟踪采访他。很多人都知道，《纽约客》的作者会花大量时间去跟踪采访他们的报道对象。这是进入采访对象内心的方式，至少他们是这么说的。

我从来没有跟任何人打电话说："我要对你做跟踪采访。"我倒经常能在跟采访对象最初见面的几小时里得到我想要的东西。任何超过这个程度的信息都是不必要的，甚至是有害的。我写一万字的人物特写，只需要在他身上花几小时。

为什么花这么少的时间？因为我对报道个人并不感兴趣。我不做这种人物特写的一个原因是，我认为我们无法真正描画一个人的核心。作为作者，我们必须承认我们这门技艺的局限性：人们比我们对他们的特写呈现出来的更为复杂。

我们往往过多地聚焦在心理分析上。传统的人物特写在采访对象的童年上花费了大量时间，但是心理学家却找不到一个人的童年经历和他的现状之间有什么必然的联系。人物特写是一种心理分析，必须尊重心理学的局限。

心理学家谈论过许多关于样本和明显特征的区别。例如，你也许只需五秒钟就能听出一首披头士乐队的歌曲，因为他们的音乐有明显特征。截取一小片，你就可以知道更深层的那部分。

其他的东西却只是样本而已。如果我让你凌晨三点钟到室外

---

[1] 马尔科姆·格拉德威尔（Malcolm Gladwell），《纽约客》特约撰稿人，曾获得国家杂志奖的人物特写奖，他的《引爆点》（*The Tipping Point*）和《眨眼之间》（*Blink*）都曾是《纽约时报》排名第一的畅销书，2005 年，他被《时代》杂志评为 100 位最具影响力人士。——译者注

走走，然后预测一下当天下午的天气，你会觉得很难做到。室外的两分钟并不能给你提供一个明显特征，那只是一个样本。

即使你带着录音机和笔记本与你的采访对象待上很长一段时间，你看到的也只是组成他们一生千千万万小时中很小的一部分。我们假装找到了那个明显特征，但真实的情况并非如此。我做人物特写的时候，会去采访 20 个报道对象身边的人。最好的素材来自这些人，而不是报道对象。

虽然我们并不能囊括一个人的所有要素，但我们可以得到一个人性格的一些片段，这就足够了。在我的人物特写中，它能够让我去诠释这个人的某些方面，从而有助于写出我真正感兴趣的话题或想法。

我也会为观念做特写，因为我深深怀疑，仅仅描写个人的人物特写是否合理。人物特写里应该多包括一些社会学的东西，少一些心理学的东西。很多描写个人的特写应该描写亚文化，个人是检验世界的一种方式。当我们局限于对个人的认知时，也就失去了对社会和亚文化提出更具有价值问题的机会。

游记：内在和外在的旅程
亚当·霍赫希尔德

游记是最古老的创作之一。去一个陌生的地方，然后返回故乡，这样的故事至少可以追溯到约 2800 年前荷马创作或口述的《奥德赛》。作者通常在游记中叙述一种平行于内在旅程的地理学上的旅行——从幻想到了解，从无知到有知。

我最喜欢的两本现代著作就是这种写作的最好例子：普里莫·莱维（Primo Levi）的《再度觉醒》（*The Reawakening*）和迈克尔·阿伦（Michael Arlen）的《亚拉腊山游记》（*Passage to Ararat*）。《再度觉醒》叙述了莱维

1945年从奥斯威辛集中营返回意大利后努力回归正常生活的经历，为读者展现了"二战"结束前西欧混乱的内在景象：现金贬值，所有的交易都是以物易物。莱维叙述了他死里逃生的过程：故事的开头，他还是个消瘦的囚犯，几乎丧命，最后在他长大的地方重新成为一个健康的人。

《亚拉腊山游记》同样叙述了一段灵魂之旅。阿伦的故事在去往他父亲的祖国亚美尼亚的旅程中展开，从他开始了解父亲的亚美尼亚祖先开始：在种族大灭绝时期，无数人在绝望中远走他乡。后来，阿伦亲自去了一趟亚美尼亚，故事在他回家途中路过土耳其时完成。在那里，他遇到很多土耳其人，他们否认发生过亚美尼亚种族灭绝。阿伦在书中不断加入对亚美尼亚历史及其家族历史的探讨，还有父亲对传统竭力保持缄默的情感。

当然，这类书和我们在大部分报纸的旅游版面见到的内容截然不同。问题是，旅游文章的内容是广告主决定的；邮轮公司、餐厅、旅行社、航空公司，他们让我们读什么，我们就得读什么。我完全赞同假期旅行，但最有趣的旅行和邮轮公司及餐厅无关，它需要进入你自己世界以外的世界。做到这一点，你并不需要走太远。对大多数住在曼哈顿的人来说，从地理学以外的任何一个角度看，南布朗克斯都比巴黎或者伦敦要远得多。报纸的旅游版应该有关于近郊旅游的常规专题。

作为写作者，我们能够让报纸慢慢地像报道新发现一样报道旅行。当你写关于旅行的文章时，你应该去寻找那些非同一般的东西。如果有必要，可以把宾馆和餐厅在边栏中呈现，但不要把它们当成故事的主要内容。如果报纸想要登载关于欧洲或者加勒比海名胜的文章，就写一写游客在那里可以做的不同寻常的事情，比方说，拜访一所瑞典的实验学校，或者参观一所加拿大全民健康覆盖的医疗诊所，或者参观建在牙买加两个前奴隶农场上的西印度群岛大学的校园。

写非常规地方的非常规文章是一种特别的挑战。几年前，我和妻子作为富布赖特学者在印度生活了六个月，回到家后，我有了两个故事的点子。我写了提纲，发给我的代理人，让他帮我转给杂志社的编辑。她告诉我："算了吧，没有编辑会对有关印度的故事感兴趣。印度太远了，而且没有新闻点。你最好直接把故事写出来，然后再让我帮你推销。"这不是兜售自由写作者故事的好路子，但这件事还是她对了。我必须得通过文章本身去说服编辑，让他们对印度提起兴趣来。

我写了两篇关于印度的长文，都用相当传统的形式写了一些多少不太常规的主题：一篇关于一位十分注重环境保护的建筑师，他建了一些低成本而又节能的大楼；另一篇关于喀拉拉邦社会与政治。

但我仍觉得自己没有抓住印度那绝对的差异性。我的意思是，访问和描写一个非常规的地方，开启了无限的机会。当我在一个和我的祖国截然不同的国家，我会注意到更多的东西。好像服用了致幻剂，平常错过的东西这下都看到了，我感觉自己充满了无穷的活力。

在这样的旅行中，当你有了独特的经历，请对它保持敬意。如果你有了想要写些什么的期待，哪怕是最微不足道的期待，也要仔细观察它。把一切都写下来，并且要写日记。

当我有了新闻任务，我会带上两个笔记本。一本用来写我被分派的或者想要去写的故事，另一本用来记载打动我的经历和细节。后一个笔记本其实在为未来的写作计划做准备，但我不知道怎么用，或者什么时候用得上。它进而变得十分重要。我会在其中深挖，获取新的东西。

在其他国家做报道可能相对自由。我在美国做采访时，如果代表的是一个著名杂志，身份就比较高；相反，如果杂志不知名，身份就比较低。在其他国家，我就是一块白板，人们可以随意投射自己的印象。所有琐碎的区别和等级的次序都毫无意义，因为我来自一个不同的世界。

既然是不同的世界，就需要花时间等待我们的所见所闻呈现出真正的意义。过一段时间再动笔，这对书写个人经历有着极为重要的意义：最有意义的事情，总要求我们去消化、吸收和理解它们意味着什么。

例如，初到印度的头几周，我注意到的都是这里与美国有多么不同：柜橱里有孩子拳头般大小的蜘蛛，安装一台电话需要经历几个星期以及许多部门的推诿，还有不稳定的电力供应。最初，我在日记里写的都是这些，还有我的愤怒。几个月后，我就在想："也许这是个有益的体验，我们是不是太依赖那些本来没那么重要的东西了？"每天的小危机意味着我们有机会去了解我们的邻居，没水了，我们就会在我们家和邻居家之间来回用桶运水。

我从印度回来，完成了两篇杂志稿后，这些杂乱无章的经历每天清晨依然萦绕在我的脑海里。我实在不知道怎么用这些素材写出一篇连贯的文章，一篇短故事，或者任何其他的东西。

这样的经历一次又一次闯入我的脑海：一天傍晚，天刚黑，我才从一个偏远的政府会议室开完会离开。路上没有一辆出租车或人力车，唯一能叫到车的地方是几公里开外山脚下的一个十字路口。停电了，天完全黑下来，星月无光，偶尔有一辆车沿着公路呼啸而过。抱着这些车中可能有一辆出租车的希望，我试着挥手示意，但所有车都呼啸而过。我不敢离公路太远，因为路边可能有壕沟。我开始担心起来。

我听到前面响起了一个奇怪的声音：翻炒的声音。一个小贩推着手推车，一边在锅里翻炒着什么东西。我往前走了几步就看到了他，因为他在手推车前点了一支蜡烛。那支蜡烛既能让他免于被撞倒，又能让他往前看到几尺远。我意识到这对我也同样有效，我跟在他身后，离着差不多二十来步远，轻轻松松就走完了下山的路，到了那个亮着路灯的十字路口。

我时常想起这段经历，却想不出怎么将它用到自己的写作中去。我实在不知道它对我有什么意义。大约在那件事一年半后，我翻看未经整理的印度日记片段时才意识到，这些丰富经历中的任何一件都和一个主题紧密相关：我作为一个西方人的期待和我在印度所见之间的冲突，以及对陌生世界的些许恐惧。在小吃摊的蜡烛后面寻找安全感的经历，是我释放恐惧的象征。带着这样的认识，我笔记中截然不同的段落，组成了一篇关于我的外在和内在旅程的完整文章。

无论是作为作者还是读者，我们都应该寻找外在旅程反映内在旅程的方法。这不仅是优秀游记的意义，也是生活本身的意义。

个人随笔和第一人称角色
菲利普·洛帕特[1]

在个人随笔中，没有什么比"我"这个字更常见的了。这个字很完美，应该没有哪个作家羞于使用它，特别是在随笔中，它是一种强烈依赖于特定性格和态度的形式。"我"的问题不在于用它表明品味差，而在于没有经验的随笔作者和传记作者会觉得这个字表达了超出他们自身的东西。在他们看来，"我"充满了丰富而胶着的过去，以及几乎致命的特殊性。然而，在一篇没读过的文章里第一次邂逅它时，读者看到的不过

---

[1] 菲利普·洛帕特（Phillip Lopate），散文家，小说家，电影评论家。——译者注

是一个细长的电线杆"I"(我),站在句子中间,努力想要传达些信号。

实际上,光秃秃的"我"给人一种信守诺言的印象,却没有刻画出说话人清晰的模样。为了刻画出那个模样,你必须把自己构建为一个人物。在这里,我用"人物"这个词,是和小说家大致相同的用法。福斯特(E. M. Forster)在《小说面面观》(*Aspects of the Novel*)中对扁平人物和圆形人物做了一个著名的区分:前者是那些表面的角色,行动有可预测的一致性;后者有丰富的内在生命,读者可以慢慢去了解。当然,我们每天都在不同角色之间转换。工作面试时,鸡尾酒会上,家庭感恩节晚餐上,我们也许会变成三种不同的角色;而将自己转换为作品中的一个角色时,要知道,你永远不可能将全部的自我都投射进去,你必须将自己拆分。

第一步,就是和自己保持一定的距离。如果你对审视自己的缺点感到恐慌,那么你不可能在个人随笔的写作中走得太远。你需要能够从一个高度看自己,知道如何在社交场合给别人留下深刻的印象,能够准确知道自己何时最有魅力,又何时看起来固执、胆小或者荒谬不堪。你必须开始对自己做盘点工作,以便给读者呈现一个具体的、清晰易辨的自我。

从你的怪癖入手,因为癖好、顽固的性格特征,以及恐惧社交的习性,都会将你与其他人区分开来。为了建立自己的可信度,就要避免落入窠臼。谁愿意去读路人甲的故事呢?很多刚起步的随笔作者,竭力装作可爱而亲切,竭力去适应,结果读者却觉得很无聊,他们渴望着更猛的料、更权威的语调。控制自己表达的欲望,磨平自己的棱角,或者照顾每个人的感受,这些在纸上行文时全无作用。文学不是一个适合墨守成规者的领域。作为作者,我们必须用演员处理独特的外貌或者声音特质的方式,把自己与他人微小的与众不同之处最大化，并戏剧化地投射出去。我们必须将自己戏剧化，将我们拥有的特点放置在清晰聚焦、界限分明的灯光下。去掉那些不必要的部分，只强调能引向最激烈冲突的个性特质。

个人随笔像故事一样需要冲突，好的随笔作者知道该如何选择话题，既不能太大，也不能太小，要能积蓄足够的能量去维持对主题的探讨。如果话题太小，文章就失去了动力；话题太大，就会淹没在细节中。然而，妨碍个人随笔的并不是技术，而是要在情感上真诚并暴露自己内在的特质。一篇成功的随笔同时需要个人的揭示和分析。在我的随笔中，我努力传达一种饱含深情的思想——充满感情的思想，以及思想深刻的感情。我努力将心灵和头脑融合在一起。

我喜欢提醒自己，对我们写作者来讲，语气的极限在哪里。文学形象可能会大有帮助，我们可以像陀思妥耶夫斯基的"地下室人"一样咆哮谩骂，像琼·狄迪恩那样，有时候带着自知的幽默感呜咽哀鸣，或者像詹姆斯·鲍德温（James Baldwin）一样热情洋溢，或者像怀特（E. B. White）那样体贴周到。

开发我们的怪癖，只是变成纸上角色的第一步。作为一个随笔作者，你不能假设读者了解你的背景，无论你在以前的文章中解释过多少回。你必须变得敏捷熟练，你要迅速且不着痕迹地嵌入这些信息。在一篇文章中，也许你决定把你的宗教教育当作重点，家庭背景则一带而过；而在另外一篇文章中却完全相反。在每一种情况下，把这两点都提一提是个好主意，因为它会帮助你建立一个角色。

向读者介绍了自己的年龄、性别、种族，以及宗教信仰、社会阶层和地区，描述了自己的一些怪癖、缺点、长处和特质，你就已经是一个角色了吗？恐怕不是。你必须通过生动的表达来建立与读者的关系，这样"我"在文章中所说所做的看起来才会具有奇妙而活泼的特点。读者必须从第一段就能感觉到你在吸引他们，令他们愉悦。

下面我们来谈谈随笔这种文体的主要绊脚石——自我厌恶。大部分人并不喜欢他们自己，尽管他们都挺不错。可能只有最好的社会学家和心理学家才能说清楚自我厌恶为何如此普遍。作为一个写作者、教师和编辑，我只能说，自我厌恶对很多个人随笔来说都是有害的。读者不喜欢作者在文章中自吹自擂，也一样不喜欢作者没完没了地自我贬低。同时，叙述者不应自以为是，而要对自己始终保持好奇。随笔之父米歇尔·德·蒙田就是最好的典范。这是一种能够学习并加以训练的技能，甚至像我这种经常有强烈自我厌恶情绪的人也能做到。我可能在日常生活中非常厌恶自己，但一旦开始在纸上创造一种情境，或者写下一些想法，我就开始看到笔下的"我"变得有趣起来；我调遣他，让他愉悦读者。"我"这个角色并不完全是我，而是从我的很多面中拆分出来的一个角色，一个类似文学化的杰瑞·刘易斯（Jerry Lewis）那样的角色。

随笔作者必须习惯放任自己天马行空，不要抑制任何古灵精怪的想法。这些想法可能会直指那些非如此不能达到的真实。例如，当我写那篇《反对生活之乐》（Against Joie de Vivre）时，我就想看看我能在反对追求人生乐趣的狭隘立场上走多远，即使我在某种程度上知道这个观点站不住脚。

这就引出了把自己变成角色的另一个话题。有时，我在文章中比在真实生活中更加矛盾。比如，在现实生活中，我喜欢户外活动，但你从我的文章里看不出我有这个爱好。在生活中，我少言寡语，不会像在文章里那样谈论自己私密的事情。就像蒙田曾经说过的那样："那些我从来不说的事情，你却能在书店里找到。"我们在写作中创造一种和读者的理想关系，读者可能像富有爱心、善解人意的母亲，但我们在现实世界的互动却截然不同。

一旦你将角色"我"塑造得全面而丰满,你就必须让他去做些事。对所有"我"的沉思和理智的细微差别都不妨私人化一点,但意识也只能对角色塑造到这个程度了。如果你以故事和纪年的形式来写一篇文章,那就让"我"超出观察者的身份,卷入各种事件。关于随笔,有种令人不快的状态,那就是主角永远是对的,其他人都错了。通过展示我们感受到的这个世界上的悲伤,我们让读者相信我们的真实,甚至赢得他们的同情。乔治·奥威尔在《这就是快乐》(*Such, Such Were the Joys*)中承认他打同学的小报告,他那年轻的自我还能更复杂而鲜活吗?而詹姆斯·鲍德温在《一个土生子的札记》(*Notes of a Native Son*)中也承认,他对种族歧视的愤怒几乎处于忍耐的边缘。

把自己变成角色的过程,并不是以自我为中心,而是从自恋中解脱出来:你必须保持足够的距离,才能从外部看清自己。做到这点,可能是一种解放。

第一人称,有时就是写你自己
德内恩·布朗[1]

《华盛顿邮报》大厅的墙上刻着一句话,告诉记者们尽可能去寻

---

[1] 德内恩·布朗(DeNeen L. Brown),《华盛顿邮报》特稿作者及该报加拿大部主管和综合记者,获得过1999年ASNE奖,以及杜克大学骑士奖学金和《华盛顿邮报》媒体奖学金。

找真相。去折磨安逸的人，安慰受折磨的人，这对记者提出了挑战。每天我走进这座大楼，都会看看那句话，并想到记者的使命：安慰受折磨的人，折磨安逸的人。

这话是什么意思呢？

这是说，拼凑出使我们成为一体的人性的线索，把被我们认为异类的东西变成寻常的东西。总之，这意味着写人，写他们的生活，写他们的人性，不管他们是谁，住在哪里，有多少钱，属于什么社会阶层（或者他们认为自己属于什么阶层）。这意味着给予人和故事尊严，意味着在叙述和写作中要以失败、悲伤、爱、孤独、快乐、痛苦、悔恨、信仰、平静以及绝望来触及人类的主题。有时候，这还意味着，如果找不到人愿意接受采访或解释故事的真相，就要讲述自己的故事。为了接近故事的真实性，你必须深挖，比任何表面的采访都要深入，要比受访对象自己知道他能达到的深度还要深。有时候你必须讲述自己的故事。

我曾报道过居住在华盛顿特区附近的一个案例。那是一个富庶县，住的大部分都是黑人，他们被称作"黑人中产阶级"。我不断告诉编辑，我要写一个脱离贫困并爬到所谓中上阶层的人。

人们往往期待那些从底层爬到上层的人去帮助那些被他们撇下的人。作为一名记者，我想问：那些不再贫困的人有什么义务？他们对被他撇在身后的人有什么责任？

我的编辑认为这是个不错的想法。这个主题和克拉伦斯·托马斯案有关，当时记者注意到他有个接受福利救济的妹妹。这个主题被写进了书里，拍成了电影，包括那部《灵魂大捕贴》（*Soul Food*）。

我动用了自己所有的资源，努力在华盛顿特区做这个主题的报道，他们说："是的，确实是这样。"我就问："我能就此采访一下你吗？"他们总说："不，别采访我。"

我的编辑真的很喜欢这个故事，不断鼓励我把它写出来，他后来建议我可以写写自己的经历。我写了我家人的故事，发表在周日版上。故事是这样开头的：

我的妹妹妮妮在电话的另一头，她在犹豫。我立即猜出来她需要什么。

"你知道，如果我不需要，我是不会求你的。"她的声音不太坚定，她停了一会儿，表示并不想求别人。

"但是……"她开始说话了。而我在她开口之前就清楚知道她会说什么。"但是"是一把钥匙，这个"但是"悬在昨天和明天之间的某处，悬在我居住的马里兰州和她居住的中西部之间的某处，悬在身为中产阶级的我和身为穷忙族的她之间的某处，悬在姐妹俩之间的某处，她们一个摆脱了贫困，一个还深陷在贫穷的泥淖中。

故事刊登后，很多人打电话跟我说，他们读完这个故事哭了。也有人打电话说，他们不想看到这个故事。

对我来说，情况有些复杂。我写这个故事，是因为我觉得人们需要知道这样的故事。我的妹妹们读完后同意发表。她们的反应不太一样，一个觉得她的故事印出来是一种认可；对另一个来说，故事最终变成了一种宣泄；还有一个对此似乎并不在意。

我的母亲很喜欢这个故事。"德内恩，"她说，"你没把一切都写进去啊，你怎么落下那么多呢？"

当你写下自己的经历时，就要准备好接受来自你所写对象、同事和读者的强烈反应。我经常跟人说："也许你已经看过这个故事，但你仅仅知道我所写出来的那部分。"人们把自己的思考、感情和信念带到你写的故事中去,这没关系。人们的评判是比较难处理,但这是不可避免的。

作为记者,我们的工作是重塑一个群体对另一个群体的看法。我们必须比模式化的观念挖得更深。我们必须降低姿态,或放宽眼界,或设身处地。做到这一点,我们有时通过沉浸式新闻,有时不得不写写我们自己。

专栏:亲密的对话
唐娜·布里特[1]

写专栏是一件十分私人的事情,也许是你能在报纸上做到的最私人的事情了。专栏文章是对话,和一个人推心置腹地对话最让我开心。我也用同样的方式对待专栏写作。人类渴望沟通,我们大多数人都对这个世界充满好奇,对其他人和他们的故事充满好奇。

我在大约6岁的时候,就体会到了解他人是件非常重要的事。我住在印第安纳州,在电视上看到过民权运动。起初我不是很在意,但是看了几周后,忽然明白了:如果我在那里,我肯定会被人放狗咬,教堂被炸掉。6岁的我在想:"我是一个好姑娘,我做家务,成绩好。如果那些人认识我,他们肯定不会做那些事情。而如果他们认识电视

---

[1] 唐娜·布里特(Donna Britt),《华盛顿邮报》专栏作家,曾获得 ASNE 和 NABJ 的最高荣誉。——译者注

上的人，他们也不会对他们做出那么残忍的事情。"

那个想法，或者说那个想法的成人版本，至今仍激励着我。我写个人专栏，因为我想让人们了解我。我仍相信，如果人们相互了解，他们就不会根据性别、种族和宗教去决定彼此是否喜欢。

在成为专栏作家之前，我曾在一家本地报社做过记者。安妮塔·希尔的听证会是在我到《华盛顿邮报》工作的第一年举办的，这件事让我认识的所有人都感到困惑不解。我读到的所有关于此事的报道都没有涉及我感到的那种愤怒，一种很多女人感受到的愤怒。我必须写点什么。我的那篇文章引发了巨大的反响。此后，我开始写更多第一人称的文章。但是，当《都市》(Metro)的编辑邀请我写专栏时，我还是很惊讶，因为我没想到自己会成为专栏作家。

我写性别歧视、种族偏见、暴力等很多人不愿意写却有强烈看法的议题。在每一篇专栏文章里，我都会用至多两三段去说服读者：**关于这件事，你并不完全了解所有你需要了解的东西**。鉴于此，开门见山，立即吸引读者就十分重要。

我吸引读者的方法，是给和我观点不同的人展示他们的经历、观察甚至缺点的机会。我尊重另一些人的观点，我会在文章中给不同意我的人一些空间。

因为专栏写作就像是一次对话，写就变成了听。我太清楚，很多读者不会同意我表达出来的观点。有些人在重大问题上没有挑战过自己，所以我觉得必须去挑战他们。我写作，同时也是对他们做宣讲，我仿佛听到他们在我耳旁低语。

要让专栏变成一种私人的对话，你必须要坦诚。无论你是否打算这么做，都要坦诚，要果断开始。我从各方面和在报纸上不常见的话题上坦诚地表达自己。由于某种原因，很多事情，比如上帝和灵性，都被认为不适合出现在报纸上。我拒绝遵守这种关于什么可以上报、什么不可以上报的武断规定和不成文的规则。我写我的精神生活，而一旦我这么做，就会收到很多回应。我并非天然有趣，只是坦诚罢了。我对一些比较难处理的事情也保持坦诚，包括黑人问题以及女权主义者。没有任何事情神圣到我不能讲述它的真相。

我不认为有无聊的人和无聊的故事。当一个人爬上一座大楼，枪杀了 17 个人，他的邻居就会不约而同地说："他是个极不起眼的人，几近无聊。"他不是个无聊的人，而是一个未被发现的人。

正如没有无聊的人一样，也没有不重要的话题。即使是时尚，也和一些关键议题有关。有一段时间，女人的衣服上都要有垫肩，这正是女人在商业世界努力建立自己力量的时候。每件事情都有意义。

我不认为当地、国内和国际的问题是分隔开来的。所有的问题都和人有关，任何事情都是人为的。2000 年 9 月下旬，一张巴勒斯坦父亲努力保护小儿子免遭子弹袭击的照片在全世界报纸上流传。一个蜷缩着的男人，旁边就是他哭泣的小儿子。图说写道，拍完照片几分钟后，小男孩就死了，父亲也受了伤。我们读过多少关于巴勒斯坦或以色列儿童死亡的新闻故事？但在看过那张照片之后，我就觉得那个孩子就是我的孩子。我就此写了一篇专栏文章，不是关于政策，而是关于人。

和很多专栏作家不一样的是，我会把其他人的声音带进我的文章中。对我这么一个 40 多岁、三个孩子的母亲来说，谈论莫妮卡·莱温斯基是一回事，引用一个被自己行为吓到的 22 岁见习生的话则是另外一回事。让你的读者听到不同的声音，而不只有你自己的，这是私人专栏写作中非常重要的一部分。

我不断质疑自己和自己的感觉，这使我成为一名更好的专栏作家、一个更不可预测的报纸上的声音。唯一不变的是我的两个目标：让人们了解我是谁，以及在报纸中夹藏点乐观主义的私货。

撰写历史
吉尔·莱波雷[1]

1979年，英国历史学家劳伦斯·斯通（Lawrence Stone）宣告了历史叙事写作的复兴，这一年的普利策奖也第一次颁给特稿写作，这并非巧合。故事重新回归。它的复兴，意味着和20世纪大部分对讲故事充满敌意的历史书写分道扬镳。

25年后，大部分历史学家已经很少对流畅的历史写作表示反对，只要故事能够为说理服务。可通常并非如此。一些通俗历史学家会讲一个小故事，却不能够用它来解释更大的历史动态。蹩脚的通俗历史学家甚至把人物从过去硬拉出来，塞进当下的社会和政治当中。当作者用心重塑特定时代日常生活中的服饰、发型、建筑以及其他小细节时，他们似乎假设关于诸如主权国家、进步和童年等历史性的概念是一成不变的。在撰写历史作品时，作者应该注意两个可能的陷阱。

第一，避免猎奇。朝圣者身上没有任何古怪的地方，过往并不比

---

[1] 吉尔·莱波雷（Jill Lepore），哈佛大学历史学教授，《纽约客》作者。他的书《战争之名》(*The Name of War*) 获班克罗夫特奖（Bancroft Prize），《纽约在燃烧》(*New York Burning*) 获 Anisfield-wolf 奖，进入普利策奖决选名单。——译者注

现在更为简单，以前的人也并不比现在更友好、愚笨或者文雅。同时，不要陷入历史进化论，事情并不总随着时间变得更好。

第二个陷阱是被历史学家称作当下主义的东西。故事的主旨绝不是向读者解释为何我们是今天这个样子。从学术的角度来看，这对我们理解当下和历史都没有贡献。理解历史无疑对理解当下的生活有着重要的意义，但这不能是我们回顾历史的唯一原因。如果你不是被当代的思考驱策着，那么在研究一个历史事件时，好好想想，你会问哪类问题。例如，如果你想了解有关当代种族概念的起源，历史就会起到决定性的作用。对当下思考过多，就会让你对历史问出错误的问题。根据历史的条件来谈历史，而不是根据我们当下的条件。

写关于历史的故事很像写其他类型的故事，把自己投入到对象的世界中去，然后把读者也带进去。记住，你和读者对过去都没那么熟悉。写一个为了50美分在街角唱斯科特·乔普林歌曲的孩子是一回事，写一个16世纪的法国流浪汉完全是另外一回事。

报道历史事件会遇到一些特别的挑战。最明显的限制是你不可能采访到你的对象。然而，你仍旧可以获得很多资料，帮你深入到历史生活的内部。近年来，历史学家能获得的资源被大大地扩展了。信件和日记是最常见的记录，但这只是最基本的。有很多其他的东西可以帮助你理解一个群体：人口普查数据、遗嘱、税务记录、地图、人名地址录、收据簿、交易卡。现在网上也有历史大数据库，虽然很多材料是要付费的。说服大学图书馆让你使用它们的在线资源，这些资源可能非常细致。比如，有一个资料库是关于18世纪刊登在弗吉尼亚州报纸上的寻找逃走雇工和奴隶的广告。诸如 History Matters（www.historymatters.org）等在线信息交流中心会帮助你找到最好的资料。

当我开始研究某个历史话题时，我首先倾向于查阅原始档案，其次就是去看看历史学家们都曾围绕这个话题写过什么。我很少用从前的报纸，因为那些报纸不是关于实际信息的可靠资料。它们的价值在于报道人们对于一个事件的理解，而不是描述事实本身。

过去好似一个陌生的国度，这种说法很老套，但正像所有老生常谈一样，它扎根于真理。去国外旅行之前，如果研究一下目的地，你也许就会玩得更开心一些。历史也一样，第一手的资料是关键。参观你的对象住过的地方，努力去看看他们的生活环境，找出并抚摸一下他们用过的物品，和博物馆的策展人聊聊天，请求他们允许你在参观之余摸一摸、拿一下这些古董，登门拜访当地小型的历史社团，你会在其中发现珍宝。

当你从考察转到书写，一些熟悉的叙述工具可以帮助你处理历史话题。抽象阶梯就是一个重要的工具。如果对记者来说，抽象阶梯上奶牛贝茜的另一端是私人财产的概念，那么对历史学家来说，则有着抽象的更高层次，那就是关于私人财产观念史的枯燥辩论。想把历史书写得好，你需要超越贝茜的现时关联，上升到抽象的更高层次。

结构性与科学性的历史重在分析，叙事性的历史则重在描述。在大部分历史学家看来，把一篇文章称作"描述性的"是对它最无情的贬损。然而，叙事历史并不缺乏阐释。在历史作品中加入有力的阐释，本身就是一件很难的事情，要想做得好更是难上加难。很多叙事历史在故事和论述间不停摇摆，足以导致读者晕船。写出把故事和背景结合得天衣无缝的文章是一种挑战，一点也不简单。读一读史景迁的《胡若望的疑问》或者卡洛·金茨堡的《奶酪与蛆虫：一个16世纪磨坊主的宇宙》，或许能给人以启发。整理好自己的行囊，向档案进发吧。

在历史中冒险

梅利莎·费伊·格林[1]

我在写《庙宇爆炸》(The Temple Bombing)时,把草稿寄给主角的遗孀。这本书写的是拉比雅各布·罗特席尔德,在民权运动期间,他掌管着南部一座重要的犹太教堂。他是小马丁·路德·金的朋友,政治热情非常高。我从没见过他,但是通过他的著作和布道,我有点爱上他了。他的遗孀,贾妮丝·罗特席尔德·布隆伯格是个非常有活力的女人,她乌黑的头发朴素地绾成了一个圆髻,仪态优雅,甚至有些高傲。

我把书中和她丈夫相关的部分寄给她,以便确认是否有误。我们陷入了一种不幸的节奏中。我给她寄去一部分,几天过后,她就会给我打电话。不幸之处就在这里,她总是上来就问:"梅利莎,你在写非虚构作品吗?""是的,贾妮丝,"我说,"这是非虚构作品,有什么问题吗?"然后,她就会列出一长串需要修改的地方。

书中有很长一部分写拉比第一次访问美国南方腹地的情况。1946 年 7 月的一天,很热,他到了亚特兰大。我之所以知道天热,是因为我查了资料。我从收藏在埃默里大学图书馆里的信件中得知,去机场接他的是一个牙医。我发现自己在拉比抵达亚特兰大的问题上花了太多时间。哈兹菲尔德-杰克逊亚特兰大国际机场现在是个规模很大的机场,但当时不过是旷野中几座用砖石砌成的小房子。一个打扮像妈妈一样的非裔美国胖女人坐在干草堆上迎接旅客。我用大量篇幅描绘拉比穿过机场,同时还介绍了非裔美国人、南方的历史以及黑人的故事。最后,在 312 页前后,罗特席尔德拉比走出了机场。在这里,我写了全书最富有诗意的一段,有句话是这样的:"热风从远处火热的大西洋而来,吹过 1000 英亩的农田。"我把文章打包,寄给贾妮丝,却一直没有收到回音。

"这下可把她搞定了,"我想,"她服了。"

---

[1] 梅利莎·费伊·格林(Melissa Fay Greene),曾获罗伯特·F. 肯尼迪图书奖,其作品两次入选国家图书奖决选名单。——译者注

她最终还是打电话给我了："梅利莎,这是非虚构作品吗?"

"是的,贾妮丝。"

"梅利莎,他是坐火车去的。"

这是一个严重的错误,是个年代错误。我是从自己当下的世界往前推测的。在1946年,如果不是紧急情况,人们出门是不会坐飞机的。

没有人要求我们成为历史火种的保存者,我们把它握在自己手中。当我们选择了非虚构写作时,第一个念头不是要有可读性、有教育意义和讨好我们的读者,而是尽可能准确。

调查性的叙事写作

凯瑟琳·布

这个国家大部分媒体人都认为叙事性报道和调查性报道是两个不同的种类。叙事书写一定是软性的,解释性的;而以追求社会变迁为目标的调查性报道一定得有重点要点,而且只关乎事实。这让我惊奇,甚至让我难过。最好的叙事书写并不软,而最好的调查性报道也并不全是铁一般的事实。

最好的故事同时坚定地追求读者和社会变化。想要得到接受这种挑战所需的激光般精确的细节,需要务实而坚定的调查。

以安妮·赫尔为例,她为《圣彼得堡时报》(*St. Petersburg Times*)写的文章获得2000年普利策奖的提名。这是一个关于北卡罗来纳州外来墨西哥女工的故事,其中有一个主人公,"她35岁,穿着凉鞋勉强有一米六高,臀部逐渐变得像盛满粉蒸肉的平底锅。作为八个孩子的妈妈,她有着不寻常的温和性格。母鸡落在她手里,安静地要睡着了,她却抄起斧头砍断了它的脖子"。

　　四句话，仅仅 55 个单词。安妮描写了大量的事实和画面：这个女人的身高、年龄、体形、孩子的数量、穿什么鞋、她的家庭饮食、食物来源，甚至对他们的乡下生活也做了简单的描述。重要的是，那个女人的温柔、果断和坚定都恰到好处地体现在她的行为举止当中。安妮用这 55 个单词塑造的这个女人，很多作家用一整篇文章也描述不出来。用词如此精练，因为安妮确切知道读者想知道什么：女主人公温顺和冷酷相结合的性格，让一个八个孩子的妈妈能够背井离乡到国外去做高强度且低贱的工作。这种叙述之所以效果好，是因为安妮在这 55 个单词中做了细致而隐秘的分析。从其核心来看，这就是调查性报道。

　　这种报道同时需要寻求真相和去除虚构。当我深入一个人的生活，我能做的最重要的事情之一就是对外围的事物进行观察。有时候，和一个人谈了五小时后，我会突然意识到："这个人在胡说八道，这事压根就没发生。"

　　当我进入一个社区，我并不期待能找到答案，而是寻找问题。当我开始为华盛顿特区残疾人之家的负面报道做采访时，我看到了那些住在没电的房子里的赤贫的人，我的问题是：不为拿到驾驶证，也不指望街道整修，只是为了一天 24 小时的生活，依靠政府会怎么样呢？带着这个在采访时产生的疑问，我开启了我的调查。

　　有时候之所以产生这些想法，是因为有人告诉了我另一个故事，和我在报道的事情不一样。有时候在乘坐公交车，坐在自助洗衣店，或者仅仅在不属于我的世界里，我会发现一个比我自认为在调查的事情更有意义的故事。我会发现一个社会福利的提倡者和政府官员都不知道的故事，这样的故事最应该被讲述。

下面是三条可以提升调查性叙事写作的方法。

一、记住，你故事中的反面角色是你的向导，也是故事的受害者

让故事中的反面角色明白你可以为他们带来好处，要尽早，还要说详细。不要哄骗他们，不要在故事发表前六小时去做收尾采访。真正的故事有时候不来自所谓受害者，而来自施害方。尽早而且经常去拜访那些坏家伙吧，如果他觉得自己的生计和生活方式受到你所写的东西的威胁，他也许就会想看到自己那一方的说辞被印出来，或者他会怪罪其他人。他的话可能会让你获得线索，去挖掘更深的罪恶。这个方法可以使你避免因诽谤而坐牢。更重要的是，他揭露的不仅是坏演员角色个人，而且还有不正常的政府和经济规则。

二、承认有些事你不知道，也承认你知道的麻烦事

承认你故事中的英雄母亲在工作上偷懒。不要回避那个智障男人的母亲在儿子死前十年都没有去看过他。如果你能给读者塑造一个和他们的本来面目一样复杂且有缺陷的人物，你的读者很可能会相信你在比人物更加重要的事物上的论述：你的故事阐述的重要的政策问题。

三、当你的故事付印时，图片是你的好助手

把电子数据表格或电脑分析结果的细节用图片展现出来。把文字用于讲述故事。讲故事时要尽量注意复杂性。

优秀的调查报道常常从对问题的研究、从深挖腐败中得来。但是，报道自己并不能解决问题，即便是被认为非常出色的报道。我毫不怀疑，在我关于残疾人之家虐待系列报道发出五年后，情况几乎和之前

一样糟糕。记者必须跟踪一个事件。有责任心的日报新闻必须向调查性新闻学习。

公共广播：讲述社区的故事
杰伊·阿利森[1]

广播能进入我们的内心。我们的耳朵没有盖子，我们的听觉没有防卫结构，容易受到声音的袭击。相比于报纸杂志、电影、电视及摄影界的同行来说，广播的内容生产者更具有战略上的优势。我们的工具是有声的故事，最原始却也最有力。不可见的状态是我们的朋友，当听众坐下来闭上眼睛听我们的故事，偏见就暂时消失了。

广播新闻工作者都知道，广播天然地适合讲故事。广播会占用时间，我们的听众不可能中途停下，过会儿再来听。广播新闻工作者必须抓住听众，所以必须表演。到公共广播来工作的报纸、杂志记者要明白，他们是签约成为一个表演者。我们必须搭建自己的舞台，然后放进各种角色。第一个角色是广播新闻工作者——听众的眼睛。广播新闻工作者和听众之间的关系处于公共广播新闻业几乎最核心的地位。它接近某个乌托邦的理想：我们想要更好地相互理解，不再彼此恐惧，走得更近，合为一体，我们用电波分享彼此的故事。

要写广播稿，一切都要彻底转变过来：话题与主题都要转变为故

---

[1] 杰伊·阿利森（Jay Allison），独立电台记者，获得过五次美国广播电视文化成就奖，一次公共电台的最高荣誉爱德华·默罗奖。——译者注

事。你几乎能感受到那种咔嗒咔嗒的响声，而之前，它只是信息，是没有潜台词的文字。

非营利的公共广播不算常规媒体，甚至不算常规的新闻媒体。在市场之外，确切地说，在公共领域，我们有一种责任感，一种使命。人们期望我们去为那些通常被忽视的人冲击所谓底线。我们通过传统报道和纪录片来实现这个使命，但是，我们也帮市民们为自己说话，让他们直接相互对话。

我接触公共广播是因为美国国家公共广播电台（National Public Radio，简称NPR）的一个人借给我一套磁带录音机和麦克风。那是20世纪70年代中期，NPR刚成立，正是进入的好时机。用那台录音机作为通行证，我进入了生活中任何我感兴趣的地方。我能发现任何我想要的东西。真是神奇！一开始，我只不过是一个拥有生产工具和传播手段的公民，一个刚刚上岗的独立新闻工作者。通过在新闻节目的见习，读了我能接触到的一切，向前辈请教，我在工作中学会了这个行当。在后来的25年里，我制作了成百上千份广播特辑、纪录片和系列片。

那时候，我也经常会把自己的磁带录音机和工具借给别人，鼓励市民在广播中发声，以此回报当初自己收到的馈赠，并让它一次次重演。这个时代，一方面公司合并，另一方面，许多假冒的互联网新闻媒体出现，所以，把各种各样的声音带入广播变得比任何时候都更重要。公共广播的新闻工作者可以承担牧羊人的角色。

20世纪80年代，为了《生活的故事》（*Life Stories*）系列节目，我寄出了第一批磁带录音机。这个节目寻找普通人讲述的好故事。我给那些与我不期而遇的人演示怎么使用录音设备，帮他们润色自己的故事。我经常邀请他们到我家里的录音室来混录磁带。这些讲故事的人里，有一个是纳粹集中营幸存者的儿子，他陪自己的父母去参观大屠杀纪念馆，希望能让他们开口跟他讲讲他们的经历。有一位十年前差点死于厌食症的年轻女人，想要重访她住过的医院和病友。她需要借助录音机重回过去。这样的故事最好是直播，最好也由他们自己来讲。

广播太适合"日记"这种形式了，因为它天然是私密的。它适合在深夜随便录点信息、生活片段和内心的秘密。写日记的人，在录音时表现出的技术上的经验缺失，并不如在录像甚至是报纸杂志上那么明显，所以这并不构成障碍。作为最终的制片人或编辑，你在场，却又好像不在场。你必须成为诱导者、检验员和伦理学家，但不要是导演。你要允许听众和讲述者来一场真诚、直接、有共鸣的邂逅。

2001年，我们在马萨诸塞州建立了一个新的公共广播电台，覆盖科德角（Cape Cod）、马撒葡萄园岛（Martha's Vineyard）和楠塔基特（Nantucket）。我们希望这个广播电台具有海角和岛屿的特性，和其他任何地方都不一样。一个地方靠自己的故事来定义自己。我们选择一整天不定时地播报市民自己的故事。人物描写、口述历史、诗歌、趣闻逸事、回忆录，还有偶尔听到的只言片语，一下子在国家性的节目上跳了出来，24小时不间断播出。它们是生活在这里的所有民众都经历并记得的一次短暂爆发，是我们的广播日中一个贯穿的主线。

效果出乎意料，令人吃惊。听世界新闻时，中间会有一个暂停，然后一个声音突然冒了出来——当地的老人，高中生，还有三明治厨师，或者科学家。我们邻居的声音震惊了我们，和世界舞台上的事件获得了同样的重视。

一个广播电台就是一群角色，他们过来坐下跟你聊天。对我们海角公共广播电台来说，我们想要的比这还要宽广。我们把磁带录音机借出去，打电话问大家："我们应该和谁交谈？""谁是讲故事的高手？""谁是社区的文化人，谁又是业余历史学家？"我们把故事和历史收集起来，我们已经有成百上千份录音，一天到晚不停播放。这些录音有的 30 秒，有的一分钟。它们没有标题，只是随机播放。一切都发生在邻里之间。我们所有的共同点就是住在同一个地方。它是海边的一个小地方，也可以是这颗行星上的任何地方。听众说，这个国家性的节目的小突破不只是为社区做出了贡献，它实际上构建了社区。我们住在地理意义上的小角落，一个海角和岛屿上。每个地方都感觉自己比别处更为特别，但广播信号覆盖所有这些地方，无视边界。

我们有不和，也有嫉妒；有政治分歧，也有狭隘的愚昧。这和别的地方有多大区别呢？这些故事几乎正奇迹般地消除这些隔阂。故事开始的时候，我们这些听众不知道讲述者来自哪里，就会不带成见地去聆听。然后，我们发现，讲故事的人并不是来自我们的岛屿。这种矛盾可能让我们无可奈何地接受。最终，我们甚至可能会把他们的故事当成自己的故事。

第四章 建立结构

魏春亮 / 译

引子

包括所有最伟大的作家在内,任何人的初稿都不可能是完美的。有30年笔龄的沃尔特·哈灵顿说:"我必须得先写点废话,才能写出不是废话的东西。写作就是思考,是报道的拓展。"文章初稿或许能够提供些句子、段落、精彩的概念、出人意料的措辞,或是牢靠的框架。但所有这些恐怕尚未浮出水面,还陷在尚未成形的想法里。这些潜在的要素有待作者在下一稿和几易其稿后进行梳理方能显现。

当你通读自己粗糙的初稿时,不要忘记接下来才是最艰巨的工作。你要更进一步确定主题并改进阐述的策略。你要选择一个或几个研究地点,并在那里花掉一天、一周,甚至几年的时间。你要翻检自己的笔记和想法,去图书馆或法院做足功课。你要紧盯手中的白纸,并在上面写下字句。

好的作品是非常复杂的,一稿、二稿,甚至第五稿都未必能柳暗花明。好的作者往往是那些日积跬步的平凡作者。

高品质的文章、随笔、书籍和纪实将文字和场景系统地组织起来。它们以一定的顺序呈现出事件、观点、人物,小心翼翼引导读者的反应。经过深思熟虑、带有目的性的谋篇布局,构成了读者体验的一部分。你的语气和口吻将决定这次体验的感觉,哪怕在最常见的新闻报道中,亦是如此。一个有灵感的讲述者可以让最平凡的故事变得引人入胜。

《华盛顿邮报》的作者德内恩·布朗说:"曾经有一位编辑对我说,'拜托,你又不是写小说。赶紧把文章发给我。'可是,将自己的文章当作小说对待又有何妨?"本书的这一章探究了小说结构的日常应用,包括叙事立场、对话、吸引眼球的开场以及令人满意的结尾。

马克·克雷默,温迪·考尔

叙事作家能从编剧身上学到什么

诺拉·埃夫龙[1]

许多大学毕业生写信问我如何成为一名编剧。我跟他们说:"不要做编剧,去做记者。"因为记者进入的是别人的世界。到好莱坞的孩子们通常在最初几个剧本中写自己的成长故事,写他们16岁时发生的事情,写夏令营的故事。到了23岁,他们就写不出什么东西了,也走到了职业生涯的尽头。我开始做编剧的时候,对世界多少有些了解,因为我曾经做过记者。写《丝克伍事件》(*Silkwood*)的时候,我知道工会谈判是什么样子的,因为我曾经历过好几次。

通过剧本写作,我也学会了很多东西,我做记者时要是知道这些东西就好了。作为一个年轻的记者,那时我以为故事只不过是"发生了什么";作为一名编剧,我认识到,我们是通过对发生在我们身边的事情进行加工利用来"创造"故事的。

结构是叙事的关键。下面这些至关重要的问题是任何讲故事的人都要回答的:故事是在哪里开场的?开场在哪里结束,中间部分又在哪里开始?中间部分在哪里结束,结局又在哪里开始?在电影学院,这三个问题是作为经典三幕剧式结构来学习的。在电影制作者眼中,这种结构几乎是一种宗教,而对记者来说,它更像一种本能。

---

[1] 诺拉·埃夫龙(Nora Ephron),剧作家、电影导演、作家和记者。她的作品包括《疯狂的沙拉》(*Crazy Salad*)、《心火》(*Heartburn*)、《狂欢节的壁花》(*Wallflower at the Orgy*)和《草草成书》(*Scribble Scribble*)。她凭借《当哈利遇到莎莉》《丝克伍事件》《西雅图不眠夜》获得奥斯卡最佳原创剧本奖提名。——译者注

我从1963年开始在《纽约邮报》(New York Post)工作。那时候，纽约有七家日报，《纽约邮报》的记者最没人愿意搭理。几家报纸中，我们最弱，所以不得不比别人更加努力地做报道。我经常发现，一些人在电话里都没跟我谈上五分钟，而我却要写出一篇长文。我不得不和15个或20个人交谈，他们要么是描写对象从大学就相识的朋友，要么是一起拍过电影的人，要么是相互竞争的对手。我刚当记者的时候，就学会了搜集大量的材料。

《纽约邮报》是下午报，为那些读过早报的读者写文章，我必须在故事中找到我们称之为"夜晚角度"的东西。如果我们报道《纽约时报》也报道过的事件，我们就必须把它写成特稿，那意味着要发展出一种强有力的写作特色。我当了近八年记者才能用现在这样的笔调来轻松写作。当我进入叙事新闻和编剧创作后，我在《纽约邮报》学到的技能给了我巨大的帮助。

报纸杂志的世界比电影行业更为公平。你为报纸杂志写文章，如果写得还不错，总有机会发表，但电影剧本就不一样了。人们会问作者："你的箱子里有存货吗？"我过去觉得，"我的箱子里当然什么也没有，我是作家，我写的所有东西都发表了"。但等我开始写剧本，我就有个大箱子了。

当我第一次写《丝克伍事件》的剧本时，很多人已经写过凯伦·丝克伍了，有大量的报纸报道和叙事报道，甚至还有几本书。我在里面没发现什么有意思的东西，部分原因在于凯伦是一个复杂的混合体，而所有的写作中都没能反映出这一点。自由派记者完全为她粉饰，而右翼记者却将她写得有点像恶魔。这让我们的电影剧本很难写。

我们也得面对作家面对的常规问题。故事从哪里开始？中间部分在哪里？结尾又在哪里？每一个问题都完全取决于作者，对任何作家、任何故事来说，这些都是最难下的决定，无论是虚构作品还是非虚构作品。如果你关于结构的决定是正确的，其他很多事情就变得很清晰了。在某种程度上，剩下的很简单。

写《丝克伍事件》时，我们意识到必须压缩她生前的部分。我们知道，电影应该在她丧命的那场汽车车祸中结束，即使这个故事在她死后很久依然在继续。因为梅丽尔·斯特里普（Meryl Streep）饰演了凯伦，所以在电影结束之前，我们不能让我们的主角消失。做了这个决定之后，一切都很清晰了：电影必须在钚厂女工凯伦成为揭发者凯伦·丝克伍之前开始。

电影编剧还得面对另一个大问题：你在电影的中间部分做什么？在任何一部电影的中间部分，复杂状况都会接连发生，事情越来越糟糕。在《丝克伍事件》的中间部分，凯伦变成了一个政治人物，这看起来太无聊了。我们要怎么表现这个过程才能不让观众中途离席呢？

答案是让这个电影显得更加家庭化，描写生活在同一屋檐下的三个人。马丁·斯科塞斯说过，理想的电影场景就是三个人在一个屋子里。我们有这个架构：凯伦、她的室友和她的男朋友德鲁·史蒂文斯。这三个人走向了不同的方向，这给了我们很多的材料去调和我们想要讲的故事：一个年轻女人如何成为一个政治人物。

因为我一开始做的是记者，我相信，如果你一直做报道，最终你会知道你的故事应该有什么样的结构。当你知道怎么开头，中间铺排什么，什么可以等到最后再写，某个时刻就会到来。

我从报纸到电影的转变是渐进的。每九个月我会从剧本写作中抽出三个月从事小说创作。三年后，我写完了自己的小说《心火》，而我的一个剧本也被拍成了电影。《丝克伍事件》和《心火》都于1983年面世。20年之后，观看《丝克伍事件》要比找到一本《心火》容易太多。

很少有记者成为编剧,所以我想对所有想成为编剧的人说:去做记者吧。我想对记者们说:不要做记者了,做编剧吧。

开头的开头
德内恩·L.布朗

开头最困难的事情是面对空白的屏幕。写作就像从你身上扒一层皮,人们能看到皮肤下面的东西。我坐在电脑前,左手边放着一盒Slim-Fast能量棒,右手边放着歌帝梵巧克力,书包围了我,这些书中许多是短篇小说集。屏幕刺眼,光标虚无地闪烁着,好像在嘲讽我说:"各就各位!预备!开始!"这次你想写什么呢?

我坐下来开始写,但我想跳出故事之外,像给一个坐在我面前的人讲故事那样讲故事。我铆足了劲对人们说:"坐下来听我讲。"开头很重要,因为你在和读者建立一种关系。你要求大家来听你说话。汤姆·沃尔夫(Tom Wolfe)在《新新闻主义》(*The New Journalism*)的序言中写道:"为什么我们觉得读者的脑子应该像地铁站的闸门一样等着我们挤进去呢?"

开始读一个故事的感觉,应该像开始一段旅程,我们朝一个目的地出发。作家必须决定这个故事反映的更大的意义是什么,然后带领读者到达这个意义。它关乎恐惧、羞耻、痛苦、爱、背叛、恨,还是信仰?

当我构思如何开头时,我问自己:故事是关于什么的?主题是什么？我能利用什么在一个场景中很快安插一个角色？怎么吸引读者？怎么让读者进入角色的思维，分享他的感觉？

我曾经写过一个去诊所堕胎的女人，就在那天，约翰·萨尔维攻击了那家诊所，所以她没能做成手术。然后，她起诉政府，要求政府负担她孩子的抚养费。我和她一起待了几天，然后回到编辑部，跟我的编辑谈起此事。他说："这个故事是关于什么的？"我说："嗯，是关于一个去诊所的女人……而现在她要告政府。"他又重问了一遍问题："这个故事是关于什么的？"而我也重说了一遍："嗯，是关于这个女人……"

"不，"他说，"是关于选择。"我琢磨了一下，最后，故事的每一个场景都聚焦在了"选择"这个核心主题上。

下面是你开始创作时要问自己的另外几个问题：如果不考虑编辑，如果你压根儿不在意你的故事是不是出现在报纸头版，甚至能不能出版，如果你打长途电话把这个故事讲给妈妈听，如果你有足够的空间可以呈现角色的所有对话，让人们以真正说话的方式进入文章，你会写什么？你看到的全部真相吗？

如果你是全知叙述者，你的故事从哪里开始？作为记者，我们必须让自己同时成为采访者和写作者。我们必须像平常人讲故事那样写故事，让手指在键盘上飞舞，写缪斯女神要我们写的。不要为了哪怕一个标点符号而停下来，让词语自然流淌，因为你比所有其他人都要更了解那个故事。你已经找到了每一个细节，读遍了所有的档案。

故事中的每一个句子都要建立在前一个句子之上，通过材料吸引读者，直到他们上钩。我在报道中通常以我碰到的最紧张的时刻来开头，从一个小点切入，然后扩展开来。用近景开头，然后拓宽。电影通常以私密时刻开头，然后镜头由后往前拉回。我从具体细节开始写起,然后诠释整个故事。不但整个故事需要开头、中段和结尾,而且每一场都需要开头、中段和结尾。

有一次,我把写好的故事发给编辑菲尔·狄克逊,他把稿子退还给我说:"这个故事可以放在都市版,甚至可以放在头版,但你没有唤起那个地方的灵魂。"离开他时,我在想:"如果它好到足以上头版,那就在报纸上发表吧,我继续写其他的。"我不清楚他到底在说什么,我给他发了其他几个开头,他还是还给了我,说:"不,不是这样的。"

我最终相信他说的了:不要告诉我某某说了什么,某某感受到什么。告诉我某某真正想要说什么,他为什么要这么说,是什么使他达到了生活的这个点,让他说了这些。编辑真正想表达的是,创造多维度的故事和人物,要深入。

想想狄克逊的用语,"唤起那个地方的灵魂",让我意识到好的故事就像好的歌曲。就像艾瑞莎·富兰克林的歌,涨落起伏;像詹姆斯·布朗的歌,不断重复;有时低沉,有时高亢,起起落落,有时只是尖叫。故事的开头就像是歌曲的第一个音符。最终,被狄克逊拒绝了许多次的故事发表了,开头是这样的:

杰茜卡·布拉德福德认识五个被谋杀的人,这事也可能发生在自己身上,她说。所以,她告诉父母,如果她在六年级舞会之前被枪杀,她希望能穿着舞会礼服下葬。

杰茜卡才11岁。从五年级开始,她就知道她在自己的葬礼上要穿什么。"我觉得我的舞会礼服是所有衣服中最漂亮的,"杰茜卡说,"我死后,我希望为爸爸妈妈穿得美美的。"

过去五年间,哥伦比亚特区有224名18岁以下的孩子被杀害,有的被当作枪击目标，有的只是旁观者。在枪下生活的孩子，如杰茜卡，和一些离枪比较远的孩子，已经理解了什么叫屠杀。

当他们学会了任天堂游戏（Nintendo）、花样跳绳和除法竖式，他们已经对自己周围的环境做出了判断，知道死亡近在咫尺。所以，像杰茜卡一样，他们已经开始安排自己的葬礼了。

我们每一个人在内心深处都有讲故事的冲动。我们从小就听故事，知道应该怎么讲故事。小说家玛格丽特·阿特伍德在《与死者协商》(Negotiating with the Dead)一书中写道："故事处于黑暗之中，这就是灵感被认为闪烁发亮的原因。深入一种叙事——深入叙事的过程——是一条黑暗之路。你看不到前面的路……灵感之井是一个引人向下的洞。"

深入到黑暗之中寻找故事吧。

叙述距离

杰克·哈特[1]

叙述距离描述的是写作者作为故事叙述者的位置，也叫心理距离。我是从约翰·加德纳(John Gardner)的《小说的艺术》(The Art of Fiction: Notes on Craft for Young Writers)中得知这个概念的。这本书针对的是虚构作家，但它同样适用于非虚构。无论一个写作者是否意识到，他或她在每一个场景里都在选择一个叙述距离——决定离行动有多近。叙述距离的改变和纪录片导演混合使用特写

---

[1] 杰克·哈特（Jack Hart），《俄勒冈人》主管编辑和写作指导，两次获得普利策奖，并获海外新闻俱乐部（Overseas Press Club）、ASNE 和美国职业记者协会（Society of Professional Journalists，简称 SPJ）等奖项。——译者注

和远景的方式很相似。

中距离的叙述就像从悬空气球的角度来观察，作者对场景的描写就像从 3 米外、离地面 2 米多的地方着手。比如：她站起来，穿过客厅，推开了门。雪花正在飘落。

我们可以再靠近一点，移到主人公的肩上：她伸直了蜷缩着的双脚，双手撑着垫子，从沙发上站起来。她飞似的穿过前厅去推门，门吱呀一声开了，风发出呼呼的声响，雪斜斜地吹过门廊。在这个例子当中，我们就在她的耳朵旁，经历她所经历的。

还有一种内部视角。描写场景时，就好像你在主角的脑子里，通过主角的眼睛来看：当她从沙发上站起来时，手掌按在装饰沙发的织锦上，她轻快地走过质地柔软的波斯地毯和前厅冰冷的瓷砖。她握住冰冷的黄铜门把手，拧了拧。门吱呀一声开了。风吹乱了她的头发，遮住了眼睛，落在面颊上的雪花融化了。读者感受到的经验几乎就像主人公感受到的一样。

作为记者，我们被训练通过引用和观察来间接地描写行动。技巧成熟的叙事作家直接将读者放到那里，让他自己目击、经历、感受。这种方式比现实的二手版本更有力量。

倾听对象的声音：引述和对话
凯利·贝纳姆[1]

重读我成长过程中特别喜爱的那些小说，我被像里克·布拉格（Rick Bragg）这样的作者使用引语和对话时那种精练而谨慎的风格所触动。那正是我就如何确切地引用一个人的话所提的第一条准则：节制！引述越少，越让我成为一个训练有素、深思熟虑的写作者。它迫

---

[1] 凯利·贝纳姆（Kelley Benham），《圣彼得堡时报》特稿作者，曾获 2003 年厄尼·派尔人文关怀写作奖、2004 年 AASFE 短篇特稿写作奖。——译者注

使我更加努力地思考我的工作，让我对故事有更好的把控。

我曾经做过一个哥伦比亚男人的人物特写，他在被绑架和抢劫之后来到美国。在他的祖国，他是一个著名的魔术师；在美国，他在沃尔玛超市工作。他几乎不会说英语，所以，他用一副扑克牌向我解释他在哥伦比亚的状况。我写道：

他拿出一副扑克牌。

桌子上放着一张方块七，它代表土地，是哥伦比亚一个小村庄的一块农场，一户农家住在那里。

准军事部队——他拿出另一张牌——想要这个农场来种古柯。塞萨尔把那张牌放到第一张的上面。游击队想要这个农场种毒品，他又放上一张牌。毒品卡特尔也想要，又一张牌。

农场上的人发生了什么事？他们的命运不为人所知。

也许准军事部队带走了家里的大儿子，并威胁要是反抗就杀死他们全家。接着游击队员又听说这一家子支持准军事部队。

然后呢？

"Muerte,"塞萨尔说，"Muerte, 懂吗？"（Muerte：西班牙语"死了"的意思。）

最后这个西班牙语单词比翻译过滤后的整整一段话还要有力。

从经常在媒体上发言的人那里得到有力的引语可能会更难。名人的原话在叙事写作中没什么用。我要寻找的是较少雕饰的东西。在2004年的选战中，我做过一次伊丽莎白·爱德华兹的10分钟的采访，她是民主党副总统候选人约翰·爱德华兹的妻子。我的人物特写开始是这样的：

艾玛·克莱尔掉了一颗牙,是在星期一掉的,她妈妈想。今天是星期三,距离竞选还有12天,距离上次看到孩子们已经过去了四天。"不,"她说,"一定是在星期天,她打电话给我,而我在忙,然后我跟杰克说话……"

杰克四岁,艾玛·克莱尔六岁。他们的妈妈,伊丽莎白·爱德华兹,55岁。她在努力推动世界朝着自由的方向前进,而同时她又是他们的妈妈。她总是一件事接着另一件事地忙。此时,距离下一件事还有15分钟,距离选举还有12天,距离去好莱坞还有10天,距离下一次见到孩子们还有三天。

"我在跟杰克说话,"她继续说,"他说:'我不想你。'"

"我说:'实在太糟糕了,因为我想你啊。'"

杰克告诉她:"好吧,我有那么一点点想你。"

当然,最好的引述不是孤立的引用,而是对话。即使是在关于市议会的文章里,我也会引用对话。比起直接叙述,对话更容易被读者接受,因为这就是我们倾听世界和相互沟通的方式。对话在文章中打开了一小片天地,给故事一些喘息的空间。

有时,即使对话和叙述并不能融为一体,我还是会用。我曾经在一篇文章中,写过一个拥有价值17 000美元的草坪割草机和四分之一英亩庭院的男人。我用几小段对话作为章节的结尾,下面就是其中之一:

金伯莉:"有次我割草时犯了个错误,差点搞得离婚了。"

迈克对金伯莉说:"那你跟她(译注:此处指采访者本人)说说看,你用那台该死的机器的时候,你调的是什么挡!"

金伯莉：慢挡。

迈克：慢挡！

我喜欢运用对话的引语或片段，像在笑话里运用妙语一样。我想为对象的声音提供最好的平台。

即使没有直接引语，我也能让我的对象发声。在我的一些文章中，许多没有被引号引起来的文本，也来自对象的讲述。我拿掉了引号，但没有重写，只是把它浓缩了一下，尽可能保留对象说话方式的语气。

我的对象有时候说得比我写得还要好，这时，我就放任他们去说。我曾经采访过一个老年萨克斯管演奏家，她在一个仪仗队里演奏了差不多90年。那个采访是在她退役第一年做的。她跟我讲了她一生96年的故事。文章大部分都是她的自述，我偶尔解释一下，推动文章过渡。

"我是在芝加哥上的声乐课，我的声音普通，但跟一个叫莱布伦太太的法国小姐学习声乐。我经常说，等到了25岁，我就结婚。"

"好吧，我已经25岁了，没有一个中意的人啊。我去找莱布伦太太，把我的故事告诉了她。我说：'我该怎么办呢？'她说：'这样，我给你在沃巴什大街（Wabash Avenue）的咖啡馆找一份看门的工作，你要嫁的那个人会走进那扇门。'我相信了她，做了那份看门的工作。一天，一个戴着顶绿色小毡帽的小伙子进来了，我想，就是他。我回去问她：'我找到他了，接下来我该做什么呢？'"

她嫁给了他。

采访她时，我几乎没插一句嘴。如果我只引用了她的三言两语，那是不诚实的。

在一堂大学诗歌课上，我们用"现成语言"来写诗：对话、书、薯片盒广告词。这是一种令人惊讶和愉悦的写作方式，那些词语的节奏相互激发，在纸上翻腾起伏。人们的声音就像这种重拼诗——原始、未经雕饰、不完美。但是，当我们认真选择且不制造麻烦时，就给了它们最公平的对待。

倾听对象的声音：保证事实和真实
德布拉·迪克森[1]

《华盛顿邮报》曾就我的第一本书《美国故事》和我本人做过一篇传播很广的报道。这篇文章极其正面，但其中有一段引语——正如作者所言——表现出我的不成熟。

问题是，作者误解了我的意思。在咖啡馆做采访的时候，我望向窗外，一个女人正从窗前走过。她穿了一条非常时髦的裙子，却穿了一双特丑的鞋。一个时尚感这么好能选出这条裙子的人，绝没可能这么搭配。我思忖："她是刚和别人吵了一架吗？"我想起有一次我和男朋友吵架，气呼呼地跑了，到家时才发现，自己把裙子穿反了。想到这些，我大声地说："不错的裙子。"我往下看，盯住她的鞋子，说：

---

[1] 德布拉·迪克森（Debra Dickerson），《美国新闻与世界报道》高级编辑，新美国基金会高级研究员，著有《美国故事》和《最后的黑暗》。——译者注

"鞋子不搭。"

他把我说的话也写进文章中，好像我在对那个女人下论断。其实，我只是把自己的经历移情到她身上罢了。

成为人物稿的报道对象，对作为记者的我来说，非常受益。因为它让我更好地了解我们的对象是怎么想的。我学到的一件事是，使用引语和对话时最重要的事——所有媒体都一样，真的——是对自己的工作保持高度谦卑的态度。有的记者可能认为他明白从一个人嘴里说出的话语是什么意思，但他可能完全错了。

当我们引用一段引语或者一段对话，我们是在告诉读者："那个人就是这么说的。"这很明显，但需要在脑海中多思考一下。准确是必要的。当我对一个人下判断，特别是负面判断的时候，我会反复推敲四五次。如果我说一个人是个自大的笨蛋，我也会去确认一下。我会给一个人很多次机会重现他的冒犯行为。

另一方面，报纸和杂志上的引用经常不是受访者真正说过的话。我见过一些记者不自觉地改正专业人士的语法错误，但却不改正工薪阶层或者穷人的语法错误。记者对修改一个人的语法要有明确的原则。我不认为引语应该被打磨得很顺畅，引号就意味着在引号内的话应该一字不差。我经常面对这个问题，因为我写的都是人群中的普通人，真实的人说真实的话。我在这儿用了蹩脚的英语，因为我的大部分采访对象就是这么说话的。

几年前，我曾为《美国新闻与世界报道》写过一篇文章，讨论黑人工薪阶层和在自己社区开美甲店的越南移民之间的关系。我把越南人说英语的方式呈现了出来，激怒了越南社区的很多人。在大部分采访中，我都会用翻译，但他们用英语说出来的一些东西，保留原貌更有力量。我对自己的决定并不后悔。

让人们发出自己的声音，还不想让读者觉得他们无知，这是个有冲突的事情。这不是简单的技术问题，而是读者的假设和偏见的问题。问题未必在于人们使用不标准的英语，问题在于读者因此对他们做了错误的判断。我的采访对象经历的故事是令人惊奇的，他们的人性通过不规范的语法而熠熠生辉。

另一方面，我们经常要写一些没那么有趣的人物。让人们说出有意思的事情的一个方法，是去问愚蠢的问题。我确实问过一些愚蠢的问题，我会让人们想说多久就说多久，如果他们不说话，我也就保持沉默。沉默会让人不舒服，人们就会继续说下去。通常，我会扮演魔鬼代言人的角色。当我做一个关于毒贩的故事时，我会和他一起在他的活动范围内转一转。我们沿路看见看起来无家可归的人，为了测试他，我说："天啊，看看这些人，他们为什么不把自己弄干净点呢？"他变得非常生气，对我说："你也不比他们好多少。"然后，他变得很难过。他的真实故事就会被一点一点地慢慢讲出来。激怒一个人是获得真相的好方法。为了一个好故事，我情愿被人大声责骂或者厌恶。精心构架和用心呈现真实的故事，才是最重要的。

故事结构
乔恩·富兰克林

故事是年表：这件事发生了，那件事发生了，又一件事发生了，然后另外一件事又发生了。我们所有的生活都是叙事，通常是相当令人困惑的叙事。故事是别的东西：从叙事中挑选出精华的部分，把它们和其他材料分离,再把它们组织起来形成意义。意义是故事的本质。

这就是我们在新闻编辑部受过训练的人难以理解讲故事的原因。我们受过的教育让我们不要给新闻故事赋予意义,但我们错把意义当成意见。如今,我们所理解的新闻是客观认知性的。我们呈现事实,我们证明一些事情。新闻很少处理意义。

叙事作家可以将意义带入新闻。成功的叙事作家假定自己能够在真实的生活中找到意义,并把它写出来。

1969年《星期六晚报》(The Saturday Evening Post)倒闭之前,许多人以创作短篇小说为生。随着大众杂志的消亡,这个生计几乎消失了。但是现在的作者并不比50年前少,所有想要成为作家的人总得有个地方可去,所以很多人被迫进入了新闻业。

和很多其他作者一样,我很快就因新闻业的限制而感到挫败。我想写故事。我意识到,所有优秀的故事,无论是虚构的还是非虚构的,都必须有一些共通的东西。果真如此的话,我们就应该能够理解它们,而带着这样的理解,我们就更有把握找到其他好故事。我四处寻找。我发现,在1900年到1960年间,那个属于短篇小说和现实主义小说的年代,出版了很多关于是什么让故事更有力量的问题的书。这些书全部集中在人物和情节上。

契诃夫(Anton Chekhov)曾对小说做出过剖析,他从转折点或情节点来定义小说。第一个转折点,在开局的结尾,人物性格开始复杂化。这个时刻,主人公卷入让他的生活复杂化的事情。人物性格复杂化的位置,相当于传统的报纸叙事文章中果壳段[1]的位置,两者可以相

---

1 果壳段(nutgraf),叙事新闻里介绍故事核心含义的段落,通常出现在第三或第四段。——译者注

互替换。

复杂性并不一定是冲突，而仅仅是迫使人物付出精力的事情。复杂性在西方文学中常常是冲突，但在非洲文学中却少得多。

在几乎所有故事里，人物都经历了一些变化。作者一开始领悟到这一点也许有些困难。如果没有变化，作者可能完不成一个故事。关键就是要找到那个重要的转折点。

我教的那些大学生经常写死于癌症的人，实际上我也鼓励他们这么写，因为大多数人都不愿意和快要死的人说话，虽然这些人里有很多真的想谈一谈他们的经历。我的学生经常认为，他们的故事的复杂性就是癌症。如果晚期癌症是复杂性，那么死亡就是结局。所以，意义是什么呢？很难说。

让我们回头再看看这个故事，也许复杂性是别的东西。大部分将要死于癌症的人接到诊断书的时候都很害怕，他们否认、挣扎，最后才接受自己得癌的事实。领悟的时刻是克服恐惧的时候，而不是接到癌症诊断书的时候。我用"领悟的时刻"是指故事转向解决的时刻，是主人公（和／或读者）最后抓住了问题实质并且知道必须怎么处理它的时刻。意义就是：我们虽然无法改变命运，但我们可以用保持尊严和控制感的方式来处理它。

在大部分故事中，人物都是自己决定自己的命运。现实生活中，这种事却并不经常发生。在这个意义上，故事不像真实的生活。优秀的故事表现人如何生存。

所有的故事都有三个层次。第一层是发生了什么事，也就是叙事。第二层是主要人物对事件的感受。如果作者能够成功地让读者抛下怀疑，用人物的眼睛观看，那么人物和读者的感情就合二为一了。在事实和情感之下还有另一层，就是文章的节奏，用以唤起故事的普遍意义：

爱的持久，智慧的盛行，孩子的成长，战争的残酷，以及偏见的歪曲。

20世纪中叶，杰出的神经解剖学家保罗·麦克莱恩（Paul MacLean）创造了"三位一体的大脑"这个术语。他的想法是，每个人都有三个脑：一个负责理解节奏，一个负责理解情感，第三个负责认知。认知脑是可编程的，它或说英语或说汉语，或者讲逻辑。但是，真正要深入交流，作家必须把三个大脑的语言全部用上，这就是为什么节奏感对讲故事那么重要。

故事可以像交响乐。约翰·斯坦贝克曾写到，他希望《愤怒的葡萄》听起来就像是伊戈尔·斯特拉文斯基（Igor Stravinsky）的《火鸟组曲》(Firebird Suite)。欧内斯特·海明威更残酷些，他选择了巴赫。如果你把《永别了，武器》的第一部分拿出来，和着《勃兰登堡协奏曲》第一乐章的韵律大声朗读，你会发现海明威的词语听起来和音乐结合得非常完美。

叙事作者可能是有意识地选择在这三个层次上发声，但是反映在读者身上的效果通常是无意识的。读者读得非常快，看不到这三个层次。他们仅仅只是能感觉到，就像你在公路上开车感觉到公路一样。

小到句子，大到段落，故事的节奏存在于其中。我的许多作品都是无韵体的。你不需要知道修辞手法的名字，你只需要倾听它们就行了。

看看人类大脑是如何运作的——把极长的故事转化为短故事——它逐步解决复杂性。我们喜欢故事，是因为我们在故事中思考，因为这是我们从世界获得意义的方式。当你读到一篇感兴趣的硬新闻，其实你已经知道它的语境了。也就是说，你知道了隐藏在新闻背后的故事。人类大脑关注证据——新的信息和过去的经历，并且能够设想出场景和可能的故事。这就是结构反映意义的原因，也是我们喜欢具有结构感的小说的原因。

概述与戏剧性的叙事
杰克·哈特

　　大多数叙事文章都在概述性叙事和戏剧性叙事之间不断切换。概述性叙事提供了场景与场景之间的连接,而场景通常用戏剧性的叙事写出来。标准的新闻故事是用概述性叙事来写的。但真正讲故事却需要掌握戏剧性叙事。因为在戏剧性叙事上的经验有限,传统的记者在区分二者的过程中要经历一段难熬的日子。我所在的报纸有一位记者,一直非常努力地想要抓住概述性叙事和戏剧性叙事之间的区别,最后终于看到了亮光。"啊哈,"他说,"我知道了,区别就是你是在故事之中还是在故事之外。"没错!

　　下面这张表展现的就是这两种形式的主要区别。

概述性叙事	戏剧性叙事
重视抽象	重视具体的细节
压缩时间	读者经历事件,就像事情实时发生一样
使用直接引语	使用对话,人物相互交谈
按话题组织材料	按场景组织材料
全知全能视角	特定视角
作者在场景之上	清晰的叙述距离,作者在场景之中
处理结果而不是过程	处理过程,给出详细的描述
在抽象阶梯的较高台阶	在抽象阶梯的较低台阶
由漫笔、背景和说明组成	由故事的行动主线构成

将故事和观念融合
尼古拉斯·莱曼 [1]

仅仅只是讲故事的叙事性非虚构写作永远无法上升到伟大的层次。作为非虚构写作从业者，我们似乎常常对观念在我们工作中的重要性缺乏全面的认识，我们需要逐渐培养出一套将观念和故事结合起来的普遍技能。

汤姆·沃尔夫的选集《新新闻主义》出版时，我还是一个刚开始从事新闻工作的毛头小子。我几乎是如饥似渴地阅读了这本书。沃尔夫那精彩的序言比他所选的文章给我的影响要更大。他的序言挑战了新闻批评的标准。在当时那个严肃呆板的媒体批评领域，新闻的文学和视觉技巧的美学几乎完全缺失了。但是，沃尔夫带来了一个关于新闻可能作为一种艺术形式的令人愉快、有趣、充满感染力的雄心勃勃的想法——新闻极有可能替代小说成为出版作品中最丰富且最重要的形式。

那篇序言对我非常重要。此后几年，其中几个不那么令人满意的观点也一直徘徊在我的脑海里。两者都跟叙事性写作中故事和观念的融合有关。

首先，沃尔夫那令人惊奇的详细的新闻学著作，并没有完全描述他在自己的新闻作品中所做的事情。是的，沃尔夫用了有关服装、装饰和口音的身份细节，把一切都钉在了社会经济学地图的确切位置上；是的，他用了戏剧中的场景概念；是的，他从人物的角度来写；是

---

[1] 尼古拉斯·莱曼（Nicholas Lemann），《纽约客》专栏作家，哥伦比亚新闻学院院长，著有畅销书《应许之地》和《大考验》。——译者注

的，他引用了很多对话。但是，这些不是他做过的所有事情。

他没有完全承认一个事实：他不仅仅是一个记者和叙事者，还是一名知识分子。在他最后一部也是最优秀的非虚构作品《真材实料》（*The Right Stuff*）中，他用了一种自己没有真正承认过的手法——推动整个作品的其实是一个主假设，而他提出的结构和范畴贯穿全书，推动并构建了故事。

沃尔夫在书的开头用一系列有关20世纪50年代战斗机飞行员详尽而滑稽的生活场景建立了一个与这部著作同名的主概念：真材实料。这个"真材实料"就是观念层面的。它当然有必要，而且要首先被考虑到。否则，你就会迷失在有关早期宇航员那些非常妙的羞辱性的笑话中。即使在他们被公众奉为英雄时，也有笑话说他们不是自己驾驶太空舱进入太空的。这种羞辱——更多是观念上的而非事实上的——使媒体在这件事中沦为闹剧，令人难忘。

除了精确的身份细节，沃尔夫还为我们提供了有关战斗机飞行员、官僚、政客和媒体的人类学和心理学的精彩解读。《真材实料》是一本对政府机关（即美国国家航空和航天局）精心伪装的公共政策的分析著作。本书试图论证，航天是出于文化、政治和宣传的考虑，而非科学，所以也许是一个错误。后来，航天飞机的悲剧证明了沃尔夫的分析有先见之明。

像大多数其他取得重大成就的作家一样，沃尔夫在积极处理写作手法的同时，也在积极处理观念。对长篇报道记者来说，选择一个没有观念的话题，在理论上也许是可能的，但用我们的专业术语来讲，也仅仅能写出一个"绝棒的故事"。即便是这些故事，如果讲得特别好，仍然包含着某些更大的话题和寓意。所有那些在副标题中包含"那件事情改变美国"或者" 那件事情改变世界"之类短语的非虚构作品都致力于提出一个论点。

我的作品《大考验》有一个明确的观念。这本书提出的最大的问题是：通过尽可能科学、严谨而公平的手段造出来一个榜样之后，能再造出一个社会其他人都追随的领导团体，从而创造一个和谐民主的社会吗？答案是不能。这就是这部书的主要观念。

《大考验》的叙事层面推动了观念层面。有关平权的加州 209 号提案的故事引出了观念层面的所有元素。无论在采访阶段还是写作阶段，我都对故事层面和观念层面的相互影响有着高度的自觉。我很少使用图表来表现情节点和伴随情节点而来的观念的发展。我选择的都是能有效推动观念发展的情节点。

要想提出强有力的观念，作者就要表现出对材料强大的掌控力。有雄心的叙事作者必须做文献综述。这个过程会让作者赶上主题的速度，并找到论辩中的枢纽点。记者经常以为，对他们和他们的读者来说，跟文章主题有关的学术文献令人费解且毫无用处。但是，作为记者，我们的工作就是去遇到不熟悉的东西并去理解它。理解学术知识不过是报道中另一个需要解决的问题，而解决这个问题的方式和解决其他所有问题的方式一样：坚持不懈、寻求帮助等。

如果材料难以理解，那是好消息。记者经常在这个过程中遇到有趣的事，这时候他将会成为第一个向非专业世界传达此事的人。

20 世纪中叶，很多历史学家、社会学家和人类学家把自己看作为公众写作的人，他们赢得了一大批读者。在 20 世纪下半叶，这些学者放弃了这种角色。他们的对话变得越来越自我导向，越来越专业，也越来越难被外人理解。

也许最后读者完全看不到记者所做的文献综述。但它仍然是避免一个常见陷阱——对影响写作的假设、参照系和主叙事的无知——的重要工具。

例如，政治作家的写作经常建立在以下的假设上：利益集团在政治中是一股有害的力量。所以，在关于政治的非虚构作品中，一个听从利益集团的政客是坏蛋，而另一个忽略他们的人则是好人。为什么？詹姆斯·麦迪逊（James Madison）不认为利益集团那么坏。大部分政治学者会嘲笑这种认为可以在政治中排除利益集团的观点。在埋头前进之前，记者应该对反对世俗认知的论据有着最基本的认知。

一旦记者对主题完全熟悉了，下一步的行动就类似于拍电影时保持画面和声音的同步。读者往往注意到非虚构作品小说性的一面：人物在一系列戏剧性事件和令人难忘的场景中运动，就相当于电影中的画面。电影声轨极其重要，而且需要精确的计算。但是，它并没有完全进入读者的自觉意识。在叙事性非虚构作品中，和声轨相当的是观念：一个有序的论点序列，它和故事情节同步前进。能够最好表达这个过程的新闻术语是：要点、告示和核心段落。在这几个地方，作者停止叙事，传达意义，或者暗示故事下一步的进展。在报道时，作者就故事观念层面的变化想得越多，过程就会越轻松。

在故事的某几个关键地方，应该有我称之为"婚礼时刻"（Marriage Moment）的东西。在那里，观念层面和故事层面相交。在主人公抱起吉他的电影场景中，观众会更加注意声轨，因为声轨暂时和画面一一对应了。这就是"婚礼时刻"。

在新闻中，"婚礼时刻"经常在主要人物做出影响故事方向的决定时刻出现。这些人在观念层面根据材料做出自己的决定。在非虚构作品中，法官、社区工作者和假释官经常造就好的"婚礼时刻"。它将观念层面更加牢靠地固定在叙事层面上。更强调叙事的写作者倾向于将大部分精力集中在提高自己的采访和写作能力上，以便写出一个戏剧性的故事。这是错的，把叙事和分析结合起来，才是做新闻的基本思路。

一旦超出了纯粹娱乐性和轰动性的范围，几乎所有新闻都是一种通过故事来解释这个世界的承诺。故事和人物对人类有着极大的吸引力，我们将世界翻译成故事这种形式。这就是为什么是故事而非数据才是新闻的基本单位。纯粹分析性的工作和纯粹故事性的工作在概念上都要比二者的融合更清晰；故事和观念的结合是复杂的、困难的，甚至是混乱的。但那又如何？生活也是如此。如果不是这样，新闻也就没有存在的必要了。

结尾
布鲁斯·德席尔瓦[1]

每个故事都要抵达终点，故事的目的就是带领读者抵达那个终点。结尾是你把故事的主旨钉在读者脑子里并使其绕梁三日的最后一次机会。在为生计写作的人中，报纸作者是唯一一群似乎不太理解这一点的人。

编剧知道，如果电影的结尾不够精彩，人们走出电影院时就会觉得钱白花了；小说家知道，结尾不够精彩的书不可能是好书；撰写演

---

[1] 布鲁斯德席尔瓦（Bruce DeSilva），美联社国际写作指导，曾是40家报纸的训练顾问，新闻学会议的活跃发言人。他编辑的故事获得过ASNE奖、厄尼·派尔奖、班腾奖、乔治·波尔克新闻奖和利文斯顿奖，他帮助编辑的作品获普利策奖。——译者注

讲稿的人总是努力以一个高音结尾；而每个人都知道，当你写一封情书，写一封要求加薪的信，或者向电话公司写投诉信，最后一句的语气和内容都至关重要。

但遗憾的是，大部分报纸上的文章都草草结尾了事。这是倒金字塔结构遗留下来的老问题了。这种叙事结构完全消灭了出现精彩结尾的可能，因为它总是把信息按照从最重要到最不重要的顺序来排列，这就剥夺了故事的戏剧性，没有给坚持读到最后一行的读者留下任何惊喜。

倒金字塔结构跟写作、读者和新闻从来没有任何关系，认识到这一点很重要。学习过这种结构的历史的人知道，它的出现可以追溯到电报的发明。在电报发明之后，报道现场新闻比如一艘沉船或者一场内战的记者，就有了快捷的方式把他们的文章传回报社，但他们发现也不能完全依赖电报。因为有时候线路会出现故障，有时候他们的文稿会被紧急的政府公文给挤掉。所以，他们就学会了把信息分段发回去，最重要的信息自然放在最前面。

这也被证明是适合报纸车间操作过程的完美形式。文章在纸上写好编辑好之后，交给印刷工人，印刷工人会把它们放到铅字模板上。这种模板必须要和报纸上指定的空间相适应，但通常它又太长，唯一削减铅字模板的可行方法就是从底下切掉。

我们现在再也不用电报传送稿件了，美国报纸使用铅字模板也是30多年前的事了。今天，大部分信息是电子的，只要点一下鼠标，就可以在任何地方删改稿件。此外，网稿也完全不需要删减以适应预定的空间。倒金字塔结构在今天唯一还适用的是它的简洁，但老习惯很难改掉。最优秀的记者已经明白了，但这种形式还在沿用。很多编辑还墨守成规地从结尾删减。如果你的编辑是这样的人，那就一边把结尾写好一点，一边找份新工作吧。

你在结尾必须做四件事：向读者传达出文章要结束的信号；强化你的中心要点；在读者翻过最后一页后，在他们心中引起共鸣；及时结束。最好的结尾还会经常给读者一个出乎意料，同时又打动他们的意外。

写好结尾有很多方法。一个好的结尾可以是：

一个生动的场景。

阐明文章主要观点、令人难忘的奇闻逸事。

一个生动的细节，它象征着比自身更大的东西，或暗示故事可能的发展方向。

一个用心安排的令人信服的结论，在这个结论中，作者亲自向读者说："这就是我的观点。"

有时候，你想把整篇文章写成一个完整的闭环，让结尾的意思或词语和开头有个呼应。对称性能够吸引读者。你偶尔也可以用一句华丽的引语做结尾，但不要经常这样做。毕竟你是作者，你应该能说得更好。这是你的文章，为什么要把最后的话留给别人？

这个建议适用于所有文章，但叙事性作品还有其他的要求。从《伊利亚特》到最新获得普利策新闻奖的系列报道，每个故事都有着同一个潜在的结构，这个结构已经在本书的其他地方出现过：一个中心人物遇到了一个难题，开始与之斗争，最后克服了难题，或者被它击败，或者在某些方面被它改变。如果一个实际故事缺少这些要素中的任一个，你就不应该试图用故事的形式来写它。

在叙事中，难题被解决就是文章的结尾。一旦你到了这一步，请赶紧结束。读者如饥似渴地读你的故事，就是为了发现难题如何得到解决。一旦知道，他们就会停止阅读，所以你最好也别写下去了。

下面这些是一些行之有效的结尾,来自美联社(Associated Press)记者的文章。

伊恩·斯图尔特(Ian Stewart)以第一人称视角写作的《新闻值多少钱?》(*What Price the News?*)的开头是这样的:他时而昏迷,时而清醒。在他身上,发生了一些非常糟糕的事情,但他却不知道是什么事。

在报道塞拉利昂战争时,伊恩头部中了一枪,他的一个朋友也牺牲了。文章跟随伊恩的视角,看他如何努力去弄明白发生了什么,以及去克服可怕的伤痛。文章也探讨了驻外记者的男性气概和将遥远战争的新闻传达给公众的重要性。伊恩是这么结束这篇文章的:

迈尔斯、戴维和我都天真地希望我们的报道能够让人们去关心一下非洲的一场小规模战争,事实上,要不是一个西方的记者死了,另一个受了伤,弗里敦也许永远不会让你们的报纸刊登这篇报道。我痊愈后还会继续做记者吗?会的,而且很可能会回到大洋彼岸。我还会为了一篇故事而冒生命危险吗?不会,即使下次世界会关心战争,也不行。

这个结尾之所以好,是因为你没预料到他会这么写,但与此同时,你会意识到:当然,他就是这么想的。

在《一座小镇的诞生》(*A Town Is Born*)中,特德·安东尼(Ted Anthony)描写了新墨西哥州沙漠中一群没有组织的居民如何着手组建自己的政府。在靠近开头的地方,他给读者提供了一段核心段落:"几小时后,他们就将成为主人了。新政府的到来不可阻挡、不可否认,而且是自己做主决定的。新政府的到来也为只有民主才能达到的那种繁荣景象做好了准备。"

故事的主体是这些细节：这个小镇有多少土地？他们怎么定税率？他们需要给公路定等级吗？最后，特德是这么结尾的：

目前，他们就这么规划着自己的社区：为日常琐事讨价还价，互相喜欢或互相厌恶，处理选民问题，他们摸索着前进，而且亲力亲为。一切都是他们的，连错误也是他们的。一幅小画布上的大想法，行动中的法律，都是他们的。他们共同决定他们的生活是什么样子的，这是美国民主的繁荣，鲜活而热烈，就在高原上的40号州际公路旁，就在新墨西哥广阔的天空下。

这里，特德直接把文章的主旨告诉了读者。他也把镜头从道路等级和税率的近景中拉回。突然，你仿佛站在广阔天空下的高原上，置身于这个故事展开的历史和宪法的语境中。

在《神秘杀手》(*Mysterious Killer*) 中，马特·克伦森 (Matt Crenson) 和约瑟夫·韦伦贾 (Joseph P. Verrengia) 记录了1999年纽约市的西尼罗河病毒的流行。在文章开头，鸟神秘地从树上坠落而死。不久，开始有人死去。流行病学家都希望能更早发现原因。在文章的结尾，他们确认原因是一种外来病毒，这种病毒由蚊子传播并在儿童泳池、鸟的水盆和废弃的轮胎中繁殖。然后，病毒不再暴发，不是因为人类的行动，而是因为蚊子活跃的季节结束了。文章是这么结束的：

在纽约病毒首先暴发的一些街区，烧烤的地方和儿童泳池这一季被关闭了，老旧的轮胎也被运走。但在清理期间，到处有轮胎被遗留了下来，或者被抛弃在了草丛中，等待着春天的第一场雨将它们变成蚊子的温床。

这个结尾窥视了可能不祥的未来。想想《哥斯拉》(Godzilla)的结尾：怪兽被消灭了，人人都在庆祝，然后镜头就摇到了怪兽留在海底的蛋。

为了写一篇名为《万一我们死了》(In Case We Die)的文章，蒂姆·沙利文（Tim Sullivan）和拉夫·卡瑟特（Raf Casert）到几内亚首都科纳克里和比利时首都布鲁塞尔走了一趟，为了重建两个14岁少年的生活。他们绝望地试图逃离他们贫穷的国家，却死于喷气式飞机的轮舱之中。比利时警方在其中一人身上发现了一个写有字的信封，信封上写道：万一我们死了。在信里，他们言辞恳切地请求这个世界帮助非洲的孩子们。

蒂姆和拉夫描写了两个男孩在非洲的生活，他们的逃跑计划，他们不幸的旅程，以及最初惨案发生时在比利时引发的群情激昂——有着沉重负罪感的比利时仍然被它的殖民历史折磨着。他们是这么结束这个故事的：

现在，两个少年的信静静地躺在比利时国家司法部的档案室里，编号4693.123506/99。在另外一片大陆上，一座公墓里，两个相隔3米左右的坟墓，标志着两个曾向这个世界传递信息的少年的生命之旅的终结。科纳克里墓园里两个小小的土堆四周围着石头和腐烂的棕榈树干，两座坟墓前都竖着一块小小的金属标志，上面没有一个字。

这不是我们所期望的结尾，我们希望这两个男孩的死能意味着更多。但最后，两个男孩被遗忘了，这个辛酸的事实通过两个小细节展现无遗：被遗弃在官僚主义机构里的那封信，以及没有标记的坟墓。

在《上帝与国家》(God and Country)中，理查德·奥斯特林

（Richard Ostling）和朱莉娅·利布利希（Julia Lieblich）解释了教会和国家的斗争在美国一代又一代持续下去的原因。这篇发自密西西比州埃克鲁市的文章是这么开头的：

中学橄榄球比赛结束很久之后，莉萨·海达尔和帕特·芒斯坐在潮湿的露天看台的同一把伞下，专心地说着话。这两位36岁的妈妈在讨论她们密切关注的话题：在她们所在的庞托托克学区，学校通过校内广播播放祷文。海达尔反对祷告，并把这个县的学区告上了法庭，而芒斯则组织全镇的力量予以反击。

这篇文章探讨了对美国宪法中有关宗教自由的16个单词条款的长期争论，这就是一篇有关冲突的文章嘛，直到最后：

美国人在教会和国家的事情上存在分歧，这种分歧也许会一直存在下去。但是，争论的从来不是关于两个世纪前就具化在16个单词条款中的宗教自由的基本权利，而是如何最好地去实现它。和全世界的很多人不同（即使在今天），美国人不是用流血的方式来处理宗教分歧的。人们还是在立法机关和守规矩的法庭里来讨论，甚至争辩时也可以共用一把伞。

在把争论放在全球背景下的时候，文章突然来了一个出乎意料的转折，作者突然把镜头拉了回来，通过回到那把伞来完成这个转折。那是美国宪法的一种隐喻，它让美国人避免了暴力的宗教冲突。

最后一条建议：写故事时，先写结尾。记住，结尾是你的目的地。有了目的地，剩下的文章就好写多了。

第五章　塑造作品品质

灵子 / 译

引子

上乘的作品由无数部分组成：行动、人物、场景、语言、洞察、调查以及叙事结构。我们可以分析这些要素，并观察它们的运作方式和彼此间的互动。有经验的作者往往能阐述行之有效的普遍做法，尤其在讨论其他人的作品时。这一章汇集了12位作者在工作中获得的洞见，他们写作的年头加起来超过300年。

我们或许可以将这一部分称为"润色"。鲜明的人物、引人入胜的场景、良好的时间控制、错综复杂的观点以及逐渐挖掘出的深层事实……所有这一切只有经过作者们几易其稿后才能浮现。这些草稿包含了上百个细微的见解，也会有一些重要且深刻的洞见。这些经过整理、更为有效的稿件都会告诉作者如何进行后续的改进。

正如本章中出现的作者们所证实的那样，这个过程很难是武断的。一套可供学习的技巧允许作者们创造出扣人心弦的叙述，搭建牢固的场景，描述主要人物眼中所呈现的世界，并提供重要的见解，而不是将这些见解强加在读者身上。作者是文章主题和读者间的纽带。正如翻译家兼作家的伊兰·斯塔文斯（Ilan Stavans）所说：

无论他们自己是否愿意，所有的非虚构作者都是译者。而译者则是"完美"的新闻人。最好的新闻机构尽力向那些知之甚少的读者传递必要的观点和事件，而这便提出了翻译的要求。为了成功做到这点，作者必须将这一观点渗入自己视线的棱镜、思想以及文风中。

表达和结构是相互关联的。稿件的修改则加强了这种联系。每篇文章都有一个声音——一个陪伴读者的人。从读者的角度看，这个人就是作者的人格。从作者的角度看，这是一个通过写作而精心建构起来的人格。除了顺利地陪伴读者之外，有效的表达方式将发挥更多作用。它提供了权威、见识和秩序；它引导读者踏上旅程，沿着最吸引人的路线走向主题的目的地。这段路途，也就是故事的结构，将决定读者的阅读体验。读者和作者之间的有力联系会开启一次富有意义的旅程。如果能够让自己成为值得信赖的亲切的主人，你就可以带领你的读者，你的故事，前往任何地方。

有力的表达少不了漂亮、干净的句子。一旦能够掌控句子和段落，你就可以将一段文字变得与众不同，提供有见地的评论，在时间轴上进退自如，悠游于故事主线之外，然后再漫步归来。而读者们也会欣然听从其所信赖的声音，去往任何地方。

这声音或许听起来礼貌随和，但它却源于训练有素的工作。写作是思想爱好者的一门手艺，本章为这份爱好提供助力。

马克·克雷默，温迪·考尔

人物
乔恩·富兰克林

文学的力量，在于能让人暂时忘却怀疑：读者们走进故事，忘记他们原本在火车上、诊所里，或者在照看孩子。他们通常会将自己代入成为故事里的主人公，可能是主角，也可能是"反派"。无论是谁，这个人物至少在读者看来一定有令人同情的地方。叙事记者有许多种使用"人物"（character）这个词的方法。几百年来，这个词的定义也已发生了很大变化。

欧洲中世纪的作家们描写上帝和魔鬼对凡人灵魂的争夺。这些作家声称，上帝把人类短暂地放入红尘，而魔鬼企图用"幻境"——文艺复兴后的作家们称之为"现实"——迷惑他们。在中世纪，现实是内在的，幻境是外在的。启蒙运动期间，外在与内在互换了位置。现在，我们的魔鬼位于内心，而现实变成外部的了。

维多利亚时代的人们一般将 character 这个词解释为品行。人的品行有好有坏，对他们的判断基于家庭背景，个人经历的关系不大。维多利亚时代刚刚开始发现遗传学，这导致了性格先天决定论的可怕观念。而这种优生论调，又反过来带动了行为主义的反击，即性格是由后天环境决定的。我们则刚刚从后一个阶段走出来。

现在，叙事作者需要向读者讲述一个人物的内心世界如何对抗他所面对的外部现实。这是一项挑战，因为纸上的人物形象毕竟来源于采访，来源于外部的观察。更多时候，一个故事吸引作者的第一要素是情节，是已发生的行为。做出行动（或者被行动所影响）的人物是第二位的。因而，如果作者更多考虑人物，尤其是情节与人物之间的关系，故事会变得更丰富。

如果作者说"我非常理解我故事中的人物，理解到足以让读者进入这个人的内心"，那么他已经在颇高于标准新闻报道的层次上了。这种程度的理解要求很严谨的采访。这很难，但是有法可循。心理访谈（参见上文的《心理访谈》）就是这方法中很重要的一环。

作者必须描摹出人物的真实样子，但它永远不可能是完整的，没有作者能捕捉到一个完整的人。我们每一个人都身处于众多平行、连续的故事之中。比如，我同时是一个作家、老师、园丁、父亲、养狗的人，还是一个丈夫。任何关于我的故事都不可能囊括所有这些方面。报道者最终往往只能选择一个人生活中的某一方面。如果故事是关于一位音乐老师和他对学生的教导，那么这位老师的个人生活在这里就没那么重要。但如果这个故事讲他每周有六个晚上流连于酒吧,那辅导学生的情节大可不必出现。作者要选择最重要的事。

新手们有时会犯这样的错误:试图通过对周边环境的细节描写,来打造纸上的人物形象。很少有读者真的关心被报道对象办公室里的高尔夫奖杯,除非他们能看到显著的意义。单纯的描述是无益的。记者如果不足够了解他的报道对象,就难以理解他周边环境中的细节意味着什么。换句话说,只有能解释"动机"的信息才可以写入稿件。其他东西都不必要。"为什么",人物的动机,是次重要的信息。这是背景故事的一部分。

故事,按照其定义,是有时序的。事件按照时间顺序发生,没有时序的故事是一场灾难。但这并不意味着作者必须从一开头写起,然后按着顺序一路到底。以人物为中心的故事,最有效的开篇往往从人物即将开展的一个决定性行动写起,再及时回溯,解释他如何走到了这一时点。

作者的目标是理解他笔下的人物如何看待这个世界,以及如何对各种事情做出反应。记者对人物非常熟悉之后,应该能预测人物的反应。

测试一下你自己。如果你从另一个渠道得知你要报道的人物的一些新经历,试着去预测他的反应,然后问问你的报道对象这件事。如果你的预测错了,那就说明你还没有完成你的报道,你应该展示这个世界在你的人物眼中的模样。如果一个故事拥有如此有力、娴熟描绘的人物,那大概就足够令读者暂停怀疑。

细节的重要

沃尔特·哈灵顿

我曾去亚拉巴马州的莫比尔采访一个原教旨主义基督教徒家庭。那家人提起诉讼，要求禁止公立学校使用所谓"世俗人文主义"教科书。《华盛顿邮报杂志》派我过去，想要一个问题的答案：什么样的家庭会用诉讼手段要求在美国禁书？

我的答案是：这是一个可爱的中产阶级家庭。我到他家之后，聊了没多久，就意识到了这一点。我不知道怎么开始采访，就提出先参观一下他们的房子。韦伯斯特夫人是位很和善的女人，她带我参观了每个房间，屋子里到处都摆满了俗气的玩具熊和小饰品。我想："老天，这家人的品位可真不怎么样。"

然后，她说："这只丑兮兮的泰迪熊是一个13岁女孩送给我们的礼物。她怀孕两个月的时候，被她妈妈赶了出来，就搬来跟我们一起住。她留了下来，怀孕期间都是我们照顾她。这个傻傻的小饰品呢，来自一位84岁的老太太，我丈夫每周带她去游两次泳。他把她抱下轮椅，放进游泳池，这样她可以有一些锻炼。"

屋里的每件东西都与他们为他人做的事有关。他们收集这些，并非要证明自己的品位高雅。事实上，这些东西的意义与韦伯斯特一家的品位毫不相干，它们意味着"这家人是好人"。

细节确实蕴含信息，但有时并非我们期待的信息。汤姆·沃尔夫将"身份细节"定义为在人们周边能定义其社会环境的事物。这类细节让我们更了解人物的内心。但这类细节的意义并非总是物体本身固有的，也在于它们对人物的重要性。一切都不能简单地以表象判断。如果我当时没有要求看看她家的房子，我将永远不会发现韦伯斯特家里这些"身份细节"的真正意义。

塑造人物

斯坦利·纳尔逊[1]

在任何讲故事的媒介中,塑造复杂人物都是件难事,在电影中可能比在纸上更具有挑战性。我们都习惯了在屏幕上看到简单的形象:好莱坞老电影里,从衣着和背景音乐就能马上看出来好人坏人。《公民凯恩》拍出来已经有六十多年了,但直到现在,电影学院的学生依然会反反复复观看这部电影,因为它不符合那套定式。我看这部电影的时候还是学生,我当时也在想:"凯恩是好人还是坏人?"凯恩极端复杂的性格给这部电影赋予了深度。

纪实性电影中的人物塑造尤其困难,因为主角大多被表现为英雄,很少是魔鬼。暗示人物有更丰富的面向很重要,但要让观众自己决定。说得太多,尤其是在影片旁白部分,会毁掉观众们"发现"的感觉。看电影的体验应该是一连串的发现,这个过程让观众沉浸其中。这对电视纪录片而言尤为重要,因为你要战胜遥控器——观众只要按一个键,就可以抛弃你的故事。

我关于埃米特·蒂尔的纪录片最初名为《芝加哥男孩》(*Chicago Boy*)。在这部影片里,我尝试创造一种客观的气氛,不希望叙述传递这样的信息:"这些人渣绑架并杀害了埃米特·蒂尔。"我们想让影片

---

[1] 斯坦利·纳尔逊(Stanley Nelson),艾美奖和 2002 年麦克阿瑟天才奖获得者,致力于社会公正的非营利纪录片公司火光媒体(Firelight Media)的执行制作人。他的纪录片包括获奖作品《埃米特·蒂尔谋杀案》以及在美国公共电视网(PBS)的"美国大师系列"里播出的《摇滚甜心:放开歌喉》。——译者注

里的受访者把这些话说出来。

除了展示埃米特·蒂尔和攻击他的人，影片还塑造了另外两个形象：芝加哥城与密西西比河三角洲地区。在故事中，埃米特·蒂尔本人从一地去了另一地，这两个形象由此偶然交汇在了一起。埃米特从小就懂得芝加哥的文化，但把这种理解带去三角洲地区，却让他丧了命——他被人杀了，据说是因为冲一个白人女性吹口哨。我们的影片想问：为什么不能吹口哨？在芝加哥，这种行为可不像在密西西比有同样的暗示。

影片旁白中的每个词都经过再三推敲，力求简而又简。整个《芝加哥男孩》的旁白只有 20 页。其中的每个字都包含重要的信息。我们特别说明，从芝加哥到密西西比坐火车要 16 小时，以此强调这两个地方之间的巨大差异，并把它们当成人物来塑造。

为了培养观众的发现感，我们在全片中植入线索，悄悄预示重要的故事元素。比如，埃米特·蒂尔的尸体已经血肉模糊，难以辨认，最后是凭他戴的一枚戒指确认身份的。杀害他的凶手后来被无罪释放，因其辩护词宣称，男孩的家人和全美有色人种协会挖出了另一具尸体，给他戴上埃米特的戒指，再把这具尸体丢进了河里。这枚戒指在前半段就出现在影片里，观众之后会发现它的重要性。

塑造历史人物尤其困难，因为你无法跟过去的人对话，而观众可能觉得他们早知道这人是谁。我们的影片《马库斯·加维：在旋风中寻找我》(*Marcus Garvey: Look for Me in the Whirlwind*) 有一段开篇预告，陈述了我们对加维的看法。他是个极其复杂的人物，好的坏的方面都有：他是那种不但会朝自己的脚开枪，还会借你的枪来干这事的家伙。但他仍然是非裔美国人的标志性人物，尤其对来自牙买加等国的人来说。

下面是该片开头的部分旁白,我们以此描述影片的目的与马库斯·加维的性格:

1920年8月3日早上,46岁的雅各布·米尔斯擦净了靴子,磨利了剑,去哈林区参加纽约史上一次大规模游行。米尔斯与几十万黑人一道,在全球黑人改善协会的红、黑、绿三色旗下游行。类似的事情前所未有。所有这些都归功于一个人:马库斯·加维。

电影从这一标志性的事件开端,紧接着,叙述拉回到整体的背景:

34岁时,加维就在全世界有了上百万跟随者。他想要创立一个独立的黑人国家,这个有争议的目标使他成为全美最有影响力的人之一,同时也是最被痛恨的人之一。联邦政府视他为国家安全的威胁。与之竞争的黑人领袖们则称他是疯子和叛徒。但加维最糟糕的敌人恐怕是他自己。

接下来,叙述跳回到加维幼时塑造他自我认同的一幕。加州大学洛杉矶分校非洲研究中心的学者罗伯特·希尔在访谈中说:

加维开创了远超他本人的事业。他比20世纪任何一个人都更能象征黑人开始被认可的转折点。他的父亲是一名石匠,部分工作是在圣安海湾墓地替人造墓。一天,他把加维带去了墓园,掘了一个墓穴,然后让儿子到墓底去。接着,他把梯子抽走了,把儿子留在墓底。加维说他当时放声大哭,但父亲就是不让他回到地面:他要给他一个教训。

叙述者接着说:"独自待在墓里,马库斯·加维意识到,不可以依赖自己以外的任何人。这是他铭记终生的教训。"

电影回到加维出生的时刻。在预告片里,我们已经给出充分的理由让观众愿意看完全片,但也要让他们自己去探索人物。无论是一个因为去错了地方从而触发社会变革的孩子,还是一个重要的历史人物,我们在塑造人物的时候,都要做两件事:发掘人物的复杂性,以及通过一系列事情来展示这种复杂性。

重建场景
亚当·霍赫希尔德

作家们按照场景写剧本已经有上千年的历史了,用这种方式写短篇和长篇小说也有好几百年。叙事记者也按场景写作,因为生活就是按照一幕幕场景展开的。我们可以写出两种场景:我们自己观察到的场景和我们必须借助别人的观察来重建的场景。

电影的发明使得文学更加依赖场景,变得更电影化。19世纪伟大的小说,比如乔治·艾略特(George Eliot)的《米德尔马契》(*Middlemarch*),就有精彩的场景,也有很多作者陈述。每章开头往往是一大段关于小说主旨的论述。相比之下,20世纪后电影时代的小说,比如菲茨杰拉德的《了不起的盖茨比》,就完全是电影化的小说,从一个场景迅速切换到下一个。与电视和电影竞争,对非虚构作者来说或许是件好事。我担心影视媒体会在某些方面超过我们,但它们也迫使我们更加努力工作,好让读者能在我们的叙述中"看见"事情发生。

无论是作者观察到的还是重新建构的，有力量的场景都包含以下几个关键元素。

1. 精确。所有细节必须百分百精确。要么你亲眼看到鬼魂从走廊下来，要么你至少有一个目击者，多几个更好。

2. 气氛。要让读者感受到场景，你要做的不单是描述事物的样子。声音、气味、温度，甚至质地，都非常重要。

3. 对话。场景中的人物必须有对话或互动，不然描述就会显得没有生气。想想你是如何跟朋友聊天的。多少次你会说："他跟我说，然后我跟他说……"我们这样讲故事，因为生活中有时就是这样的。我们整天都在跟人对话。对话让我们了解一个人、爱上一个人、责备一个人；简而言之，对话涉及生活中所有重要的事。如果你在做采访，你会听到歌剧女演员与她的声乐老师争论，或者医药代表悄悄走向议员们游说。但如果你想精确展现华盛顿跨越特拉华河的时候说了些什么，那就比较难了。回忆录里常常会包含这类信息。有时你可以通过引用信件达到对话的戏剧化效果。你也许会得到两百年前一份完整的法庭对话或审判记录——这通常都是极富戏剧性的。

4. 情绪。你必须知道人们对你所描述场景中的事件是怎么想的。如果你在那儿，看到那些事，你会怎么想？当你采访当事人时，一定要问他们发生了什么，以及当时他们有何感受。

我写过一本非虚构作品《埋葬锁链》，关于18世纪晚期英格兰废奴运动。在大概五年的时间里，一群杰出人士将公众舆论转向反对奴隶制。这场伟大变革中的一个关键时刻发生在1787年5月。12个人聚集在一家贵格会（Quaker）的书店和印刷店里（如今位于伦敦金融区）规划他们的战略。

这个激动人心的时刻，对我的书至关重要。这次会面唯一保存下来的一手资料是一份一页纸的手写概要。它简单记录了日期、与会者名单以及他们最终的决议：奴隶贸易是不公正的，应该予以废止；他们会开一个银行账户，并且确定今后集会必须达到的法定人数。

如何生动地再现那个重要的时刻呢？我使用了多种类型的信息：文件、报刊、个人经历、回忆录和传记。

我找到其中两个与会者的个人资料；我根据一张肖像描绘另一个与会者的样子；我得知这组人中的第四个人，也就是那家打印店和书店的老板，每天早晨上班路上都会去街角附近的一家咖啡馆。这些小细节很有用处。

为了这本书的其他内容，我阅读了大量那个时期的报纸。我在其中看到一处额外的细节——一条教授舞蹈和剑术课程的广告，地点就在书店隔壁。当你寻找背景材料时，当然要有一个完备的清单，但也要接受意想不到的发现。

我去探访过那家书店的旧址，那是伦敦伦巴第街（Lombard Street）边的一个小院子。那栋小房子已经被巴克莱银行（Barclays Bank）22层的总部大楼所取代。然而，就在院子对面，有一家小酒吧，它1787年就在那里了。这是我可以实际观察到的细节。

我在阅读时还发现，就在1787年会面的前几年，工人们在小院附近修路时，挖出了大量两千年前的陶瓷碎片、罗马帝国时期的钱币等古董。这不是建构场景的常见材料，但这个细节给了我提示：我可以谈谈另一个奴隶制帝国，以此强调奴隶制已经在人类历史上存在了那么长时间，并由此想到去终结它是一件多么有勇气的事情。

书店就在大英帝国中央邮政局的拐角处。我找到了一个记者对下午派发邮件的场景做的描述。几十辆邮递马车涌出邮局大院，将信件送往各地。会议记录写着集会于下午五点钟开始，所以我知道，那时一定有马匹奔跑和邮递员吹响号角的声音。

我还能找到什么细节呢，视觉的、声音的、气味的？尽管关于这家特别的书店和印刷店没有什么现存的描述，但有许多对伦敦同时期类似小店的描写。售书、出版、印刷通常在一家店面里并存。店主一家在楼上居住，他们的牛和猪养在后院里。根据这个信息，我可以设置这样的场景：代售的书籍陈列在屋子前部，中部放着巨大的印刷机器。

我研究了18世纪的印刷机，以便为描述场景增添细节。用于平板刻版的大幅纸张悬挂在头顶的木架子上，屋子四周摆着一桶桶人尿。在这极不可思议的环境中，英国废奴运动诞生了。

并非所有这些细节都出现在我下面摘选的章节里（见下文《一个重建的场景》)，但在书的其他部分，我几乎用上了全部细节资料，因为故事的大部分内容都发生在很小的地理范围内，这对讲故事来说是很幸福的事。废奴运动的成员，一些主要的贩奴商人，还有这场大戏中其他的参与者，都生活工作在距离彼此几分钟路程的地方。比如，贩奴船的船长们用来收信的咖啡馆，就在书店的一角。

任何时候，当你生动再现一个未曾亲历的场景时，都要让读者确知你不是在胡编乱造。读者应该知道你使用的每一个重要细节都有出处。有时，你可以不经意地在文本中做到这一点，比如讲清楚是谁后来回忆起那个晦暗的、风雨交加的夜晚；或者，谁记起了公爵正在皱眉头。写书的话，你可以尽情使用注解。我早期的书都没有注解，但最近的书都有。我越来越赞成使用注解。因为如果你的描写包含着大量生动的细节，读起来更像一本小说，读者就会认为你在无中生有。要证明你并非如此，每一个细节，特别是每一句引用，都要有出处，这一点非常重要。

一个重建的场景

亚当·霍赫希尔德

1787年5月22日下午,迪尔温在他的日记中这样写道,前往詹姆斯·菲利普书店和印刷店参加第一次会议时,"我骑着我的母马去参加新成立的奴隶贸易委员会"。菲利普印刷店在乔治院的邻居里有一位教授舞蹈和击剑的马萨德先生,还有一家名叫"乔治和秃鹫"的酒吧。从这一时期对同类建筑的描述中,我们可以想象这家印刷店的模样。活字放在倾斜的木质托盘里,不同字母分格摆放;将它们一个字母一个字母排成行的码字员们,当夜幕降临时,借助牛油蜡烛的光工作。几十年来,蜡烛的烟已经把天花板熏黑了。印刷工们手动操作平板印刷机,先从机器上揭下大幅的纸张,每张上面印着很多小页,再用一种特别的竿把它们悬挂在头顶几十根长线上,晾干墨水。屋子周边,已经晾干的纸张摆放成堆,最新的废奴书籍或者贵格会小册子,都等着折叠装订。最后,18世纪书店最大的特色是它的味道。为了让活字在印刷版上印上墨,印刷工使用一种填充羊毛的木柄皮垫。人的尿液因为氨含量高,便成了清洗垫子上残留墨迹的最佳溶剂。垫子先被浸在尿桶里,再拿出来丢在倾斜的地板上,印刷工们工作时就在上面来回走动,以挤出液体,让它尽快干掉。

这12个戴着宽檐高顶黑帽子的贵格会教徒,就是在这样不可思议的环境中聚会的。会议的过程被克拉克森以清晰流畅的笔迹写下来,只有一页长度。开头是一个简单的声明:"在为反思奴隶贸易而举行的会议上,上述贸易经讨论被认为是不明智且不公正的。"

节选自亚当·霍赫希尔德的著作《埋葬锁链》(*Bury the Chains: Prophets and Rebels in the Fight to Free an Empire's Slaves*)

设置场景
马克·克雷默

在叙事性写作中搭建场景,无论是虚构还是非虚构作品中,都要让读者有即时感。这是一种体感:你写"她出了一场小事故",读者们什么也感受不到;但如果你写"她踏空了,一头栽到楼下",读者就完全明白了。你写"她闻到了玫瑰花香",读者也会跟着闻到。你写"她在明亮的光线里眨了眨眼睛",我们也跟着眯起眼来。场景设置会引导读者入戏。除了确定动作、对话和细节外,有力的场景设置还有许多特点。以下是其中的几个:

摄像头和麦克风控制

无论有意无意,作者通常都会找到最合适的地方,摆上摄像头与麦克风。这些设备一般都设在一个点,但可以移动,比如,一个主要人物的肩膀上。作者可以调整有效距离,但必须小心,并且有计划,就像电影制作人一样。比如,你可以从室内移到户外,但两个地点混在一个镜头里就不行了。慢镜头与快镜头也是可以用的,炫目的白镜头也可以。

立体感

试着列举一些细节和事件,好让读者感受到立体空间中的位置。你可以写"窗外,一棵树在风中摇曳"或者"她在屋子另一头说话"。

简洁的时序

从最后一个可能的瞬间开始场景,砍掉所有偏离主题的行动,并且在行动结束时尽快收尾。这种设置场景的利落做法通常用于最后一稿，因为作者此时必须明确文章的起伏与方向。

情感的分量

场景比解释更能有效率地传达和确立非理性的、情绪的、细腻的信息。作为作者，你应该发掘与读者分享复杂性的能力。开拓读者的理解在这个意义上说就是解放。设置场景能精准描述细节（"事情"确实发生了），而没有场景的写作只能粗略描摹。

当我需要写一个我未曾亲见、必须依赖采访的场景时，我会对我的采访对象说："听我说，接下来的15分钟对话会很难，不是一般聊天。我希望你与我合作，就像我们是两个木匠，我需要零部件来组装。"这样，我记笔记的时候，他们就不再叽里呱啦地说些没用的，而是努力帮助我搭建场景。他们与我一起创造故事。我首先采访有帮助的信源，弄清楚基本事实，然后再去采访对立面的意见。

最好的场景通常来自精心的研究。每一个亲眼看见的场景也都包含重构的部分，包括事件发生时你没有留意到的信息与细节。

我的书《三个农场》中的最后一部分，聚焦在加利福尼亚一个大企业农场里一片两万英亩的土地上。尽管我很熟悉这个农场，但我还是被严密地监视了。我甚至为采访去买了一套跟农场经理的衣服差不多的衣服，以免我在他们的主管人群里显得扎眼。我以为自己可能过关了，但之后，我发现，一个主管告诉过他的下属："小心克雷默，他穿着共产党人的鞋。"在一堆锃亮的尖头皮鞋里，只有我穿着一双磨破的旧鞋。我从这件事上学到一个教训：不管采访谁，我都应该只按我原本的样子出现。

我努力接近那些中层主管，也就是那些能拍板十万美元生意的人，而不是那些拍板百万的人。在我采访这个农场一年之后，发生了经济动荡，几乎所有我跟访过的工人都被解雇了。我打电话给我睿智的编辑，《大西洋月刊》的理查德·托德——他们将刊登我的书稿节选。"这简直是灾难。"我对他说。他回答："附近有卖酒的商店吗？"

"你想让我借酒消愁吗？"我问。

"不，我想让你买点香槟庆祝。等着瞧吧。"

我写出了那一部分书稿，大概三万字，然后飞回了加州。我请来五位前农场主管聚在一起，还买了一箱啤酒。五小时里，断断续续地，我给他们读了我那关于农场部分的整个草稿。他们帮我修正了每一处不准确的地方，为我解释我理解错了的地方，还提供了更多的信息帮我强化场景。这真是一份大礼。

我看到过一片胡萝卜被犁直接翻埋到地里，但并没听明白管理部门对此模棱两可的解释。原来因为有人忘记及时下达收割指示，以致胡萝卜长得超标了，比超市的胡萝卜包装袋长了七八厘米。他们算了算，与其把这几亿根胡萝卜统一修剪到合适的长度，还不如把它们都犁到土里更省钱。

我也详细写了一个修剪昂贵的杏仁树和开心果树的场景，这些作物得培育灌溉多年才会结果。但我的新顾问们告诉我，他们剪枝的时候剪错了，那些树算是毁了。我还写了一个喷洒农药的场景，但我不知道他们实际上打错了药，白白损失了30万美元。

最终，这些场景里，既有观察，又有重构，比之前好多了。

场景写作的最佳准备，开始于为收集材料而做的专门采访。带着敬意和技艺，重新搭建、收集的场景会创造出奇迹来。但最有力、最完整、最精细搭建的场景，源于实地采访，尤其关注感觉信息、个性引语、节奏、人格、心情、不同寻常但有力的细节。这样一来，你的材料就齐全了,通过巧妙筛选,你搭建出的场景将会有效、有力、简洁。

掌控时间

布鲁斯·德席尔瓦

在讲故事的时候,时间顺序是我们自我定位的基本方法。在所有叙述性写作中,读者需要感受到时间的流动,但一定不能在时间中迷失。如果读者突然发现自己搞不清楚过了一周还是一年,他们就不会再读下去了。作者经常用一种很笨拙的方式提醒读者,时钟在走,日历在翻动。比如,文章的每一部分都以时间开头。但这只有在时间是故事的内在结构时才有用,比如复述空难的时候。更好的方式是,不落痕迹地标明时间。

在《暴风雨神灵与英雄》(Storm Gods and Heroes)中,有一系列关于海岸警卫队在海上施展救援的叙述,美联社记者托德·莱万是这样标明时间的:"卡尔特正在脑子中核对清单,对讲机里爆发出勒弗夫尔的声音:'孩子们,我们出发了,坚持住。'49分钟之后,他们到了现场,四周一片黑暗。"

作者们经常利用物理现象来表达时间的流逝。影子移到房间地板的另一端;晨曦穿过一扇窗户,到了下午,穿过另一扇窗户;房间渐渐暗下来了。时间跨度是几个月乃至一年的故事则可以利用其他标识:枯叶飘落,棒球赛季开始。

加速或放慢时间与标记时间同样重要。这种技巧最好通过例子来解释。美联社的通讯记者蒂姆·达尔伯格(Tim Dahlberg)曾有一篇稿件写一桩骇人听闻的罪行,以及警察是如何处理的:

一开始,他们以为那是一个被烧焦的玩具娃娃,身上依然挂着几缕红白蓝三色的婴儿服。它笔直地坐着,僵硬的手臂伸向前方,仿佛想要触摸天堂。在欧伦牧场外的一条深沟里,艾伦·凯斯勒在一台破电视和其他报废品里首先发现了它。当时,他正骑马路过这片广阔的牧场,几乎就要走到深沟的另一头时,在他身后的儿子突然喊了出来。

"爸爸，那是个婴儿。"

"那只是个玩具娃娃，"凯斯勒回答，"你赶紧到草场那边去赶牛。"

"不，不，是个婴儿。"

临近黄昏，阳光投下斜长的影子。凯斯勒下马，与牧场工人罗伯特·格林一起，朝那个小东西走过去。他满脸狐疑地看着格林，看着他从口袋里掏出一支钢笔，碰了碰它闪光的、烧黑的脸。皮肤凹陷下去，液体流了出来。

凯斯勒奔回牧场去叫警长。

这是 1990 年 10 月 9 日，将近六年后，人们才知道这婴儿的名字，以及她如何到达这片荒凉的地方。

文章开始进展得很缓慢，读者随着男人们骑马下到沟底。一旦读者明白他们发现了什么，作者就加快了速度，直接转到故事的下一个关键时刻。文章从有对话和视觉细节的戏剧性叙述，转为单纯传递信息的说明性描述。

排序：线性文字
托马斯·弗伦奇[1]

顺序是文字的内在特点。观众欣赏摄影或绘画作品时，接受的是一个框架内的信息。尽管目光可能会游走在方框里的不同部分，但所有信息都是同时呈现出来的。相比之下，读者则是按照顺序接受信息。叙事性写作就是将每个句子、每个段落、每个章节按照一条线排列。

---

[1] 托马斯·弗伦奇（Thomas French），《圣彼得堡时报》特约撰稿人，凭借《天使和魔鬼》系列叙事获得普利策特稿写作奖。——译者注

技巧娴熟的作者会安排好一条读者容易跟得上的线。

这条线,即读者的顺序体验,是叙述的基本元素。我们学习的许多写作技巧都是为了保证这条线的完整性。比如,少用形容词和副词。过多的形容词和副词会扰乱时间线,让读者从主语、动词、宾语表达的动作上分心。创作时,作者自己问自己的很多问题,都是广泛意义上的顺序问题。"我怎么让主角出场?以什么样的顺序?我怎么能让读者记住这些人物?我怎么事先埋下一个情节的线索?我怎么搭建一个场景?我怎么能创造惊奇?"

如果你想努力维持一条清晰的时间线,记住下面七条有关顺序的原则。

原则一:首先研究自然顺序

所有的行为,无论发生在五分钟之内、一天之内,还是跨越了数年,都有一个自然的顺序。每写一个故事时,不管是一篇日常稿子,还是一个长篇系列,我都会先问自己:"事情的自然顺序是什么样的?"我会研究这些事情是按什么顺序展开的。一般来说,我最后不会选用这种顺序来写故事,但我必须弄清楚一切是怎么发生的,才能决定用哪种方式呈现最好。

一般来说,你不太可能按自然顺序把事情都落在纸上。即便你是在写一个明显按照时间顺序展开的稿子,比如"市长一天的生活",你也不会把他一天内发生的所有事情不分巨细都写出来。你会选择一些特殊的时刻,从一个过渡到另一个,强调某些重要的部分,简述其他的部分。

你越了解自然顺序,写作时就要越巧妙,以保证叙述顺畅。过渡部分通常很难写,因为它意味着对自然顺序的偏离。新手有时会觉得必须跳出自然顺序来讲故事,这样才能保证有趣。其实,自然顺序大部分时候都很有趣,有时它是最佳的讲述方式。

原则二:沿着一条清晰、简单的线采访与写作

下面的引文来自题为《途中的给予和获得》(Give and Take on the Road to Somewhere)的文章,作者大卫·芬克尔(David Finkel)在其中描述了一个农场主开车去科索沃难民营分发食物的故事。文章刊登于 1999 年 4 月 6 日的《华盛顿邮报》。

发出去了很多面包,很多瓶水,还有很多牛奶。"牛奶,给我的孩子。"一个女人呼喊着。所有人都试图爬到车斗里,一个人爬上去了,其他人就更拼命。一时间,所有地方都是人,努力爬进车斗,爬上拖拉机,爬上轮胎,尽一切可能接近食物。有人滑倒了,有人摔倒在其他人身上。他们尖叫着,互相推搡着。一周之前,他们还在自己家里,而现在,他们如此渴望食物,以至于分发食物的人朝着他们摇瓶装水,试图让他们保持秩序。

但他们无法保持秩序。

"给孩子的,给孩子的。"一个女人在尖叫,她伸出手臂,试图抓住车斗。她戴着耳环、头巾,穿着毛衣;摸不到车斗时,她把手放在头上,捂住耳朵,因为身后是她的女儿,8 岁左右,被挤来挤去,正抓住她的母亲尖叫。

她身后是另一个女孩,10 岁左右,穿着粉红色夹克,上面装饰的图案有猫咪、星星、花朵,现在又加上了泥巴。

看看最后一句话的顺序。芬克尔设计整个句子就是为了引出最后

一个词：泥巴。这个顺序能让读者从他的视角看到这个女孩。

整个故事沿着一条笔直的、按照时间先后顺序展开的线进行，除了一句恰到好处的"一周之前，他们还在自己家里"，这个简短的回溯为读者提供了关键信息：这些人是最近才变成难民的。这样的回溯是事件主线的小插曲，让你将必要的背景信息放进文中。诀窍是不要在其中放太多信息，将那些读者必须知道的部分归结为它的本质。

原则三：放大

科索沃的难民状况牵涉到上百万人。芬克尔选择了这场浩瀚危机中的一个很小的事件来放大：一个农场主给一群难民分发食物。

决定选取大时序中的哪一部分来描述，是排序的关键。如果作者把所有东西都写出来，会让故事显得相当混乱、散漫和站不住脚。以芬克尔的故事为例，如果他打算什么都写，那他就得从几百年的历史和几十年来这些难民的生活讲起。相反，他选择了这个时序中非常微小的一段，某天一个农场主带来了食物，然后实时地讲了这个故事。我猜，整个故事发生在一小时内。芬克尔如此密实地放大了它，让故事有了力量。

原则四：有力开篇，走向高潮

好故事是往上走的。如果在故事开头就把最好的材料交出去了，那你就不能制造张力了。故事第一段的基本目的是吸引读者去看第二段，第二段的目的是让人去看第三段。

即便是在日报报道里，我也不会想开场的段落，我想的是整个开篇部分。光想第一段是没有用的，因为你并不想让读者在开场段的结尾就停下来。整个开篇部分必须提供一种体验，驱动读者往下继续读完你的故事。如果读者不能读到最后，不管你想表达的内容是什么，就都毫无意义了。要做到这一点，你的故事必须越来越好。要从好的材料开场，朝更好的方向发展。

每一个顺序都有它的开场、中段和结尾。我们在新闻院系中都学过，开场是最重要的部分。但是，对叙述性写作而言，结尾最重要，开场是第二重要的。

大卫·芬克尔说，每次写作时，他都会先想好如何结尾，然后尽可能从接近这个结尾的方向开始写。这让他能够聚焦，并保持紧凑的时间线。

原则五：摆好桌子

想了解如何排序，我们不妨研究一下笑话，因为笑话是最依赖排序的讲故事的方式。要想把笑话讲好，你必须把叙事主线里的每一部分都精准地安排好。如果讲述者没有成功地把所有至关重要的元素排好序，笑点就会失效。无论是书、电影还是歌词，在每一种讲故事的形式里，讲述者都得弄清楚如何传输所有这些关键信息，观众才能明白接下去会发生什么。

想想契诃夫那句著名的格言：“如果你在第一幕中展示了一把枪，那它后面必须开火。”换句话说，如果第二幕中有一把要开火的枪，那你最好在第一幕里就介绍它。观众们都很精明，所以你介绍这把枪时要尽可能得体。在上菜之前，必须先摆好桌子。

下面的引文来自我在《圣彼得堡时报》写的关于中学生的"13"系列，我预埋了一个将要引发丹妮尔与父母发生冲突的线索：

黎明前的黑暗里，丹妮尔·赫弗恩的闹钟再次响起。她走进卫生间，洗脸，刷牙，穿好衣服。像往常一样，她穿上那件蓝色米老鼠的套头衫。屋里很安静，其他人都还没起床。

她每天早上都会重复这几件事：自己做早餐，装好要带去学校的午餐盒，去等巴士。但这天早上有些不同。丹妮尔并不想带午餐。她想买点什么，她在想布鲁克·T咖啡馆的芝士比萨。昨晚，她问父母能否给她些钱，但他们拒绝了。

丹妮尔下了楼。穿过客厅时，她看到桌上有些零钱。她数了数那些硬币，1.55美元。

她拿起这些钱，放进自己的钱包。背上包，锁上门，离开了家。

这个场景布好了局，让观众好奇："她的父母会发现吗？他们会做何反应？"这是一个很小的冲突，但足够吸引读者读下去。

原则六：慢下来

在故事中制造出紧张感后，要慢下来，维持这种紧张感。随着我们周围的世界变得越来越快，这个技巧也变得越来越有效。如果你把场景搭建得恰到好处，读者就会屏住呼吸，仔细看任何你想要他们看的东西。

学会在什么地方以及什么时候加速或减速是关键。这有点像是个悖论：当你解释枯燥（但是重要）的信息时，加快速度；而当最好的材料，也就是行动正快速进行的时候，放慢速度。你慢下来，读者才能跟着你进入正在发生的场景和过程。你加快速度，则是因为有一大堆背景信息要涵盖。

如何慢下来？在纸上留出更多空间。多分段。找出场景内自然的停顿。你可能会倾向于直接跳过去，但事实上，它们会帮你减慢步伐。

我曾经写过一个关于谋杀的故事，其中有一场警察追逐战。警察朝逃逸车辆的轮胎开枪。当车开始原地打转的时候，车载 CD 播放器传出的音乐停了。我写下了这个音乐的停顿，好拉长那个充满悬念的时刻。

原则七：学会制造高潮

在故事的结尾，或者一个长篇里每一部分的结尾，你的叙述必须达到高潮。这未必是一个响亮的时刻；安静的瞬间常常更加意味深长。

这有另外一个引自大卫·芬克尔的例子，这是他在《圣彼得堡时报》写的一篇日常报道，描述连环杀人犯特德·邦迪被处决的那一天。故事围绕着邦迪的一个受害者——玛格丽特·鲍曼的父母展开。下面是报道的最后几段：

电视关掉了。周围一片安静，杰克·鲍曼恢复了镇静，向外面走去。他希望这个白天能过得容易点，这个晚上也能过得容易点。他希望能睡个好觉。他希望醒来的时候会发现，特德·邦迪已经是旧新闻了。他希望陌生人那些充满仇恨的标语都被扔进垃圾桶里，他们的鞭炮也都收起来。他希望尽早安定下来，起码能想一想已经发生的一切。

星期二，他试了一下。

"跟我说说你对执刑的感觉。"有人对他说。

"我希望他受到惩罚，"杰克·鲍曼说，"这对我来说很自然。"

"跟我说说玛格丽特吧。"有人问。

他哭了。他闭上了眼睛。"我说不了。"

叙事写作就像在纸上呈现一首复杂的乐曲。作家听到了，然后必须重现它。为了让读者也如实听到,每一个音符——你故事中每一个部分——都必须以某种方式敲击出来,好让读者有深入文章的体验。

写复杂的故事
路易丝·基尔南

人们有时会问我:"你是调查记者、特稿记者,还是解释报道记者?"我从不知道该如何回答。为什么要这样问呢?之所以很多调查报道都很枯燥,很多特稿故事都很肤浅,很多解释报道都语焉不详,某种程度上就是因为这种新闻分类。对复杂的故事来说,我们需要将三者结合起来。这种融合是我的主要目标,也是作为记者最大的挑战。

2000年6月,我给《芝加哥论坛报》写了一篇封面故事,一个叫安娜·弗洛斯的女人被一块从高楼坠下的玻璃击中身亡。这篇入围普利策终选的作品,以这样的画面开头:"玻璃像一道影子般坠落,迅速而沉默,如同一团黑暗涌进潮湿的天空。"

影子的意象并不是我观察得来或者凭空想出来的,而是来自警察的报告,我也利用它找到了目击者采访。如果没有这份文件和其他资料,我没有办法讲这个故事。主角安娜·弗洛斯已经死了,其他几个与此相关的人也不愿跟我交谈,因为他们对这场死亡事故负有责任。所以,档案成了这个案子的关键。

叙事作者有时候认为公共档案干巴巴的,全是数据,太无聊了。

这种想法实在是大错特错。2003年，我写了一个关于产后抑郁症的故事，分为上下两个系列，其中包括两位最终因此自杀的女性的小传。法医的尸检报告中有其中一位女性的自杀遗言，她写了一沓纸，解释自己为什么打算从一个12层的旅馆的窗户跳下去。其中一张便条是写给前台职员的：

亲爱的蒂姆：

很抱歉我这样滥用你的好意。你发觉事情有些不对劲，但是你善良的心同情我，让我留在旅馆。我希望这不会给你惹麻烦。你真的是一个非常优秀的工作人员，工作做得很棒。告诉你的老板，这不是你的错。

梅拉妮

这条写在戴斯酒店便笺上的笔记，让我了解到很多关于梅拉妮·斯托克斯的信息。而我是在一份公共文件中找到它的。

当我开始准备一个故事时，我会列出所有可能存在的公共文件和私人文件。公共文件是那些人们比较熟知的法庭记录、警局报告、政府研究报告等等。所有记者都应该知道如何填写《信息自由法》（Freedom of Information Act）申请，以及搜寻法庭记录（参见www.ire.org和www.poynter.org）。先去你所在的地方法庭练习查找资料，找找关于你自己的东西。私人文件指的是人们为自己记录和保存的东西，包括日记、孩子的婴儿簿、高中的毕业留言册、从夏令营寄回家的信等。所有这些文件，即便只是短小的、日常的片段，都能帮你讲好一个故事。当你打算写一个经典的关于"年度教师"的文章时，看看课程计划和学年论文，或者看看一个女人为了摆脱社会救济而填写的工作申请表。

通常，人们写出来的会比告诉你的更有吸引力。安娜·弗洛斯，那个因玻璃坠落而丧命的女人，事故发生时正步行去一个招聘会。她之前在一张纸上——这张纸被她最好的朋友保存起来留作纪念——练习填写申请表，辛苦地用英文写着："清洁、烹饪、照顾老人，我都愿意做。"这些短语缩略地展示了她从墨西哥移民到芝加哥后如何艰难地独立谋生。

复杂的故事需要小心使用细节。有些故事包含的细节太多了，连最无足轻重的事都要写出样子、气味和声音。那些被选用的细节应该帮助你传达故事的主题。

在故事框架内，用人物的经历去解释更宏大的概念。处理数字也要用同样的方法——只选用那些对你的故事和人物至关重要的数字。我曾写过一个故事，讲述一位在非裔大迁徙中来到芝加哥的老人，其中我选用的唯一的迁徙统计数据是像他一样同时离开阿肯色县的非裔美国人的百分比。这个数据与他的经历最为贴近。

意象有利于解释复杂的概念。在玻璃坠落的故事里，我得解释热应力，即窗户裂开、松动的物理原因。一位专家将发生的事故比喻成把热玻璃放进一个冷水槽里，我在文章中就是如此描述的。专家能帮助你讲述故事的技术层面。对某件事痴迷的人们常常是好老师，无论他们痴迷的对象是漫画书还是核裂变。他们做解释时描绘的意象，对写作者大有助益。

复杂的故事要求对材料有绝对的把控。在报道结束前，你对事情的了解应该跟你的采访对象一样多。有这种把控能力才能让你写出清晰、有力、可读的句子。这就是冰山效应：你展示在故事中的是浮在水面上的八分之一。还有八分之七读者看不到的部分支撑着这个故事的基础。相信你的采访。将它嵌入你的故事之中。

在安娜·弗洛斯的故事里，我写道："没有人能确切知道玻璃落下来用了多久——最多25秒，可能只有5秒。也许有一瞬间，它像桌面一样水平悬浮着，或者像叶子一样盘旋打转，但最终地球引力将它拉扯成倾斜或垂直的角度，于是它像刀一样切了下来。"

为了写这个段落，我跟两位物理学教授和两位玻璃专家聊过，其中包含关于地球引力的计算。我很想写出我是多么费力才搞到这些信息的，但我意识到，这几个句子应该就这么立在那里。在写下它们之前，我已经知道玻璃会像刀一样落下，像影子一样落下。所以，或许我确实知道如何回答那个问题，关于我究竟是特稿记者、调查记者还是解释报道记者，答案是三个都是。

如何找到重点

沃尔特·哈灵顿

想要采写出好的叙事故事，制定一个从头到尾的清晰流程很重要：详尽地调查，选定一个强有力的主角，把故事想透彻，然后报道这个故事、场景和主题。我发现，如果我坚持这个流程，不试图走捷径，我总会找到需要的东西。它可能不是我最初想要寻找的那个故事，但它一定会是一个故事。

之前我为《华盛顿邮报星期日杂志》撰稿的时候，我仔细安排好了日程。我会在周三结束采访，之后用一周时间把文章写出来。我会在面前摆上两个大笔记本，然后重读收集到的全部材料：所有文件、信件和笔记。在其中一个笔记本上，我列出所有可能的主题，一边阅读材料，一边把范围缩小。我可能会列出10个可行的方向，最终选出两三个使用。在另一个笔记本上，我会列出所有我愿意写进故事里的事实、细节、引语和场景。

我通常会在周四晚上完成这个环节，然后把所有笔记归档，放到一边。周五早上，我坐下来，闭上眼睛，等着灵感到来。一开始，你可能会觉得有点可怕，但是你必须相信这一定会发生。大约想到 80% 的时候，那些最有力的场景或图像会在我脑海中浮现。那个场景通常就成了我的开场。如果没有想到任何东西，我就再试一次，反复地试。如果没有单一的场景出现，那我就知道我的开场不会是一个场景，于是我开始想一些有力的句子，概括事情的本质。

有了开场，我就开始写文章的引导部分——能帮读者厘清故事的核心段落。一篇 8000 字的文章，我写了前面差不多 300 字之后，就会停下来。在后期，随着写作中心明确，逐渐确定整篇文章的概要。

写概要的同时，我会问自己：最有力的场景是什么？我要写什么观念？什么能成为一个好结尾？贯穿整个故事的主线是什么？

我信任这种流程，而它也通常能让我在下一个周三之前拿出一个扎实的草稿。

故事的情感内核
汤姆·沃尔夫

菲利普·罗斯（Philip Roth）是 20 世纪 70 年代美国年轻小说家里最热门的人物。1960 年，他的第一部小说《再见，哥伦布》(*Goodbye, Columbus*)就拿了国家图书奖，1969 年则因《波特诺的怨诉》(*Portnoy's Complaint*)为世瞩目。那时他讲了一番话，我称之为"罗斯之叹"：我们生活的这个时代，任何小说家的想象力在次日早上的报纸面前都倍显无力。

我想，无论写作者还是其他人，都会对这段话感同身受。想想帕里斯·希尔顿的故事。我相信有小说家能编出这样的情节：一个年轻貌美的金发女富二代，有着杧果一样诱人的下唇，被人发现了她出镜的色情视频。接下来的情节大概无外乎……有勒索者因此向她索要 500 万美元。于是，她找来一帮年轻黑客，侵入她父亲的投资账户，取出 500 万。但黑客们又要求 20% 的提成做佣金，也就是整整 100 万。她慌了，接着……

我也相信有些小说家会想象出另一个版本：一个年轻貌美的金发女继承人，有着羞涩甜腻的笑容，演技与作秀能力毫不出众。她因出演一场电视娱乐秀，拿到一张 1000 万美元的合约，继而设计了一系列衣服、香水、手袋的产品，将自己打造为一个国民品牌。

但我觉得，当今不会有任何一个小说家能想出实际发生的事：帕里斯·希尔顿确实拿到了她的几百万……因为她拍了一部色情视频。不然，她将只会是停留在八卦专栏里的随便一个厚唇美女而已。

我人生的前 54 年只写非虚构作品，之后我写了几部小说，我可以告诉你，当今虚构作品的问题是虚构必须看起来合理。而合理并不是描述今天这个时代时第一个能想到的词……报纸很快就会消亡……纽约的高中生们正在集会抗议，要求手机使用权，因为一项新规定要求他们不许带手机上学，以防他们上课看电影，或者考试时发短信……1992 年，一个名叫弗朗西斯·福山（Francis Fukuyama）的人写了一本书，名叫《历史的终结》(*The End of History*)，内容是全世界都已达成共识，认为是西方的自由民主创造了一个乌托邦，他也被誉为前瞻者和先知。九年后，一帮没人听说过的恐怖分子让历史大大掉头，也让福山成了一个傻瓜。在这个年代里，更新一下菲利普·罗斯的说法，"严肃的文学小说"现在正走向——我想说"消亡"，但这其实不是事实。相反，这只宝贝似的哈巴狗正带着它妙不可言的全部感情，走向一座白雪覆盖的山峰,那里是诗歌——一直到19世纪中叶还占据统治地位的文学形式——现在生活的地方。山上很冷。人人都称颂它们,因为这比前往拜访要愉快得多。

结果,非虚构叙事的两种体裁统治了当今的美国文学。一种是自传,自本韦努托·切利尼(Benvenuto Cellini)的《告解》(Confessions)起,此后444年里,它的热度从未消退。奥威尔曾称自传是虚构作品里最无耻的,因为传主们丝毫不避讳夸夸其谈自己的罪恶与过错,他们诈骗、滥用药物、背叛、堕落,他们骨盆间的收缩与腰部的抽搐,甚至强奸、谋杀、抢劫和掠夺,所有一切都释放出兴奋与欢呼的气息;然而,奥威尔说,他们从不提及"那建构了他们四分之三人生的耻辱"。但是,奥威尔本人最有力的一些作品,包括著名的《巴黎伦敦落魄记》和《向加泰罗尼亚致敬》,以及许多出色的文章,比如《猎象记》和《我为什么写作》,都是自传。就算是自笛福的《鲁滨孙漂流记》开始伪装成自传的小说偶然曝光,也不大可能长期压制这种体裁。

另一种是借助小说及短篇故事里一些特定技巧的非虚构作品,正是这些技巧让小说变得动人心弦,让读者身临其境,甚至潜藏在某个特定角色中。这些技巧具体来说有四种:

1. 使用场景表达,即在一系列的场景中叙述,尽可能少地借助普通的历史叙事。

2. 使用丰富的对话。(实验证明)这是最容易读的行文形式,也能最快地揭示人物。

3. 对人物身份细节的仔细描写,会揭示一个人的社会地位或志向,从服饰、家具到讲话时细微的身份特征,一个人怎么对他人说话:对上级,对下级,对强者,对弱者,对复杂的人,对天真的人,用什么样的腔调和词语。

4. 视角，用亨利·詹姆斯的说法，就是让读者代入某个人物而非作者的角度。

这些是自 20 世纪 60 年代起所谓新新闻运动中作者们常用的技巧。1973 年，我发誓要对新新闻运动保持沉默。我厌倦了争论。我说把这四种手法用于一种客观、精准，或者说适当的新闻时尚中，是个技术活。但是，其他人声称这意味着"印象派"新闻、"主观"新闻、新左翼新闻、"参与性"新闻等一切没完没了的东西。而现在 33 年过去了，我觉得可以做一个简短的注解了。况且，近年来已经出现了最好的结果。记者们不再争论新新闻运动，我的意思是，对于自称为"新"的东西，你能争论几个十年呢？相反，新一代记者在写书和杂志稿件时，已经按照他们喜欢的方式对这些技巧进行了简单改造，写出了很好的作品，事实上，作为整体而言，可称之为当代美国文学的最佳作品。我可以列出很多名字，但有两个大概我一提你们马上就会知道：迈克尔·刘易斯（Michael Lewis）和马克·鲍登（Mark Bowden）。

今天，仍有报纸编辑抵制这种理念，但他们绝对需要鼓励记者们采用刘易斯和鲍登的方法。这不是因为它会产生漂亮的作品，尽管确实如此。他们需要这样的记者和作者来提供新闻的情感现实，因为是情感，而非事实，最能吸引和振奋读者，这是大部分故事最终的内核。先拿犯罪的例子说吧。我刚刚从波士顿报纸上得知，波士顿市长最近很生气，因为大街上有"黑帮分子"身穿写有"停止告密"的 T 恤，意思是，"跟警察谈话，你就死定了"。这款 T 恤到处都能买到。市长希望没收这些 T 恤，他似乎觉得贩卖这种东西就是犯罪，就像卖烟给未成年人一样。这本身已经是一个故事了。一个多么棒的故事正摆在记者眼前，记者要去了解穿这些 T 恤的年轻人，找出这对他们而言意味着什么，以及对于警告大概指向的该居住区的人而言意味着什么。

我们在报纸上报道犯罪，却不触及它的情感内核。

在长岛，有段时间，陆续发生家中有人还被入室盗窃的案例。强盗们希望主人在家，这样才可以强迫他们说出放珠宝和钱的地方。新闻报道一成不变地告诉你，这些强盗偷了多少东西，或者带了什么武器，但这不成其为故事。这里的故事是恐惧，受害人的恐惧，或者有时是攻击者的恐惧，或者是他们在成功控制并羞辱了受害者之后得意扬扬哼的小曲儿。这些才是犯罪最根本的事实。潜藏其下的情绪展现出生活如此多的面向，这些应该被写进新闻故事里，而不仅仅是小说里。

在这类新闻报道中，你需要向读者提供两种东西：有关社会环境的图景，以及对人物心理的洞察。我将环境视为水平面，个体视为垂直面。它们交叉产生的那条线，就是故事。1808年，德国哲学家黑格尔创造了一个术语：Zeitgeist（时代精神）。他的理论是，每个历史时期都有其"道德基调"——这是他的用词——向每一个人的生活施压，没有人能够幸免。我想这是真的，这也是为什么，比如说，在有关大城市的虚构或非虚构作品里，城市应该被当作人物一样对待，因为城市里充满着对道德基调的狂热。

关于大城市以外的生活，我们最好的记者常常都毫无了解。去年8月，在田纳西，我去观看了"布里斯托尔500"（Bristol 500），一场全美赛车协会的比赛。赛道不足800米，上方垂直立着看台，安装有16.5万个座位，整个形状就像一个扩音器。座位在扩音器的内壁，让人感到如果太往前倾，就会摔到赛道上去。赛前，一帮人冲着人群欢呼，其中包括全美步枪协会的头儿——不是查尔顿·赫斯顿，不是名人。他总共讲了45秒钟。全看台整齐划一地站起来，冲他欢呼。显然，武器所有权在赛车协会的地盘比在波士顿更被当作公民美德。就在比赛前，一位新教牧师就这项活动向上帝祈求祝福。他请上帝眷顾这些勇敢的赛车手，以及这些忠实的赛车迷。他这样向上帝请求，"以你唯一的儿子——基督耶稣之名"。如果有人在圣弗朗西斯科（旧金山）或者纽约这样为一个活动开场，他很可能会以仇恨罪名而被捕。纽约的作者们真的必须渡过哈德逊河，离开纽约，洛杉矶的作者们则至少要远至圣华金河谷（San Joaquin Valley）。恐怕美国的大部分意义都在东西海岸之间的内陆。

最近我在做的一件非常愉悦的事，是为斯蒂芬·克莱恩（Stephen Crane）的《街头女郎玛吉》（Maggie: A Girl of the Streets）写新版后记。克莱恩最知名的作品是《红色英勇勋章》（The Red Badge of Courage），在欧洲甚至被视为描写战时士兵情感的最杰出的文学作品。克莱恩是家中14个孩子中的第12个，上面有六个哥哥。他的父亲是一位牧师，母亲是白丝带佩戴者。她戴白丝带以示自己反对酒精销售和消费。她可能过于严苛了，但她一直是一位了不起的作家。

克莱恩的哥哥汤森（Townsend）也是一位作家，是《纽约论坛报》负责泽西海岸度假区报道的通讯员。斯蒂芬·克莱恩，一个身材修长、模样帅气的年轻人，一头蓬松的金色鬈发，在1891年前的四年里连续被四所学校开除。于是，他跟着哥哥为论坛报工作。1892年，他采访了雅各布·里斯（Jacob Riis）的讲座。里斯是第一批关注美国贫民窟状况的人之一——这里指的是纽约的下东区。他揭露了那里的状况，但是完全没有抓住对话或者个性的本质——没有找到情感核心。他主要的情绪是怜悯。

斯蒂芬·克莱恩读了雅各布·里斯的东西，找到了自己的问题：他们在想些什么？如果作为他们中的一员会怎样？此时，他的哥哥不在，一项苦差事便落在他头上：采访建筑工人在国家庆典时的游行，他们会穿过新泽西度假区阿斯伯里公园（Asbury Park）。他把游行者们描述为塌肩、驼背、吊儿郎当的苦力。他对围观的人的描述甚至更糟，他说，这些人是新泽西度假地的典型游客，那种看见钞票就不管别人任何权利的人。这篇文章让他被开除了。

于是，他去了下东区，与三个医学院学生同住。他决定乔装成一个流浪汉来了解曼哈顿包厘街。他本是个身材修长、年轻、金发、几乎称得上漂亮的小伙子，但他穿上了包厘街流浪汉的行头，胡子和头发都留得很长，打成绺，脏兮兮地垂在脸上。他睡在廉价旅馆，不是一次，而是经常。他甚至会带人去参观。没有人会去第二次。很有可能就是在廉价旅馆里，他染上了结核病，28岁就死了。但是，这段经历造就了非凡的《街头女郎玛吉》。这是一部虚构作品，但严格基于事实。

他的一个室友曾回忆起，某天，克莱恩回家后很兴奋地说："你见过石块大战吗？"他看到一些流浪儿打架，互掷石块。他的室友们翻着白眼看看彼此，好像在说："好吧……石战。"然而，克莱恩的石战，带来了美国文学里最伟大的开场句之一："一个小男孩站在一堆瓦砾之上，捍卫着朗姆酒巷的荣誉。"

直到死亡来临，克莱恩一直在为报纸写作。他取得的成就，在110年前就是名副其实的新新闻主义作品，在今天则应该成为所有报纸编辑的常识。尤其是今天，美国的每一个报纸编辑都在问："报纸如何能活下来？"其实他们应该问，我们如何能抓住故事的情感内核？然而，只有一小部分报纸编辑在考虑这类事情——他们不知道这就是当下的问题，而且现在已经到了最后的时刻。

讲故事，讲真话
阿尔玛·吉勒莫普列托[1]

当我作为记者被《华盛顿邮报》派往中美洲时，我发现自己在为一个很专业的机构工作，这个机构的背后是世界上最强大的军事力量和经济体，却总以为自己受到可能只有10部电梯的弹丸小国的威胁。事实上，当我住在尼加拉瓜时，我还真数了数那里的电梯数量。作为《华盛顿邮报》在其首都马那瓜工作的记者，我应该认真对待这种威胁并加以报道。

随着革命地点的转移，我从马那瓜搬到了圣萨尔瓦多。我继续报道那些在我看来确凿无疑的事实：大屠杀，以及黎明出现在圣萨尔瓦多街头的碎尸。有证据表明，圣萨尔瓦多政府是这场恐怖的源头。自从美国政府在这场战斗中支持萨尔瓦多政府对抗游击队以来，这一证据就遭到多方面的质疑，有时这让我感到自己似乎快要丧失理智了。《华盛顿邮报》的编辑们反复要求我采取一个中性的语调。那些编辑勇敢、智慧、体谅，但这是里根政府在设置议程。

最终，我描写了一场大屠杀，它后来被证实是20世纪西半球规模最大的大屠杀。美国顾问们训练出来的萨尔瓦多士兵，射杀、活埋、砍死了800名男女和孩童。《华盛顿邮报》将我的报道登在了头版。《纽约时报》同一天也报道了这件事。然后，就没有然后了——没有后续报道，没有社论，没有电视采访，没有任何其他报纸的报道。一些极右翼的里

---

[1] 阿尔玛·吉勒莫普列托（Alma Guillermoprieto），《纽约客》和《纽约书评》固定作者，曾获得麦克阿瑟天才奖和乔治·波尔克新闻奖。——译者注

根政府官员回应说，纽约时报记者与我都不可信。

很多年来，自由派媒体与活动者一直在关心纽约时报记者与我是否都由于那些报道而被我们各自所属的媒体开除，好像这才是重要的事。12年后，阿根廷的法医人类学家小组挖掘出莫佐特（El Mozote）大屠杀的现场。他们数着骸骨，记录了死亡人数。

岁月流逝。最终，美国政府意识到，也许那个只有10部电梯的小国不足以带来什么威胁，而那些萨尔瓦多游击队员，如果被允许参与政治进程，看起来也不至于造成什么危险。在这一切开始之后的10年，中美洲从地图上就那样消失了。

中美洲人民依旧贫困。死难者不能复生。正义没有得到伸张。然而，美国公众对这个议题的注意力已经被消耗殆尽。你最后一次看到关于圣萨尔瓦多的报道是什么时候？看到的时候，你愿意读吗？

中美洲从美国媒体的世界版图中消失了，我似乎也一同坠入空洞虚无之中。我觉得自己就像《百年孤独》里面的那个角色，从对香蕉种植园工人的大屠杀中幸存下来，余生都在说着："曾经有一场屠杀。"但听到的人只是说："你疯了。那从没发生过。"对此，我从未停止过愤怒。

我作为作家的动力就是尽可能让美国读者别忘记拉丁美洲。我通过讲故事来达成这一点。故事与硬新闻不同，也与简单的奇闻逸事不同。

在中美洲为《华盛顿邮报》工作时，我是一个新闻成瘾者。我总是在搜寻所谓"大故事"。新闻瘾是怎么来的？为什么人们想要读报纸和打开电视，看看现在正发生什么？我愿意相信，这是一个世界社会的公民想要有所参与的基本道德欲望。可是，太多时候，硬新闻不能给予我们达成此目的的知识或能力。写电子邮件的时候，偶尔瞄一眼角落里的CNN（美国有线电视新闻网），在60秒热点里看看喀布尔的地震或者亚西尔·阿拉法特的死讯,还有屏幕下方文字报道里某地股票市场的崩溃,这不算参与世界。恰恰相反,这让人得以自我安慰——反正世界的运转快得令人眩晕,本来就难以真正思考事情。

这种新闻成瘾症假定,硬新闻,就像美国的报道那样,在很基本的层面与真相相连。尽管我自己以前也有这种新闻瘾,但我不同意这种说法。所谓纯新闻,即事实,现在实在是被想得太过纯粹了,以至于如果包含分析,报纸都要标示出来,就像香烟盒上的标示一样:警告!该文章包含硬事实及思考。

在写作中,我通常有意识地将信息、观察、分析以及我自己的反应融合在材料里。我讲故事,是因为故事会让我们全身心去思考,真正去理解。最伟大的拉美小说家,比如马尔克斯(Gabriel Garcia Marquez)和略萨(Mario Vargas Llosa),都是从记者起家的。这种经历成就了一种拉美新闻的文学流派,比美国新闻写得更好,包含更多的情感内容。

为了给美国读者写拉美故事,我逐渐摸索出一些操作原则。我很少提到美国。报道时,我不是向国务院官员、大使或者世界银行的雇员们说话。我假装拉美是一个独立的实体,拉美人有权用自己的视角谈论自己的问题。这么做,我表述了一个更完整的拉美,一个不需要依赖第三方告诉我们怎么说的拉美。

在报道前,我会做海量阅读。如果可以,我会在开始旅程前花一个月时间不断阅读,每到一个地方去的第一周也是如此。

一旦开始写作,我会把许多时间花在写开头上。我常常在开头利用读者对异国情调和离奇故事的好奇心。为了让美国读者阅读拉美,我愿意用任何技巧。下面有一个例子,摘自我的书《流血的心》(*The Heart That Bleeds*):

垃圾让墨西哥城的居民着迷，由此诞生出无数匪夷所思的故事，而且所有的都是真的。比如，有个关于露天垃圾场的故事。这个18米高的垃圾堆在7月的某天自燃了，火焰和毒气蔓延了好几英亩。另一个故事是关于垃圾行业的大佬，他控制着这座城市17000多个拾荒者的一大半，要求拾荒者的女儿们为他提供性服务，还会带他手下的工人们每年去阿卡普尔科度一次假。还有一个故事，有一个155平方千米的垃圾堆，里面都是野餐餐桌，这些餐桌缓慢下沉，陷入混合着垃圾和土壤的沉积层里。市政府决定把它变成一个花园。

接着就是老鼠。最让人难忘的故事发生在10年前，一家晚报在头版显著位置宣布，他们在露天水沟里发现了一只巨型老鼠的死尸。文章说，老鼠像一辆大众汽车那么大，旁边的图片可以证实其文字声称的内容。这只野兽有熊的面庞、人的双手和老鼠的尾巴。两天之后，一家早报辟谣说，这尸体其实是一只狮子，属于一家小小的马戏团。

通过尽可能精准具体的报道，我不仅带给读者异国情调与离奇的东西，还带他们走入一个人们带着尊严求生存的世界。一旦我吸引了他们的注意力，我相信他们也会关心我所关心的东西，以及我的报道对象所关心的东西。

精准对于我的写作和报道都至关重要。关注细节总会让我对这个故事更感兴趣，仿佛它是桅杆一样。我发现只要我在报道中尽可能关注细节、细节、细节，故事就会得以提升。

我大量使用第一人称。故事中的"我"，如同读者的代理人。我的梦想是带读者走出他们的舒适区，将他们推向不舒适的位置。我希望他们看到、闻到、尝到、摸到、听到我身为记者代替他们接触到的东西。

报道过程中，我会在脑中搭建一个小剧场。真正的编舞者在排练之前,通常会选一群舞者。在第一次彩排后,一名舞者脱颖而出。身为记者的我,也会做同样的事情。在第一周结束前,我会选出我故事里的领衔角色。稍后,我要弄清楚我需要多少个小角色。我常被指责,总是理所当然地偏向于选择那些强壮的、贫困的、年老的农妇,她们每天要拎着水桶去好几公里外的河里打水,再一路唱着歌回来。确实。一旦我的弱点被发现,我会尝试去克服它。写作时,我尽力不放纵自己的弱点,但也尽力避免总是施展长项。这迫使我必须投入更多精力,让故事变得更有张力。

作家们必须给自己留有失败的余地。作为一个舞者,我知道,除非尽力跳得足够猛、足够高,直至摔倒,否则我永远不知道自己能跳多猛、多高。冒险与失败很重要。当编辑对我说"你知道吗,这个句子很糟糕",我不会说"哦,我的编辑太糟糕了",我会说"哦,那个句子是很糟糕。那我们拿掉它吧。它只是几个词而已"。

谈语气
苏珊·奥尔良[1]

作者语气的形成是一种忘却的过程,就像儿童的绘画。小孩子经常会创作出惊人的画作,直到上学之后被告知,真正的房子看上去其实并非如此。多数人就在那时丢掉了他们视觉创作的能力。真正伟大

---

[1] 苏珊·奥尔良(Susan Orlean),《纽约客》专栏作家,《滚石》和《时尚》的客座编辑,所著《兰花贼》(*The Orchid Thief*)被改编为电影。——译者注

的画作会保留着孩童情感本真的元素，伟大的写作也是如此。

　　自我分析对于形成强有力的语气非常重要。"我是谁？我为什么写作？"你的身份认同与自我理解会成为作者语气的潜意识，尤其是在长篇叙述的写作中。想象一下你向朋友们讲述激动人心的故事。你的朋友会跟随你的叙述，即便你讲的时候不是按照时间顺序，而是兜着圈子讲。你在晚饭时讲故事的方式，就是忠于真实自我的方式。无论那是深刻分析的，还是极其机智的。那一刻，你对自我浑然不觉，也不会想到你的编辑。

　　你无法凭空生造出一种语气。你也不能模仿别人的语气，尽管努力模仿是一种很好的练习。它会引导你逐步理解传达语气的机制。把你的文章大声读出来，这样你就会听到你是怎么讲故事的。读的时候问问自己："这听起来像真的吗？我会这样说话吗？"如果任何一个问题的答案是否定的，那你大概做错了什么。我发现，有时当我读自己发表的作品时，我会跳过一些看起来非常枯燥的部分。接着，我就会想，如果一开始就把它们删了是不是更好？当你大声朗读，多余的材料就会消散。语气——就像这个词本身告诉我们的那样——是作者讲话的方式。你在向你的读者讲话。有时，我们以为必须想出一些聪明的东西，但聪明这件事本身其实鲜有力量。

　　步调，一篇文章里时机的掌握，是与语气紧密相连的。步调决定着幽默的尝试是否会成功。改变故事的节奏就会改变情绪。长句子让读者放慢速度，短句子让他们在一个场景中加快步伐。当你大声朗读你的文章时，你会听到读者阅读时的步调。而你可以控制这个步调。

　　字词选择是语气的另一元素。当你打比方时，并非只给读者一幅画面，而是要扩展到更大的想法或主题。一次，我与编辑起了争执，因为我想描述一个篮球队员的双脚是"香蕉状的"。我的编辑认为，人的脚永远不可能真的像香蕉的形状。并且，想到香蕉会让读者远离主角：一个打篮球的人。"你在给读者去热带的门票。"他说。我花了好几小时，试图找出能替代香蕉的合适意象。突然，我想到船。他的脚就像一艘小船；他漂浮在篮球场上。这样的比喻并不常在采访时出现。我得坐在书桌前，努力去发现可能最有力的意象。

另一方面是采取你的角色的语气。有时候，当我沉浸于报道中，会突然意识到我正与我写的人以同样的步调思考。这是我性格的一部分，我容易进入他人的世界。只要不止于模仿，这就会有助于写作。你不希望篡得别人的语气，但会愿意从中获得灵感。这往往是一个信号，说明你正深深沉浸于你的故事之中，如鱼得水。在《10岁的美国男人》（The American Man at Age Ten）里，有一半篇幅，我是以小男孩的口吻写的。通篇故事，我都在那个人物性格中进进出出。

开始写作后不久，我就意识到自己很狡猾，会想出很多噱头让作品看起来花哨。当我逐渐成为一个成熟的作者，并且更自信之后，我开始丢掉起先错以为是自己风格的部分。我回归到更简单的风格。一个分水岭是，我开始意识到，我的写作语气回到了自然、直观和本能的地方。

第六章 □ 伦理

王歆慈 / 译

引子

　　这是本书较长的一章。有关伦理有太多内容要讲，偏偏这一主题在关于写作技巧的书中往往被忽略。这要归咎于叙事新闻记者过高的期望。非虚构叙事作家的工作充满选择，而这需要清晰的伦理观念。在新闻现场，作者对话题的认定并非总局限于可以观察到的细节。他们要介入与消息源有关的长期和私人的关系网中。回到案头，他们友好坦诚地与读者分享彼此间的信任。他们提供一套情感的、政治的以及学术的洞察，看似站在自身的立场，但同样也代表了刊登这些故事的出版物。同时，通过风格化的写作，他们将读者引导到具体的感受、洞见和结论当中。

　　在每个阶段，作者都必须做出影响文本可信度的决定，因此也影响到文本体裁。主题选择是以偏见或臆测作为前提的吗？作者与信息源的关系是双方自愿建立并且无可指摘的吗？读者了解到的是真实的场景和人物吗？背景调查是可靠和完整的吗？

　　描述真实世界，难免会遭遇道德滑坡的困境。作为观察他人生活的作者，我们不能站在斜坡的边缘害怕、逃避。我们就在那里，所以必须面对。为了能够在行动中恪守伦理，我们首先要意识到这个问题。斜坡上的人固然会受到其雇主的影响，但说到底，这依然取决于个人的决定。本章探讨了一些非虚构作者需要面对的基本伦理问题。

　　我们如何处理与写作对象的关系？职业的叙事新闻写作者搜集的资料可能会侵犯被采访对象的隐私。一方面，友谊的原则和需求可能会支配消息源的感受以及针对你的行动；另一方面，职业新闻人的原则和需求则影响着你的行动。作者要如何处理这种两难局面？

　　我们怎么让读者知道故事里的信息是如何搜集的？不同领域及其衍生领域的非虚构作者们对于披露和解释自己的消息源持不同的态度。学术作者和新闻记者一样，都以开诚布公的态度和公开的信息源为基础的集体原则进行写作。博学的作者们热衷于在括号、注脚、参考文献和附件中进行引用。过去，新闻记者很少费心注明消息来源。如今，对消息来源的细致说明在非虚构叙事中已经越来越常见。索尼娅·纳扎里奥（Sonia Nazario）发表在《洛杉矶时报》上的普利策获奖文章《被天堂遗忘的孩子》(Enrique's Journey，又译《恩里克的旅程》) 有 7000 字的尾注。许多读者告诉她自己非常仔细地阅读了这个部分。

同时，由于回忆的准确性不足以及复杂的家族感情关系，回忆录作者的工作面临大量的伦理困境。

只有当作者们能够铁肩担道义，叙事类写作才可能获得真正的回报。在本章中，11 位报纸、杂志、图书和回忆录的作者将探究如何写出既优秀又深具道德感的作品。

马克·克雷默，温迪·考尔

事实与虚构的界线
罗伊·彼得·克拉克

小说家们揭示人类处境的底层真相，诗人、电影制作人、画家也是如此。艺术家们创造的终究是模仿这个世界的东西。虚构作家们用事实让其作品可信。他们将我们带回被精确排列和描述的历史时期和地点：葛底斯堡战场、纽约自然历史博物馆、底特律的爵士酒吧。他们通过细节，使我们看见，使我们暂停怀疑。

几个世纪以来，非虚构作家借助小说家的工具，揭示那些无法用更好的办法展现和渲染的真相。他们将人物置于场景和环境中，让他们对话,揭示其有限的视角,在时间中克服冲突、解决问题。

从历史上看,非虚构作品包含许多编造的内容。似乎50年前的专栏作家、体育记者和罪案报道记者(只是列举了最明显的几种)被授权可以虚构。"Piping"这个词,意为捏造引文或创造信源,来自这个比喻:记者报道了警察对毒品窝点的突击后,自己也嗨了。

皮尤研究中心"卓越新闻项目"的汤姆·罗森斯蒂尔(Tom Rosentiel)总结了新近的混乱:

在美国,事实与虚构的分水岭、真实和编造之间的界限正在变得模糊。正是新闻的"信息娱乐"(infotainment)带来了这种混淆,新闻变成了娱乐,娱乐却成了新闻。编辑蒂娜·布朗将新闻公司赫斯特(Hearst)和影业公司米拉麦克斯(Miramax)的力量结合在了一起,创办了一本混合了新闻报道和剧本创作的杂志。这只是不同文化元素融合的最新信号……

争议还在持续。埃德蒙·莫里斯(Edmund Morris)在其被授权撰写的里根传记中创造了一个虚构人物;CBS(哥伦比亚广播公司)新闻运用数字技术修改了其竞争对手在时代广场的一个标志;由大学出版的据说是怀亚特·厄普(Wyatt Earp)妻子的回忆录,被发现存在虚构内容,其作者格伦·博耶(Glenn G. Boyer)则捍卫他的作品,称其为一部"创造性的非虚构作品"。

更麻烦的是,有学者证明,记忆本身就带有虚构性。我们对事件的记忆并不一定就是事件本身。根据这个定义,回忆录其实就是把现实和想象混合成"第四种体裁"。记忆的问题同样影响着新闻界:记者在描述信源和目击者的记忆时,实际上都在赋予某种虚构权威。

后现代主义者们可能会觉得所有这些都无所谓，他们认为根本没有事实，只有观点，只有对于受到个人经历、文化、种族、性别和社会地位影响的现实的解释。而眼下，最好的新闻工作者所能提供的，只是以不同的框架呈现事件和问题。"报道真相？"他们问，"谁的真相？"

帮助新闻工作者在事实和虚构作品之间的汪洋大海中确定方向的基本原则还是存在的。从众多新闻工作者的集体经验中，从我们的对话、争论和讨论会中，从诸如约翰·赫西（John Hersey）和安娜·昆德伦（Anna Quindlen）这些作家的作品中，从写作风格教材和道德规范、标准和惯例中，这些"航标"还是能总结出来的。

《广岛》（Hiroshima）的作者约翰·赫西的早期作品中，至少有一部运用了合成人物。不过，在1980年，他也因他的作品成为所谓新新闻主义的典型文本礼貌地表达了愤怒。在1986年《耶鲁评论》的一篇文章中，他质疑了杜鲁门·卡波特、诺曼·梅勒和汤姆·沃尔夫的写作策略。一些当代非虚构作家以"达到更高的真实"为编造辩护，这种说辞在新闻业无法成立。

赫西承认，主观性和选择性在新闻工作中是必要且不可避免的。如果你收集到了10个事实，在文章中却只用了9个，这其中就已经嵌入了主观性。删减过程就会导致失真，语境、历史、细节、条件或其他视角都会丢失。但即便删减可能会曲解新闻工作者想要表述的现实，其结果仍旧是非虚构作品。然而，一旦添加了编造出来的素材，作品的性质就变了。当我们添加一个未曾出现的场景或一句没说过的引语，我们写的就变成虚构作品了。这一区别将我们带向两条基本原则：**不要增添，不要欺骗**。

为了明确这些基础原则，我陈述的时候用最简单的语言。这可能会造成误解，因为我没有给出有说服力的例证或合理的例外。比如，"不要欺骗"这句话，说的是新闻工作者对读者的承诺。另外，还有一种看法，关于新闻工作者们是否可以运用欺骗手段作为调查策略。在这个问题上，两派的观点都很诚实。但即便你通过乔装改扮去挖掘新闻，你也有责任避免利用你的调查发现来糊弄公众。

不要引人注目。要努力接近事件和当事人，付出时间，赶赴现场，成为其中的一部分，从而能够观察事件，却不改变事件的状态。这能帮助你避免"观察者效应"——因观察而导致观察对象发生变化，该理论由物理原理演化而来。

当然，在某些情况下，新闻工作者需要引起别人对他们以及报道过程的注意。勇往直前，高调地与贪婪、腐败、秘密交易者们对垒。但请记住，记者介入得越深，改变被调查对象行为的风险就越高。

故事不能仅仅是"真实的"，他们还需要"听上去真实"。有经验的新闻工作者深知，事实可以比虚构更离谱。佛罗里达州圣彼得斯堡，一名男子走进一家便利店，给了收银员脑袋一枪，子弹却从他头上弹开，崩到房梁上，然后扎入一盒曲奇里。

要避免使用匿名信源，除非信源极易因此受到伤害且这条新闻特别重要。揭露重大不法行为的揭秘者就属此类。非法移民到美国的人，在分享他们的经历时，可不想被驱逐出境。但作者也务必竭其所能，让笔下的人物尽可能真实。一名艾滋病患者可能想要且理应拥有匿名的权利，而将其医生和医院的名字公之于众，则能帮助消解虚构之嫌。

永远不要在你的故事中加入未经确认的信息。在新的媒体环境下，做到这一点非常难。曾经以日为单位的媒体周期，现在都以分钟甚至秒为单位了。电视新闻每天24小时播放，越来越多的故事也在半夜被发布到网上。新闻分秒必争的趋势越来越强烈。而对时效性的狂热却是清晰判断的大敌。多花些时间，才能做出经过核实且恰如其分的报道。

在媒体热衷于虚张声势的文化环境下，策略性的谦逊就有了很大空间。这种品德告诉我们，真相本身难以企及；然而，即便你永远无法得到它，你还是可以努力接近它。谦逊也指向对不同观点的尊重。

只有基于"确实存在一个可知世界"这个对民主生活至关重要的大观念，这些原则才有意义。我们创作的故事对应着世上本来就存在的事物。引号里的词句对应着确实被说出来的话；照片中的鞋子是当事人在拍照时穿的那双，而非后来加进去的。

关于真实性和可靠信源的传统可追溯至第一份美国报纸。1690年9月25日，一份叫《公共事件报》(*Publick Occurrences*)的波士顿报纸发表如下声明："除非我们找到信息的最佳来源，并有理由相信确有其事，否则我们不会妄下一字一句。"

不要增添和不要欺骗的原则并不局限于新闻故事，而应贯彻于所有非虚构作品中。在黑白照片中加入色彩就是一种欺骗，除非技术痕迹显而易见或被注明；用数字手段去除、添加、移动或复制照片中的元素也是欺骗，无论它使照片多么吸引眼球。这与传统的照片剪辑是两回事，虽然传统照片剪辑同样可以不负责任。

为了接近一些难以获得的真相，记者和作家们有时要借助人物合成、时间糅合、内心独白以及其他非常规手段的力量。用以上原则来测试这些技巧也许能有所帮助。

合成人物，即诱导读者相信好几个人物其实是同一个人，是一种不应出现在新闻工作或任何自诩为非虚构作品创作中的虚构技法。该方法有被滥用的前科，绝对禁止这种合成似乎是必要的。约瑟夫·米切尔（Joseph Mitchell）虽然是他那个时代非虚构作家的领军人之一，但在晚年，他也把自己的一些早期作品打上虚构类的记号，原因正是这些作品依赖于这种合成。

在复杂的故事中，时间和时序往往很难被掌控。时间有时是不精确的、模糊的或不相干的。但糅合时间，让读者误把一个月当作一周，一天当作一小时，这在非虚构作品中是不能容忍的。约翰·伯兰特（John Berendt）在其畅销作品《午夜善恶花园》（*Midnight in the Garden of Good and Evil*）的注释中写道：

尽管这是一部非虚构作品，我还是运用了一些讲故事的自由，尤其是在时间处理上。在叙述偏离了严格意义上非虚构作品的地方，我的目的在于对人物和事件本质所趋向的真实性保持忠诚。

非虚构作家不能模棱两可。与伯兰特模糊的自白形成反差的是韦恩·米勒（G. Wayne Miller），他在那本关于开胸心脏手术先驱者的书《心脏之王》（*King of Hearts*）的开头说：

这完全是一部非虚构作品；它不含合成的人物或场景，所有名字也原封未动，没有捏造。作者仅在他听到或看到文字（比如在信中）的情况下才使用直接引语，其他所有不加引号的对话、陈述均在作者肯定确有其事的情况下改写。

那种看起来像是记者进入信源脑海里的内心独白，是种有风险的写作策略，但在极端情况下也可以使用。它要求记者与信源十分亲近，而后者也被问及了他自身的想法。对于涉及某人想法的内容，编辑必须坚持询问作者关于信源的信息。

越是深入这片领域,越是需要一张好地图和一块精准的罗盘。诺曼·西姆斯(Norman Sims)曾引用约翰·麦克菲的话,总结了核心法则:

非虚构作家通过真实的人物和地点与读者沟通。所以,如果那些人物说话,你就写下他们说了什么,而不是决定让他们说什么……你不能进入他们的头脑代替他们思考,不能采访死人,对于不能做的事情,你可以列下一张长长的清单。而那些在这份清单上偷工减料的作家则是在"搭便车",仗着那些严格执行这份清单的作家的信誉。

虚构和非虚构之间要有一条清晰的界线,这条界线绝不能模糊。我们可以发现不少有趣的例外,以及考验所有这些标准的"灰色地带"。美国国家公共广播电台的霍华德·伯克斯(Howard Berkes)曾采访过一个说话结巴的男人,而故事内容并非关于言语障碍。伯克斯问这名男子:"如果我剪辑一下这段录音,让你听起来不结巴,你觉得如何?"这名男子当时高兴得很,于是录音就被剪辑了。这是在创造虚构作品,欺骗听众吗?或是帮了信源一个忙,同时也照顾了听众的感受?

在探讨这些问题时,我并非骑在高头大马之上,我只是怀着作家所独有的志向,努力成为一名好的骑手。我想要打破常规,创造新的形式,融合非虚构体裁,写出能成为时下讨论焦点的故事。

休·肯纳(Hugh Kenner)把新闻语言描述为"看起来有所依据,且依于语言之外的所谓事实——一个已经被定罪的人正默默躲避一个水塘,这些可以被观察到,而你的文字报道了这个观察,不会引起怀疑。"

如果你想做一些非常规的尝试，那么，让公众也参与其中。追求事实，勇于创新，恪守己任，乐在其中，保持谦逊。

此文由作者的一篇长文改编而成，原名也为《事实与虚构的界线》（The Line Between Fact and Fiction），发表于文学刊物《创意非虚构》（Creative Nonfiction）和波因特学院网站上。

叙事记者的伦理守则
沃尔特·哈灵顿

《无新闻则传谣言：美国新闻逸事》（If No News, Send Rumors: Anecdotes Of American Journalism）的作者史蒂文·贝茨（Steven Bates）研究各职业领域中的伦理守则。他写道，大多数职业的从业者都有特定的需要效忠的客户：医生对其病人，律师对其当事人，人类学家对其研究对象。在1995年一篇名为《媒体伦理》（Media Ethics）的文章中，贝茨问道，谁是新闻工作者的客户？他观察了《华盛顿邮报》《纽约时报》及许多其他报纸的伦理声明，发现新闻从业者服务的"客户"不止一家。

基于诚实的关系，我们与信源和叙述对象关系紧密。后者的地位举足轻重，因为叙事记者描写个人肖像。

我们同时也要忠于自己的老板，是他们付给我们薪水，而我们认同并愿意为之奋斗的伦理标准，也是由他们定义的。大部分新闻伦理标准都宣称读者为大。我们时常还把它再提升一个高度，即所谓"公众",甚至"公共利益"。然而,像"公共利益"这样宽泛的概念,可以有各种各样的解读。

很明显,伦理对于新闻工作的正当性至关重要。这在某种程度上是因为新闻工作者声称他们有权决定自己的伦理关系。新闻工作者面临的伦理困境,在叙事报道中更为复杂。从某些方面来看,沉浸式新闻记者的工作与人类学家的工作类似,只不过人类学家的伦理准则更加显明。他们首先需要为之负责的,永远都是其研究对象。尽管在这一点上,新闻工作很难企及,我仍然相信,叙事记者应该秉持一种类似人类学中的伦理守则。我们确实对我们的采访对象有所亏欠。

这条守则在实践领域中已有所展现。除非是公共人物,我们的采访对象更容易因为我们写的东西而起诉我们。他们可以不提供信息,或是在即将截稿时撤回他们对故事的授权。出于这些实际原因,我们必须把他们的故事写好。

人文关怀就更重要了。当我接触到潜在的采访对象时,我会跟他们讨论非公开与公开内容的区别。每个人都有权知道政客们都非常清楚的事:如果他们说的某些内容是非公开的,我们就不会发表。有时候,在报道后期,我会回到采访对象那里,询问我是否可以在报道中加入一些非公开的内容。我甚至给采访对象阅读整段章节,让他们准确知道我会如何运用这些非公开信息。人们通常并不害怕我们使用某些内容,他们关心的是我们如何使用这些内容。如果记者比较细心,考虑也周全,人们通常都会同意的。

然而,有时你仍然必须在商量的过程中放弃一些内容,没有故事能包含一切。有必要提出这些问题:这是不是一篇诚实的故事?是不是一篇真实的故事,而不只是符合事实的故事?如果我必须隐去故事中的某些信息，我会问自己：如果我这么做，读者知道后会不会觉得自己受到了欺骗？

我曾写过一篇关于自杀青少年家庭的故事。儿子死后两年，我与他的家人相处了约一个月。我本打算把所有家庭成员都写进故事里：母亲、父亲及三个健在的兄弟姐妹。但我发现，不少关于这三个兄弟姐妹生活中的事情是他们不愿公开的。我意识到，如果把这些材料拿掉，我就没办法写明白他们对于自己兄弟自杀的真实反应。而他们的父母则允许我写任何东西，他们希望故事发表后能成为其他家庭的前车之鉴。于是，我改变了计划，把写作重点放在这对父母身上，而兄弟姐妹则几乎没有着墨。我相信，这是一篇诚实的故事。这个故事当然可以囊括更多的内容，但那不属于我的故事。

写那篇故事的时候，我找了好几位心理学家合作。逝者的心理医生认为，我所要发表的内容可能会引起另一名家庭成员萌生自杀的念头。这吓到我了。我觉得，为了保险起见，应该在发表前评估一下这家人对文章的反应。尽管《华盛顿邮报》有规定不允许文章刊出前就给采访对象看，我还是手拿稿件，前往这家人的住处，给他们念了全文内容。（我给编辑的脆弱不堪的辩词将会是，我确实没有把文章给这家人"看"。如果这家人告诉我《华盛顿邮报》不能发表这篇文章，我将不得不告诉我的编辑们，我浪费了整整六个星期去违反一条《华盛顿邮报》章程。）我给这家人读了故事，他们开始抽泣。他们彼此拥抱，也拥抱了我，我也哭了。他们一个字也不想改。

我仍然相信，我做出了正确的伦理决定。在某种意义上来说，我是在核对事实。记者总是可以向信源复述引语以及属于当事人的信息。在叙事故事中，几乎所有内容都可以作为需要核对的事实，包括类似于"她很享受洒落在她脸上的温暖阳光"这样的陈述。

叙事新闻带来了特殊的伦理考虑。我们与采访对象待在一起太久了，几乎从来不用检察官的态度对待他们。我们希望像普通人一样面对采访对象，因为我们也想让他们像普通人一样真诚地对待我们。但是，我们最终还是要写故事，写出于我们自己而非当事人视角的故事。叙事作者需要如履薄冰，以确保能够同时对当事人和读者做到伦理上的诚实。

如果你是一名叙事记者，又不去了解采访对象不想公开的事，那你就不是一名好记者。如果你不在这一问题上挣扎，那也许你并不是一个有人性关怀的人。同时与当事人亲近，又不纠结于什么应该被公开，是不可能的。

公正对待当事人
伊莎贝尔·威尔克森

叙事作家必须小心把握一项平衡：在不牺牲故事的情况下保护当事人，同时在不牺牲当事人的情况下保护故事。高质量的新闻工作和情感共鸣是可以携手并进的。这种情感共鸣帮我更好地理解我的采访对象，并将自己沉浸于他们的世界里。

我曾写过一篇名为《十岁的尼古拉斯的男子汉生活》（The Manful Life of Nicholas, 10）的故事，写的是一名在芝加哥南部长大、拥有男子汉责任感的小男孩的故事，作为《纽约时报》关于城市内部被日益泛滥的青少年暴力和毒品所包围的高危儿童系列报道的一部分。《纽约时报》委派了十名记者，不惜任何时间代价，分别深入到十名儿童的生活中去。每名记者会就每名儿童所能表现出的主题给出建议。我给出的建议是"家庭",这是一个宽泛到让人恼怒且非常模糊的选题。

在寻找那些愿意让我与孩子长时间接触的父母的过程中,我走访了通用教育发展学校、职业训练班和法庭记者培训班。为了吸引尽可能多的候选人,我对这些参加成人教育的候选人提出了非常宽泛的请求:"如果你有9到12岁的孩子,我想跟你聊聊我正在写的一篇报道,关于家庭、关于现今在城市里抚养孩子有多不容易。"我到处求人,在几个星期里"面试"了很多潜在候选人,可还是没有找到合适的对象——一个有着很棒的故事,又愿意让我接触到我所需要的信息的人。终于,在一个护士培训班里——我列表里的最后一个地方——有一名迟到了的女子。她并未听到我对众人的说教,当签字表传到她手中时,她身旁另一女子对她说:"如果你有9到12岁的孩子,你就应该签字。"于是,这名女子在完全不清楚这意味着什么的情况下就签了字——她的生活将会暴露在《纽约时报》的封面上。

事后证明,安杰拉·怀特克就是我要找的人,她的儿子尼古拉斯也是理想的主人公。关于她的生活,安杰拉能够开诚布公,她善于表达,且乐于给我全面访问她孩子的机会。她的儿子尼古拉斯是一个爱思考、肩负重担的复杂人物,代表了这冷酷世界中的典型儿童。

我尽可能多地与尼古拉斯和他的家人相处,民俗学家把这叫作"参与者观察"。无论这家人每次在做什么事情,我都会参与进去,而不是提问。开始接触的第一天,我就跟他们一起在洗衣房叠袜子。

花时间做些普通的事,建立起信任,比纯粹提问更能帮助你了解你的对象。它同样还能褪去采访对象对于记者所做之事的固有印象:出现,挖掘信息,在笔记本上记下受访者说的话,并在15分钟后离开。我与这家人相处了一个月,这对叙事记者来说还很不够,但对日报记者而言已经是相当长的时间了。

我们形成了一种节奏：我总是早早地到他们家，在他们所能接受的范围内，尽可能待到最晚；我同尼古拉斯一起上四年级的课；放学后，我们常去麦当劳。我有时会想，带这些男孩去吃东西是否会改变对话情境，因为通常来说，这个时候他们还不会吃饭。记者们常常通过请对象吃饭换取对话时间，这些男孩至少也该享受到这点。也许，他们应该得到更多，因为他们给我讲了太多自己的事，让我得以做出如此深入的描写。而最终，因为我们选的是麦当劳，我们的"约会"成本很低。

作为记者，我们过分担忧做一些可能会"改变故事"的事。可我们必须承认，我们的出现本身就会"改变故事"。在生活中徒添一名记者本来就是一个非自然现象，按照定义来说，就是在短期内改变了受访者的生活。

当你花在采访对象上的时间如我一般多，就免不了会干涉受访者的生活。我的行事标准基于我如何对待自己生活中遇到的人。只要看起来符合情境，且不会在根本上改变他们的生活轨迹，我也会帮着拿点日常购物买回来的东西，或者开车送他们去商店。我们为采访对象所做的事，不应少于我们为熟人所做的事。

重点是尽快、尽量让我们在对象生活中的出现显得亲切、平常。我们必须学习所要进入世界中的微妙规则和等级制度，通过自然、人性化地顺应，找到自身的位置。

如何接近，又不至逾矩？如何在当你知道能够仅凭一通电话、一张支票就能解决一个大问题的时候，心怀同情，又不做干涉？在如此情况下，我必须接受作为记者的角色，并拒绝想要成为顾问、社工或拯救者的冲动。我把焦点集中在对象赠予我的那些隐秘的细节上，并将其倾注在报道里；把我的同情和恻隐用来专注于写作。这才是记者解决问题的应有之道。这样做造成的影响，或许比莽撞介入一时的危机要大得多。

即便采访中最困难的时刻，也会对写作有影响，比如当我想要与某人对峙，或者把孩子们藏进车里的时候。有一次，我看到尼古拉斯的妈妈打他，因为他不肯把玩具让给弟弟。虽然我特别想干预，但我必须记住，我是一名记者，而不是一名受过培训的社工。如果我出面干涉，所造成的伤害可能比帮助更大。对于我看到的东西，我不具备专业知识或权威，甚至都未完全查明情况。我必须保持信心：一篇感人的故事，能够吸引到那些真正能起到帮助作用的人，也能鞭策安杰拉有所作为。两者最后都实现了，这真令人感激，也让人松了一口气。

要真实可靠地报道人们生活中私密甚至痛苦的部分，我们对于事实必须绝对确定。真实来源于对环境和对象的全面理解。这很容易搞错。真实来源于长时间的对话，然后把你认为你听到的内容回放给采访对象。应该时常提醒自己，你并不是在支持当事人，而是帮助读者去理解那个人的实际情况。语境至关重要，缓解压力的环境因素需要解释。而语境只能通过时间才能浮现。《十岁的尼古拉斯的男子汉生活》末尾的一段是这样写的：

孩子们排成一列，还有他们的围巾、外套和腿。男孩们低下头，这样母亲还能再为他们梳理一下头发，虽然她自己上课就要迟到了。丢失的手套引起一阵骚乱，接着母亲摇了摇一瓶喷罐，在孩子们的外套上、头上、摊开的小手上来回喷洒，以庇护孩子们上学这一路，因为他们要面对这疯狂而危险的世界中的黑帮的招募者和子弹。喷在他们身上的，是一种闻起来像药房香精的宗教圣油，孩子们紧闭双眼——为了他们能够在日落时分活着并安全归来，安杰拉的喷雾持续的时间和效果总是很长。

假如那天早晨我没有早到，我永远不会看到这个家庭仪式，而这最终成了故事的核心瞬间，成了暴力在他们生活中暗暗习以为常的缩影。我在采访后期才看到这个仪式，那时候，在他们如何在暴力环境中保护自己的问题上，我已经跟他们聊过好几小时，我都准备结束采访，开始写作了。没有人提到仪式，也许是因为，这对他们来说就像每天早晨刷牙一样平常。

我明白，不要在仪式进行的时候去问他们在干什么，而只在那天晚些时候随意问了安杰拉一句，为什么她要在孩子们离开家前给他们喷雾。虽然我觉得这很奇怪，我也得谨记，如果安杰拉和她的家人进入我的世界，他们也会觉得奇怪。为什么她把那么多时间花在电脑跟前？安杰拉和我都是非裔美国人，生活的世界却完全不同。

采访对象给予我们的远比我们回馈给他们的要多。我们出版他们的故事，接着赢得升迁、同事的称赞、普利策奖；而他们只有继续生活。不过，得知故事能够改变生活和观念还是令人振奋的。在尼古拉斯的故事发表后，一位读者从纽约飞来芝加哥，给男孩们买了双层床，另一个人给他们买了台电视，人们给他们寄来衣物和玩具，密歇根一所学校的全体四年级学生给尼古拉斯写了一封信，克林顿总统也这么做了。

我也收到各地的来信，但对我来说意义最大的是一位来自华盛顿州塔科马市的先生的来电。他说："我是希腊裔美国人，一名60多岁的牙医。我一定得给你打这个电话。因为读了你的故事之后，我意识到这也是在写我。我是家里六个孩子中的长子。我不得不成为每一个人的父亲。"这位先生的来电让我明白,我成功地改变了人们对于那些看起来与自己不同的人的刻板印象。

作为叙述记者,我们的责任是双重的——既对读者,也对当事人。虽然我们的本职工作不是要去帮助故事中的人,但是,展现出我们的人性,并在恰当之时伸出援手,并没有错。这往往也是赢得时间和对他们的世界深入了解的唯一方法,这两者又恰好是为读者写出真实可靠的故事所必需的。

赢得许可

特雷西·基德尔

如果采访对象不是公众人物,那么得到他的允许和配合是我们作为写作者必须面对的最棘手的事情之一。这同时关乎法律和伦理。我努力让受访者明白我在做什么,也要让他们清楚可能会导致的后果。这是一种"米兰达警告"(Miranda Warning):你所说的一切可能会在我的书中成为不利于你的因素。

我在非常年轻的时候写了《新机器的灵魂》(*The Soul of a New Machine*)。当时,我并不知道一般人不能进入计算机公司的内部,尤其是他们设计计算机的地下室。也许这反而使事情变简单了。我想:"嗯,他们会让我进去的。"结果,他们就真的让我进去了,没有任何附加条件。之后,我才了解到,那是极不寻常的事情。

现在,发行人总会要求作者从采访对象那里获得签了字的授权书。律师们告诉我,这类授权书在侵权案件中作用有限,因为在法律中侵权是一块非常暧昧的领域,而在诽谤案件中的作用就更小了。这些授权书里通常都是这样的内容:我想怎么写你就怎么写,我可以毁掉你的名声,我会在书里这样做,等书出版了,我会免费送你一本。我的理解是,大多数法庭并不认为这是一份有效的合同。由于这些原因，我就不再向我书中出现的人索要授权了。但是，授权书仍然可以作为一件工具，帮助采访对象认真考虑他们正在接受采访这件事。

我还是会向受访者全面介绍我写他们可能会造成的后果。我试着回答他们的所有问题，后面几乎总是会谈到酬金。如果没有，我则会告诉他们："我不会为此付你钱。这必须是你出于自愿做的事。"我会在比较早期就跟受访者讲这件事，那时我还不怎么介意他们是否答应。我当然也希望他们同意，但知道自己可以在那个时间点就选择放弃这个选题也是件好事。我会在最开始自己还没任何投入的情况下就把这些问题处理掉。

真相与后果

凯瑟琳·布

作为记者，我无法避免自己的能量要比我故事中出现的人物更大。有人说，有方法可以在两者之间建立起一种平等关系，这话虽不可信，却非常可敬。你应该尽可能全面、完整地告诉受访者，在了解并发表他们的故事之后，你觉得什么会发生，或者你害怕会发生什么。我总是告诉我的采访对象，文章中可能会出现一些让他们觉得讨厌、尴尬或者希望自己从未告诉过我的内容，也许还会有一张让他们看起来很胖的照片。

如果你能让人们理解他们的故事会对社会有重要的意义，这可能会激励他们与你谈话。最好也能让他们对于你所写故事可能造成的后果做好准备。

我通常不会去写那些主动找到我，自己想要成为受访者的人。我会寻找那些还在解决眼下问题的人，那些并非生活中每件事都充满道义的人，那些还不知道最终是否会有一个幸福结局的人。这些人的故事才应该去讲。

当你写穷人时，也许没有人比你更关心最终可能会发生什么。你所在机构的律师不会担心，因为穷人不会提起诉讼；你的编辑也不会担心，只要故事足够好。道德责任落在了作者身上。在采访和写作每一篇故事的过程中，你都要做出上千个道德决定。

如果你跟所写对象住在同一个社区，这几乎是个实际生活的问题。我希望在街上走的时候，不会觉得那里有一群我亏欠过的人。有时，我的同事会跟我说："我不能去那个社区，因为我写了这篇故事……"如果你无法在故事发表后面对你的采访对象，那么你应该问问自己是否真的说出了真相。

应对危险：保护你的对象与你的故事
索尼娅·纳扎里奥[1]

在做沉浸式报道的时候，我们会看到那些境遇悲惨、遭受痛苦或处境危险的人。我们该在何时干预？我们把线划在哪里？为最坏的情况做打算是非常重要的。我花了 18 个月来报道和撰写《被天堂遗忘的孩子》，讲述一名洪都拉斯男孩非法进入美国的冒险故事。恩里克的母亲在他只有 5 岁的时候就离开了他，把他留给了家里人。11 年后，他决定自己动身，搭乘货车，一路向北，穿过墨西哥，去北卡罗来纳州寻找他的母亲。我和他一起走完了最后一段旅程，但是我必须重新构建大部分故事。我和其他移民一起坐在货车上，想要体验一下恩里克一路的见闻。

对这种身处困境中的人们的叙事性报道来说，在实地报道之前，最好尽可能多地了解信息。当我开始研究时，政府收容所主任告诉我："你这无异于自杀。"我知道，我必须做好最坏的打算。

---

[1] 索尼娅·纳扎里奥（Sonia Nazario），《洛杉矶时报》项目记者，系列文章《被天堂遗忘的孩子》（已在兰登书屋出版）赢得了许多奖项，包括普利策奖和罗伯特 F. 肯尼迪图书奖。——译者注

去墨西哥之前，我研究了火车路线。我花了几个月时间走访移民归化局（Immigration and naturalization service）监狱、洛杉矶的高中、教堂，以及沿着美国-墨西哥边界线的收容所——任何我可以找到那些艰苦跋涉的孩子的地方。我想要了解这条线路上可能存在的所有威胁。我应该去什么特别的地方？孩子们在这些地方都会遇到什么样的危险？我知道他们会面临饥饿、酷热、严寒、口渴、凶恶的警察、黑帮分子、强盗，甚至火车本身也是危险。他们从行驶中的货车车厢跳上或跳下的时候，有些孩子会因此失去胳膊和腿。我想提前了解，这一路的每个阶段，社会架构会对孩子们有哪些影响：他们能从教堂得到食物吗？医疗帮助？收容所？

我对这些具体的危险有了些了解之后，就得弄清楚如何应对它们。比如，在边界线上墨西哥的这一边，孩子们会遇到土匪，土匪会用刀刺伤他们，并抢走他们身上的钱财。我还想到，我可能必须得和这些儿童一起穿过里奥格兰德河（Rio Grande）。一般来说，穿越得克萨斯州新拉雷多（Nuevo Laredo）的河流之后，人们需要用四天时间穿过沙漠，到达圣安东尼奥。格兰德河的河面看起来非常平静，但河里却有非常危险的漩涡。近几年，好几百人都淹死在这条河里。为了避开移民归化局的人，移民者会选择在晚上穿过沙漠，而这也正好是响尾蛇出没的时间。白天，沙漠里的温度会高达45摄氏度左右，到了晚上又会变得很冷。以常人的体能，根本就不可能携带足够的水以避免脱水。

我不想冒险在没有轮胎内胎、指南针、手机、碘片与救生毯的情况下渡过这条河。问题出现了：我会让小孩子们用这些东西吗？伦理问题与法律问题纠缠在一起。我知道，如果我从一个未经允许的地点进入美国，也就是移民归化局所说的"未接受检查入境"，那我就可能犯了罪。而如果移民归化局认为我带着一名无文件证明的儿童进入美国，那么我将会被指控帮助与唆使非法入境，这可是重罪。

我想尽办法把自身危险降到最低。一位同事帮我从墨西哥总统的个人助理那里拿到了一封介绍信。这让我和我的摄影师几次免受牢狱之灾。我从火车公司得到了许可，可以坐在火车车顶上。

我和我的编辑以及一名《洛杉矶时报》的律师提前解决了很多问题。我确立的首要原则是，只有当我觉得一个孩子有迫切的危险时，才会出面干预。我将如何判断某个孩子是否会面临迫切的危险呢？有些情况很明确，孩子溺水的时候，我当然会去救；但在很多情况下，很难区分悲惨与真实危险间的差别。找出最坏的情况，有助于我提前做好准备。迫切危险的衡量标准虽然非常严苛，但也不无道理。

叙事故事必须要传达实际情况

报道者应尽可能不要去改变事件的进程。有时候，我们仅仅只是在场，什么也没做，也会改变一些事情。我坐在货车上面时，让车子停下来的警察，不会像往常一样鞭打那些移民，也不会抢劫他们。很显然，他们已经预先知道我的存在。

干预时，冒着调查对象把我们看成记者以外人员的风险

我一直提前告诉我的采访对象，我没法儿帮他们。当我在做报道的时候，如果我干预了采访对象，尤其是干预了主要人物的生活，那么他们就不能被写进我的故事里了。

我确实曾经帮助过一些面临危险的儿童。比如，加斯帕尔，12岁，被蛇头遗弃在墨西哥南部的移民滞留站里。我知道，犯罪分子经常会抢劫被送回到危地马拉边境处的儿童。加斯帕尔当时非常绝望，正在

哭泣，拉着我，要我提供帮助。我打了个电话给他在佛罗里达的叔叔，并将他叔叔的电话号码给了移民官员，以便他们能够安排加斯帕尔在危地马拉的亲戚来接他，而不是被遗弃在边境。

记者们必须自己来决定界限在哪里。我没有帮助故事的主人公恩里克。他在美国-墨西哥边境南部的新拉雷多挣扎了两个星期，才拿到钱，打电话到洪都拉斯，要到他母亲在北卡罗来纳州的电话号码。写着电话号码的那张纸被人偷走了。他只好每天洗车，一天只吃一顿饭，日子过得异常艰辛。在整个事件中，我的口袋里都揣着一部手机。我知道，我的干预会在很大程度上改变这个故事；那么，我将不得不再找另外一个主人公。不过，对我决策影响最大的，是恩里克没有陷入危险之中。

为了避免改变人物的生活，我们可能不得不向读者隐瞒一些信息

在《被天堂遗忘的孩子》的编者注中，我写道："《洛杉矶时报》决定在故事中隐瞒恩里克的姓，是为了让恩里克和他的家庭能够继续过正常人的生活，就像他们从来没有为这个故事提供信息一样。"

在采访以及起草这篇故事的初稿时，我更喜欢用恩里克的全名。我找了很久，也费了很多功夫，寻找到了一个愿意让我使用全名的调查对象。我带着英语与西班牙语版的授权书让家长们签字，授权书中说明，我可以与他们的孩子面谈，新闻报纸也可以刊登他们孩子的照片，恩里克和他的母亲都在这份授权书上签过名。

几年前，在恩里克及其母亲生活的北卡罗来纳州，就曾经出现过一个案例。当时，《罗利新闻观察报》(Raleigh News & Observer)发现了一个移民工作的地方。不久之后，移民归化局的人就出现在了那家店里，把那个人抓了起来。我找到北卡罗来纳州的这名移民归化局主管，

评估了一下他是否会想办法找到恩里克及他的母亲卢尔德。我还试图弄清他成功找到他们的概率。诺娜·耶茨是《洛杉矶时报》的一位研究员，她利用 Lexis Nexis 和 Choice Point 等数据库进行了计算机搜索。她发现，如果我们用恩里克的全名，移民归化局就很容易找到他。正因为如此，我们决定不用他的全名。

我们还从故事中拿掉了其他一些细节，比如他们出发的那个洪都拉斯小镇，以及卢尔德从事的工作类型，因为这些细节可能会给移民归化局提供线索。同时，我们也做了很多工作来提高这个故事的可信度。我见证了恩里克之旅的一部分，我也采访了恩里克旅途中其余的同路人。我用全名来记录他们。我还将那些姓与恩里克不一样的家人的全名放进了故事中。

我们甚至调整了故事某些部分的顺序，以增强读者的信心。在第二部分一开始的地方，恩里克在货车顶上遭到了殴打。他必须跳车逃跑。他爬到了一棵杧果树下，昏了过去。醒来之后，他走到镇上。小镇的人看到他衣服被扯掉，浑身是血。镇长、镇长的司机与一名医生帮助了他。我跟这些人都谈过话，印证恩里克的故事。在早期的草稿中，第二部分是从恩里克挨揍的故事开始讲起的。我的编辑建议从镇民们的证词开始，因为他们看到了恩里克挨打之后的样子，他们的话非常可信，我还可以使用他们的全名。

在《被天堂遗忘的孩子》发表之后的几周里，我们至少接到了 1000 个电话与电子邮件。我们的目的是告诉人们移民状况的变化、移民们的艰辛，以及人们因为太穷而冒着生命危险逃离贫穷的事实。我们也希望读者能思考一下我们在边境所设立的大量移民归化局机构，就是他们要把正在找母亲的 11 岁的孩子遣送回去。

1997 年，南加利福尼亚州立大学一份关于移民保姆的研究表明，

82% 的保姆都有至少一个孩子留在她们的祖国。在像洛杉矶这样的城市里，移民经常被妖魔化，新闻报纸的公共使命中非常重要的一部分，就是让大家认识到他们也是人。

任何报道这类故事的人都会目睹伤害。这是叙事性报道中不可或缺的一部分。我们必须权衡孩子受到的伤害与见证现实并有力地将其传达给读者的益处。像《被天堂遗忘的孩子》这样的故事，可以激励我们的读者更多地思考这些问题，并采取相应的措施。作为叙事记者，我们必须努力写出最能打动人心的故事。这是我们的使命，也是我们唯一能做的事情。

沉浸式新闻的两难困境
安妮·赫尔

几年前，我去肯塔基州报道福利改革方面的问题。我去的那个县城，60% 以上的居民都接受过政府资助，34% 的人都靠福利度日。福利政策很快就要结束了，人们将会面临一种全新的生活方式。

我找到了一个家庭来写。这家人真的一贫如洗，活在贫困线的边缘。格雷西娅和特里夫妻与他们的两个孩子住在山谷的尽头。所有东西都坏了。他们偶尔会在烟草地里做些农活，偶尔也有一些其他的零活。他们基本上靠残疾人补充保障收入、福利以及 WIC（妇幼营养补助计划）等政府资助度日，但日子仍难以为继。

我对他们的采访一共持续了三周。我先跟他们待了一周时间，之后回到佛罗里达圣彼得斯堡一周，后来又回到了肯塔基。在我第二次拜访的时候，也就是月末，他们已经快撑不住了。

在我到访之后的第二天，他们的小孩雅奎琳发烧了，急需医治。当我和摄影师看着他们时，格雷西娅正在给孩子扇风。他们掏不起油钱开车去看医生。他们看着60米外我们租来的那辆车。我当然感受到伦理困境：要不要用我们的车送他们去医院？

不。我决定先等等，什么也没说。我到这里的目的，是为了报道生活在边缘的人们。如果作为偶然来访者的我解决了他们的问题，那么这个故事就不再真实了。作为一名新闻工作者，改变现状似乎颇为不妥。

时间在流逝。我和摄影师仍在等待，尽管这对父母亲希望我们能带他们去看医生的意图越来越明显。我开始想：我为什么要干这份工作？这份工作糟透了。我想把笔记本放下来，放弃记者的身份，去照顾那个小孩。摄影师和我决定再等15分钟。这个故事的目的，是为了问这样一个问题：当政府资助停止时，会发生什么？人们该怎么办？

特里走到拖车里，拿出了一把猎枪，到邻居那里抵押了20美元，带着孩子去了医院。

现在看来，如果我带着他们的孩子去了医院，问题就解决了。但是，看着他们在危急关头是如何挺过来的，也非常重要。这对他们来说，并不是一时之事，而是几乎每个月都需要面对的问题。这就是生活在边缘的特点。最终，雅奎琳事件并没有破坏我和这个家庭之间的友好关系。如果孩子的境况更凶险一些，如果到了我们必须要带她去看医生的地步，那么我当然会扔掉我的笔记本，开车送他们去医院。

没有办法避免这类困境。不过，在工作开始之前，你就必须告诉你的调查对象："我只是到这里来观察的。我会尽可能待在背景之中。"这种方法并非一定管用，但它可以划出一条界线。新闻工作者有非常严格的行为准则。它与写一本书或者其他类型的非虚构作品不同，那会有更多的给予与索取。报纸作者必须设定更加明确的界线。只要我们在写关于他们的故事，就不能付钱给他们，或者为他们的大学奖学金捐资，或者给他们一点钱，让他们的日子可以好过一点。这让我们这些记者能够更加自由地去研究与探索。我们必须坚守基本的框架，告诉自己，我到这里是来工作的。

个人写作中的伦理
德布拉·迪克森

我的记者生涯是从为哈佛法学院的学生报纸《记录》(*The Record*)写稿开始的。我把当时的很多事件，所有的谈话与辩论，都对应到人们的真实生活中去。哈佛法学院的很多人都不是这样的，他们整天待在办公室里，从来都不到外面去。一开始，我写我的家庭，比如那个乱糟糟的暑假，我花了一半时间为一家很有名的法律公司打工，而另外一半时间则帮助我的妹妹想办法避免被房东赶出门。

我于1995年7月毕业于哈佛法学院。在完成律师资格考试后的第二天，我16岁的外甥遭到枪击。我的世界又一次崩溃了：我推掉了几个年薪10万美元的工作，而我的外甥莫名其妙地背后中了一枪。我前往北卡罗来纳，每天都跟我的外甥待在一起。枪击发生的两周后，在一个儿童康复病房里，我的外甥开始明白，他这辈子都没法儿走路了——没有人跟他提过这件事情。他一直是一名模范病人，但他最终还是承受不了了。他开始发脾气，尖叫："为什么？为什么是我？"

我得一直跟他待在一起，不能离开病房。我拿出笔记本电脑，我需要宣泄。我整天坐在病房里，写完了文章。这篇文章最终在《新共和》(*The New Republic*)上发表，题为《谁枪击了约翰尼？》(Who Shot Johnny？)，文章的第二段写道：

在家门口与他的朋友聊天时，约翰尼看到了一辆汽车，他以为自己认识这辆车。他激动地挥着手，双手在空中舞动着，整个身体看起来就像是一个Y字。这是他的标志性动作。发现对方没有反应，他和朋友们就沿着马路闲逛，看见公寓门口有一群人在闲聊，就跟他们聊了起来。那辆车也跟了过来。司机下了车，手里拿着一把左轮手枪，朝着空中放了一枪。人们四处逃散。接着，他开始寻找目标，朝着正在跑的我外甥后背开了一枪。约翰尼没有晕过去。他躺在马路上，想要弄清楚自己到底怎么了，为什么无法从地上起来。面对询问，他平静地一遍又一遍诉说着这个故事，但又一脸歉意地坚决拒绝补充遗漏的细节，虽然细节有助于枪击案的调查，没有细节对他不利。作为一名黑人男子，又被枪击，那么他显然与犯罪团伙或者吸毒有关，也可能与这两者都有关系。有目击证人证实了他说的情节。

我只用了四小时就写完了草稿，但我感觉就像花了几年时间一样。一周以后，我认为我写完了这篇文章。一天晚上，我在医院待了一整天，筋疲力尽地躺在床上，我的脑海中瞬间浮现出最后两段话：

一个人孤独地躺在马路上，身上不停地流血，下身瘫痪，动弹不得，但他的意识却非常清醒。约翰尼无助地躺在那里，看着可能要杀他的凶手走过来，跟他说："相信你再也不会挥手了……"

他腰部以上都是好的。你就是什么事都干不好,对吧?

过了几年,我决定弄清楚枪击我外甥的凶手能把什么事干好。我从《谈话杂志》(*Talk Magazine*)接到了一个跟踪报道这名凶手的任务。我在传讯室见了他。他个子矮小,穿着橘色的连体裤,一副魂不守舍的样子。我想知道他为什么要朝我外甥开枪。

这听起来很奇怪,但是,我把《谈话杂志》的工作当作了一个家庭故事。有些非作家朋友认为,我写这个朝我外甥开枪并致他半身瘫痪的凶手,是一种残酷的关系利用。他们无法理解这件事积极的一面。要写自己的生活、家庭、朋友,就必须要接受利用自己、利用他人。要写你自己以及你生活中的人,那么就必须部分地接受你就是一个混蛋。你必须面对并理解你自己内心的恶魔。

枪击我外甥的凶手名叫戴尔·巴林杰,他和我的外甥一样都没有父亲。如果巴林杰在生活中也跟我的外甥一样还有别的家人,那么他可能就不会变得如此易怒。他入狱的时候只有18岁,有6个孩子,是北卡罗来纳州臭名昭著的毒贩之一。

我必须咬紧牙关才能够写完这个故事。这是成为这种混蛋必须承受的另外一面。为了跟踪报道狱中的戴尔,我不能说我是一名记者。我跟他的监狱教官说,我是他家人的朋友。当我见到戴尔的时候,我跟他说了,我是一名记者。但我告诉他,我是通过犯罪司法系统随机抽到他的,是为了跟踪报道年轻的黑人罪犯。

作为新闻记者,我们都知道,人们会告诉你一些他们不应该告诉你的事情。戴尔·巴林杰不明白什么是对他有利的。他跟我说的话可以让他再多坐几年牢。但我是为读者工作的,而不是警察。我在这一点上非常纠结。我身体里律师与公民的那部分认为,记录下他的全部经历义不容辞，但因为没有人做过对他有利的事，所以我决定这一切都扯平了。警察完全可以花更少的力气掌握我目前为止了解到的信息，如果他们真的在意的话。

我成了一名写自己生活中各种麻烦的作家。如果我之前成熟到可以在情绪与情感上应付这些事情，那么我可能不会渴望成为一名作家。长大之后，我一直都认为我有一个非常糟糕的父亲。也是从那时起，我开始意识到，要当我这样的女儿的父母，是有多么不容易，因为我是一个非常挑剔的孩子，总有问不完的问题。我的父亲牺牲了一切让我接受教育，并给了我机会，我却利用这点来使他觉得自己很愚蠢。当时，我觉得他活该；现在，我意识到自己很怕他。我不是一名被动的牺牲者；我和我的父亲是在跳同一支舞，我们都在彼此的生活中扮演着角色。在认清这个事实之前，我无法写下关于他的故事。

在我的回忆录《美国故事》中，我详细写的只有我的父亲、母亲和兄弟。我模糊处理了其他人的具体细节。我面临着每一位回忆录作者都会面临的复杂的伦理问题：你会让他们读你的草稿吗？我几乎从来不会。但这一次，我确实让我的母亲、兄弟还有我最亲的姐妹读了回忆录的草稿。当我的写作快要结束的时候，我让他们看了我的草稿，我跟他们说："告诉我，你们觉得哪里不舒服，我会再考虑一下。"我没有给出任何承诺。会困扰他人的事情，远超出你的想象。你可以花两页篇幅去描述某个人酗酒，但让别人感到困扰的却是提到了他们的鞋子很脏。

我有个姐妹不喜欢我在文章里使用方言。比如，我家会用"Boy, you better git gone"（孩子，你最好给我走开），还有"I mighta would"（我可能会吧）这样的话。如果用人们实际说话的方式来写，就会有人说你居高临下。我倒认为，觉得别人说话的表达方式有问题才是真的居高临下。文章里，我母亲的说话方式就是她从小学会的说话方式，我想准确地再现她的用词。

我决定给家人看我的草稿，是因为我确信，出于种种原因，我对他们的忠诚超过了我对新闻报道的忠诚。当然，当我以新闻报道的形式写作时，我也接受了新闻报道的规则。作为一名作者，我的忠诚是非常复杂的。我对采访对象、国家、技艺以及家庭都很忠诚。对我来说，回到我写的人们那里，面对他们，倾听他们的想法，非常重要。

争取自由：真相的伦理
朗·翁[1]

在我的成长环境里，女生应该说话温柔，用脚尖走路，就像在飞一样。然而，我却喜欢穿着靴子咚咚咚地走路，就像一头快渴死的母牛——我的母亲就是这么形容我的。我10岁的时候，作为战争难民，离开柬埔寨来到了美国。25年后，当我再次回到柬埔寨时，我发现自己又变回了那个恬静的高棉女孩。男人们坐在桌边高谈阔论，我却在旁边一言不发，以示对兄长们的尊重，哪怕我认为他说的话有性别歧视。

我的第一本书《他们先杀死了我父亲：一个柬埔寨女儿的回忆》

---

[1] 朗·翁（Loung Ung），柬埔寨战争的幸存者，畅销书《他们先杀死了我父亲》（被译为12种语言）和《幸运的孩子》的作者，"无地雷世界运动"（Campaign for a Landmine Free World）的发言人。——译者注

(*First They Killed My Father: A Daughter of Cambodia Remembers*)，就是我作为一名柬埔寨裔美国女性拥有自由的见证。我没有对我的经历缄口不言，相反，我敞开了心扉，流下了眼泪。有些高棉人告诉我，让死者安息吧，但死者不愿意回归尘土，被人们所遗忘。所以，我才写下他们的故事。

我的第二本书《幸运的孩子：一个柬埔寨女儿与姐妹重聚》(*Lucky Child: A Daughter of Cambodia Reunites with the Sister she Left Behind*)，是我和我姐姐齐欧两个生命的平行故事。齐欧一直生活在柬埔寨。这本书讲述的是我们失散15年的故事。我从1980年离开，一直到1995年回到柬埔寨。自从第一次回去之后，我已经回去过25次。一些普遍真理，以及我们曾一起度过的孩提时代，将我们两个绑在了一起。

在《幸运的孩子》中，我把姐姐的故事当成我自己的故事，这是个富有想象力的假设。我这么想，是因为她的生活本来可能就是我的生活。从我们最年长的兄弟门决定离开柬埔寨前往美国的那一刻起，我们就都知道，他只能带一个兄弟姐妹离开。他选择了我。如果他选择了我的姐姐，那么我现在过的就是齐欧的生活：不识字，也不会写，18岁时就被父母包办了婚姻，是五个孩子的母亲，生活在一个没有电，也没有自来水的小村子里。

我担心《幸运的孩子》会因为双重叙述受到非议。但事实上，它没有引起任何争议。我想，有部分原因是该书详细的前言部分。

我从齐欧的角度写了她的故事，就像我亲眼见过她的生活一样。《幸运的孩子》的前言向读者解释了我的研究过程。我在前言中写道："因为我没有在那里亲眼看见齐欧的生活，因此这本书是在与她无数次的对话，与家庭成员及邻居的面谈，以及许多次重走旧时路和追忆之后，我所能做到的最佳整合……这就是我们的故事：我的故事正如我记忆中,她的则如她对我讲述的那样。"

我同样加上了一条声明,以解释我在书中对时间的运用:

在美国,我可以用日程表、工作记录、日记、家庭作业、闹钟、日历等工具帮我记录我个人生命的进程。在村子里,齐欧并没有这些东西。相反,她的日子是从一天流向另一天,从一个收割季流向下一个收割季,只是用日出日落,斗转星移,以及翁家新一代人的出生来记录。因此,我就需要尽我最大的努力去"猜测"标志着她生活的时间与事件。

《幸运的孩子》前言中还解释了,为了写这本书,需要进行一个多层的翻译过程。我不仅翻译了齐欧的柬埔寨语和中文,还翻译了她所处的中国-柬埔寨文化。我不仅将它译成英语,还将它以书籍的形式呈现。柬埔寨的故事传统是口述历史,而不是出版书籍。

在柬埔寨文化中,即便是对个人写作这一概念的理解也是不一样的。美国是一个非常个人主义的地方:我做了这个,我看见这个,我实现了这个。而我在长大过程中总是这样想:这是我的家庭完成的,而不是"这是我自己完成的"。我的成就都与家庭分享。《幸运的孩子》从一开始就是我们的集体成果。

有些人可能对我用我姐姐的口吻讲故事感到惊愕,但我相信,她的声音值得倾听。我尽可能准确地展现它,不去介入,并向读者解释这个过程。移民到美国的人过去都喜欢掩饰他们的历史,忘记他们的语言,放弃他们的传统。很多人都在努力被同化,直到从前的自己只留下一点点印记。现在不再是这样了。随着全世界的人来到美国,他们也改变了美国的文学。

为什么我姐姐的生活就应该湮没无闻呢？仅仅因为她不认字或者不能写英语、柬埔寨语或者中文吗？我的书是回忆录，不是新闻报道。回忆录是回忆的集合，而不是自传或者传记。我写它们，是因为我希望读者能够行动起来。我之所以能够写这些书，甚至说，我能够活下来，多亏了对东南亚战争采取行动的人们。记者们报道了难民营中的生活，鼓励美国人收留像我一样的战争孤儿，我对此非常感激。然而，太长时间以来，记者们都在讲述我们的故事，真正过着这些生活的人们也应该讲述他们的生活。手机、短信与互联网都在改变很多事情。一般来说，柬埔寨、印度和危地马拉的妇女们是没有机会接触世界的。但是，有些人现在有这个机会了。

出处的伦理
罗伊·彼得·克拉克

在过去的几年里，叙事性新闻的出处及源头经受了严格的审查。尽管大部分因为捏造事实而丢了饭碗的记者从来不写叙事性文章，但这类报道的标准还是明显提高了。审查的部分驱动原因是包括普利策在内的很多奖项的奖励规则，评委们不想因为某个很好的故事被曝光是虚构的而感到尴尬。

1998年普利策特稿写作奖获奖作品是《圣彼得堡时报》的托马斯·弗伦奇撰写的《天使和魔鬼》。这个系列报道讲的是一个谋杀了三个人的凶手，这也是佛罗里达最近几年发生的大案。当时，来自俄亥俄州农场的一位母亲和两个女儿正在佛罗里达度假。她们去了迪士尼乐园，然后又去了墨西哥湾。她们应邀坐上了一艘由一名男子驾驶的小船。男子强奸了她们，在她们脖子上绑了煤渣砖，扔到了海里。托马斯·弗伦奇的系列报道描述了凶手的罪行、司法部门的长期追查，还有对凶手的审判过程。以下是在俄亥俄州举行的几位女性葬礼的一个场景：

抬棺人占了四排长凳。

尽管是六月的中旬，但是葬礼当天刮着风，很冷，整个天空灰蒙蒙的。锡安路德教堂（Zion Lutheran）里都是人，前来吊唁的人非常多，挤满了教堂的地下室与大厅。这座教堂是一座非常雄伟的哥特式建筑，红砖墙，绿尖顶，高高地耸立在农场上。教堂外的道路两边停着电视新闻小组的面包车和卡车。记者们不被允许进入教堂，所以他们都在道路两边等着，手里拿着麦克风，眼睛在看相机。哈尔·罗杰斯路过时数了一下，一共有12位新闻工作人员。

……当哈尔抵达教堂时，棺材抬到了最前面，每个棺材都铺满了鲜花，还饰有一些装帧过的照片。乔的照片是高中时期的，她看起来像是度过了一段美好的时光；米歇尔的照片是小学时照的，她戴着粉框眼镜，朝着相机微笑；克里斯特的照片也是一张学生照……

葬礼开始了。会众唱起了《你真伟大》。布道的时候，牧师大声问出了很多人心中的问题：上帝怎么可以允许这样的事情发生？在坦帕湾，当乔、米歇尔与克里斯特为她们的生命祈祷的那一晚，上帝在哪里……

"你没有看到吗？"牧师说，他的声音提高了，"你难道没有看到耶稣有多爱乔、米歇尔和克里斯特吗？难道你没看到耶稣有多爱你吗？当上帝看到我们心中的痛楚、忧伤与悲痛时，他会怎么想？"

整个教堂都非常安静,外面传来了麻雀叽叽喳喳的声音。

托马斯·弗伦奇并没有出席葬礼。实际上,葬礼是在他写这起谋杀案的几年前举行的。为了重建当时的场景,他去了俄亥俄州,去了教堂,找了很多当时参加了葬礼的人打听情况。有几位带他参观了教堂,告诉他人们坐在什么地方,他们做了什么,穿了什么样的衣服,听了牧师的话之后是什么样的反应。他借到一盘当时的录音带,听到了牧师当时到底是怎么说的,他的语调是什么样的,还有人们哭泣的声音,教堂外的鸟叫声。他还让当地的鸟类专家来识别鸟的声音。

有些人可能认为,他应该在文字中说明他虽然没有在场,但拿到了葬礼的录音。或者这个故事应该增加一个编者注。网络版的故事中确实包含了一个解释框:

本报撰稿人托马斯·弗伦奇在与哈尔·罗杰斯及其他家庭成员、侦探、公诉人以及其他本案中所牵涉的人员交谈之后收集了该系列报道的信息。此外,还从4000多页的警察报告、法院文件以及其他记录中搜集了一些信息。有些引言与场景是记者或者摄影师亲眼见证的,有些是摘自警察的报告或者官方诉讼的记录,而其他一些信息的根据则是人们的回忆。

有些人认为这类备注没有必要。问题不在于记者是否在场,关键在于材料是否真实。托马斯·弗伦奇必须要确信,他写出的葬礼反映的是当时的情境。他的编辑需要做一些审问式的工作———一场编辑与作者之间的会议,问题诸如:你怎么可以确定它是一只麻雀?你是否检查过所有可以拿到的照片?托马斯及其编辑也必须要讨论报纸与其读者之间应该有多大的透明度。

叙事性报道为什么会有如此高的标准？因为大量新闻文章都是关于事件的重建。体育赛事的报道，可能是新闻工作里记者唯一可以真正见证大部分事件的。作者和编辑比读者更关注重建事件的出处问题。据我所知，《圣彼得堡时报》的读者没有人投诉过上述场景。

新闻报纸必须随着标准的提高，相应地提高对自身的要求。"方法段"——一小段能够向读者介绍报道方法的概述文字，已经变得越来越普遍，它提供了关于某篇文章或者系列报道的简短元叙事。

网站也可以提供非常详细的出处。"黑鹰坠落"（Black Hawk Down）的网站（http://inquirer.philly.com/packages/somalia）不仅注明了信息来源，还提供了一些原始材料及档案，供读者更加深入地挖掘。这个系列在《费城问询报》上连续刊载了29天。甚至马克·鲍登系列作品在发表时，故事中的一些士兵及其他人员也都会利用网站来追踪这个系列，并提供更多的信息。他们参与进来，几乎成了故事讲述过程中的辅助记者。

更细致地注意信息的来源可以加深作者与读者之间的关系，还可以让读者与调查对象有机会更加深刻地理解故事讲述的过程。

要不要尾注？

索尼娅·纳扎里奥

《洛杉矶时报》2002年系列报道《被天堂遗忘的孩子》中，我对尾注的使用是有所保留的。我认为，使用尾注会让报纸看起来非常有防御性。我还担心，它们可能会给今后叙事性故事的出处标注开一个先例。现在报纸上专门用于报道新闻的篇幅变得非常有限，我不确定是否真的应该为尾注留这么多空间。人们想从报纸上获得什么呢？

事实证明，读者非常欣赏尾注的透明度，他们喜欢能够看到系列报道中所有信息的来源。令人意外的是，他们会用尾注来跟踪报道过程。他们会阅读尾注来了解我做了哪些工作——我是如何搭乘墨西哥的火车的，我采访了谁。我从来都没有想过人们会把尾注用于这个目的。

尼古拉斯·莱曼

书籍和报纸、杂志不一样，人们一般不会为了准确性对它进行编辑或审核。书籍不验证事实。很多记者在写了第一本书之后，都被业内已经熟知的这个事实震惊了。就我的经验而言，大部分的书籍出版商都对这种震惊感到惊讶。书籍出版商的工作，本质上来说，就是包装现有的文本，然后出售给公众。尽管他们可能不会公开承认，但是书籍出版商看起来更多的是把他们自己想成文本的承办商，而不是制造商、转让人或者塑造者。就信息的核实与落实标准而言，书籍的出版商根本就不具备报纸和杂志拥有的资源。

与此同时，书籍又为我们提供了最值得回忆也是最好的叙事性非虚构故事。因为书籍比杂志或者报纸更容易保存，出处的伦理问题也就变得更加复杂。各种类型的注释是说明作者如何取得这些材料的方法，对叙事性非虚构作品的完整性来说非常重要。然而，脚注经常会妨碍一般读者，就像告诉读者别再读了一样。同时，那种总在字里行间提及出处的新闻学院风格，会对叙事有破坏性。我发现，最好的解决方案是在书的结尾处添加注释部分。尾注可以让你将传统脚注中的所有材料都包括在里面，又不破坏叙事的进程。我鼓励叙事作者们采用这种方法。

第七章 □ 编辑

王宇光 / 译

引子

优秀的作者会对作品的每个元素精雕细琢,包括字里行间的联系。在这个小心翼翼的过程中,作者几乎不可能退回去,像初次接触这部作品的读者那样审视文本。在写作时,作者需要对文字、近似的观点、人物的动机,以及可能出现的场景间的细微差别有特写般的理解。但对编辑来说,他必须以全新的视角来面对文本,设身于读者第一次读到文本的感受,然后让文章的各部分能够协同起来。

如果说作者需要编辑,那么读者也同样需要。编辑是读者专业性的代表。他谨慎地介入作者忙碌的创作过程,他删减文字正如他欣赏这些文字,他调整文字位置,都是为了增强文章的总体设计。对编辑工作来说,有时最困难的部分是继续信赖作者,哪怕所面对的半成品已经出现了典型的章法杂乱、次序不明和轻率粗心的问题。特别是在新闻编辑部,紧张的截稿日期和机构的惯例也常常会限制写作的抱负。因此,对一个健全的编辑流程来说,编辑的信任和耐心不可或缺。

为什么编辑和作者的关系总是让人觉得比较紧张?每年春天尼曼研讨会的成员们聚在一起,都要花费大量时间讨论这个特别的问题。编辑们抱怨说自己收到的故事脉络像是一团乱麻。不过,乔恩·富兰克林站在作者的立场上给出了回应:"作者中的大部分人第一次都会尝试写下尽可能多的事情,管他是开车、骑车还是爱情,成了一锅大杂烩。在我作家生涯的早期,我曾交给编辑一份稿子,他说这就是垃圾。我不是说他说的不对,但这么说并没有什么帮助。好的叙事作品需要作者和编辑之间建立起一种能起到滋养作用的关系。"

叙事作品的编辑和杂志、报纸的编辑有本质上的不同。在这个过程中,故事的核心往往到了编辑工作非常深入的时候仍不明确。作者和编辑在每一页上花费的反复沟通的时间要远远超过其他文体。

《华盛顿邮报》的获奖叙事作家安妮·赫尔说:"与我的编辑一起修改

稿子就像是一场虐恋。我不希望被无条件地喜爱,我希望明白自己的稿子哪里有问题,这样我才能知道怎么改进。"好编辑是个宝。没有好编辑,作者只能自己当自己的编辑,在那些笨拙而马虎的编辑手下保护自己的作品。

第一稿的编辑,如果删得比留得多,可能意味着编辑对叙述结构有误解,但也可能意味着一次高质量的编辑工作的开始。由于稿子里的杂冗都被清除,你可以在剩下的文本中找出一些漂亮的段落以及合理结构等因素。在多次修改、编辑和梳理工作完成之后,经常会出现一个难得但神奇的写作时刻:你忽然看到了整体结构。为此,你已经付出了艰苦的努力,但它依然看上去好像是刚刚出现,并且形态完整。不管怎么说,它最终出现了,故事明确的条理、目的、主题以及结局,而编辑的帮助通常是决定性的。

脑海里有了这种明确的认识,你可以在最后完成一次令人信服的收尾工作:你知道通过什么可以提升这个故事,什么是多余的。完成这些之后,作者和编辑可以共同庆祝了——如果两人还没闹掰的话。在这一章里,五位作者和三位编辑讲述了编辑的过程,并为建立和维系有效的合作关系提供了建议。

马克·克雷默,温迪·考尔

谈风格
埃米莉·希斯坦德[1]

"好吧,就这么写,但我有种感觉,好像我的衬裙露出来了。"

1　埃米莉·希斯坦德(Emily Hiestand),作家,摄影师,作品曾发表于《大西洋月刊》《佐治亚评论》和《纽约客》,获得过国家杂志奖、手推车奖和怀丁作家奖。——译者注

一位经验丰富的记者给《猎户座》(Orion)杂志写文章时,给我发来了这条可爱的信息。我是她的编辑,主题是都市自然,作者同意加进更多个人思索和感觉细节后,写了这句话。她的报道是一流的,但也习惯性地回避表达自己对世界的独特观察。而《猎户座》看重个人化的声音,我在那儿工作的一大乐趣就是允许记者在个人化写作的广阔领域里自由发挥。

我回她:"祝愉快!记住,个人化和私人化不一样。看看会怎么样吧。"随后几周,她的叙述中出现了下面这些内容:1955年前后,中央公园的斑点西卡莫槭树;作者的叔叔亚伯拉罕在布鲁克林家厨房里吃自己种的西红柿;冬天的无花果树裹上粗麻布抗寒;还有一首砾岩的颂歌——这种组合岩只出现在摩洛哥和波士顿,是古代地质联系的一个证据。她的文章里散落着回忆的温暖、有力的细节以及睿智的风趣,十分好看。

有许多办法可以写得好看。一种是写出好看的风格——语言注意质感、音调、意象、音乐性和语词间的呼应。诗人德里克·沃尔科特(Derek Walcott)告诉学生,语言要如水般清澈,要完整得能看出诗歌中的天气。和诗人一样,散文家也会留心那些寓意于独特语言中的方式。说到底,散文的风格是完整自我的表达,和自我一样拒绝被分解;但可以命名和探索风格的各个方面。以下我写出对此的若干想法,但有点战战兢兢,因为E. B. 怀特这样的大师都说,"这里,我们离开了坚实的地面"。我的第一个建议,也是最自信的建议,就是把威廉·斯特伦克和E. B. 怀特的《风格的要素》(The Elements of Style)始终放在手边。

让想法寓于语言的性质之中

语言不是运送"想法"的传输带,而是和想法合为一体。诗人——

语言实验室里从事纯粹研究的科学家——会说语言和想法完全是一回事。即便在散文里，无论语词想传达什么，语言的性质本身也是强力的信号。成语，顿挫，语言的纤微倦怠，都暗暗传递讯息，经常和明显的讯息同样强烈。想法和语言的联系会无意识地涌现；我在自己的文章里提到，写人生转折点时，一个庄重而铿锵的声音——长句子和平静的节奏——出现在文章里，写汽车氖灯配件的文字则有一种闪亮的感觉。作者的声音当然带着签名，不同作品的语调变化也非见风使舵。那是同一个声音的变调，代表着我们用语言进入各种想法、探索各种主题的能力。

比如亨利·詹姆斯，许多读者都有这样的体会：读詹姆斯的叙事作品时，晕头转向地读了好多页才发现，除了伊莎贝尔·阿切尔动了动手臂，其他什么都没发生。然而，房间里每一个可能的心理波动都被记录了下来。詹姆斯探索意识的地貌，解析交流的密度和回响，连简短的交流也不放过。读了他的作品，我们会注意到自己内心生活的更多微妙之处。詹姆斯的语言，和他的主题一样，也是复杂的：随着观察渐次展开，句子缠绕舒卷，动词迟迟不露面。正是以这种方式，以其风格，詹姆斯扩展了读者的感知能力。

复原磨损的语词

诗人乔治·斯塔巴克（George Starbuck）经常劝告学生，"用让你皱眉头的词。"斯塔巴克希望，诗歌的学徒能跟陈词滥调以及其他被用得俗烂的语言搏斗，因为诗人的责任是让词语重返文化——拯救迷失和被玷污的词语，赋予其新的面貌。同样，散文家自由地徜徉在全部词语和言语之中，探索正式的、口语的和过时的词语，也探索工程师、神经科医生和小青年的独门用语。简明的词当然优先于古怪的，但罕见的词跳出来时，也要考虑它们。最时兴的词义只是浮光掠影；随便看看《牛津英语词典》的词条，每个词都是一个历史仓库。

上一门艺术课

想要让自己的眼睛捕捉到更多细节，可以去上一门艺术课。艺术生学的东西，很多是如何去看：如何摆脱我们为了生活方便而形成的抽象的先入之见和各种简化，然后再去看世界。视觉定见是极必要的速记符号（火车，女招待，牙齿），但也成了阻碍新鲜感触的牢笼。要去画或雕刻某物，就必须用心灵的眼睛再看一遍。看得恰当时，桥栏的锈斑不再丑陋，有微妙的色彩，像一片棕色的毛皮，或一幅罗斯科的画——可直接流进语言的视觉洞见。类似的，即便我们没有野心写诗，许多韵律的考虑——一个个音节的声音、韵脚和呼吸的感觉——也能激活散文写作。

使用具体的细节

我们当然喜欢包含具体细节的生动写作，因为感官的经验使心灵生长，也因为智性有如此多的面向。推崇感觉的写作——表现湖面游荡的水烟、冰凉的李子、风扇的旋转——跳动的不只是逻辑心灵，还有视觉的、身体的和感情的心灵。富于感官体验的写作唤醒意识的完整光谱，唤醒认知的多种方式。这也是对读者的尊重，是"展现，别说教"这句老话的核心。

控制步调

叙事文章可以开门见山，或徐徐步入热情，或在各种活力通道里移动回响。步调可与主题一致——极缓慢地写难捱的悲伤——也可与主题相反。一篇文章里通常有两种力起作用：向前的运动（发生了这件事，于是那样）和停留感。停留仿佛是抛下一个意义和乐趣的测深锤。就像塞隆尼斯·蒙克[1]用十几个小节探测一个乐句的一隅，然后再次前行。阅读叙事文章时，我们喜欢前行的宽慰；如果作者很棒，我们也乐意品味离题、语言的重复和持续的沉浸。

形式试验

文章的一个好处是，不受诸如好莱坞剧本的情节套路或传统新闻的倒金字塔结构等限制。文章是弹性的，适于冒险和探索。非虚构写作的各种形式间有明显的差异，但都结合了事实的力量和风格的乐趣。文章可选用不同的形式，而且同一篇文章可以同时具有短篇小说、报告文学和传记的特点。叙事记者可以使用所有这些形式。

故事本身就意味着这个世界是有秩序的，这多么有魅力。但我们对过往的了解并不完善，对未来则不确定。生命的规律也是基于动态变化的；地球本身的演化都有着充满创造性的开放式结局，既非循规蹈矩，也非无序，而是在演化着的形式中不断创造。所以，讲故事也需要进行结构的实验，为新的思考和存在方式创造空间。也许，叙事和科学一样，同时是大胆的和谦卑的——提供暂时的真相；其实是在说：这是目前我们根据有限的知识能讲的最好的故事。

培育自己的风格

《午夜旋律》（*Round Midnight*）是贝特朗·塔韦尼耶（Bertrand

---

[1] 塞隆尼斯·蒙克（斯费尔）（Thelonious Monk），美国爵士乐作曲家、钢琴家。比波普爵士乐创始人之一，大大促进了冷爵士乐的发展。蒙克的作品具有和声进行不同寻常、采用不和谐音、节奏和即兴演奏复杂的特点。他的《午夜圆舞曲》《忧郁的修道士》《恢复正常》以及《露比，我亲爱的》等多部作品，已成为爵士乐经典之作。——译者注

Tavernier）1986年拍摄的一部充满忧思的电影。其中，著名爵士乐手德克斯特·戈登扮演萨克斯乐手戴尔·特纳。这个角色塑造的基础是两位真实的音乐家，巴德·鲍威尔（Bud Powell）和莱斯特·扬（Lester Young），以及他们在"蓝色音符"酒吧的岁月。电影的重心可能是这一幕：戈登站在巴黎寓所的窗前，跟一个年轻的乐迷和有抱负的音乐家交谈。戈登用上了年纪和艰辛生活的沉重嗓音告诉年轻人风格的实质："不是走出门，某天在某棵树上挑一个风格，那棵树已经在你里面。它正自然地在你的身体里面生长。"

这不是说就不用学习了。对人类而言，学习是自然的。注意，这位爵士乐手说的是树正在生长。风格和技术不只是表达的工具（把道德的、智性的和感情的反应转化为词语），还是学习的工具。作者一生与技艺和风格的纠缠，是一种可观的、有时间分量的努力，探索我们思考和在乎的事情——我们是谁。

作者和编辑的对话
简·温伯恩，莉萨·波拉克[1]

有时候，编辑和作者会成为彼此的噩梦：作者超过截稿日期，让编辑手忙脚乱，编辑不断要求作者报告进度和重写（不改变截稿日期）；

---

[1] 莉萨·波拉克（Lisa Pollak），公共电台节目《美国生活》的制作人，此前曾为《巴尔的摩太阳报》和《新闻与观察》的特稿作者，1994年厄尼·派尔人文关怀写作奖和1997年普利策特稿写作奖获得者。——译者注

作者在最后一刻做出修改，挑战编辑的耐心。塑造良好的编辑—作者关系是一个持续的过程。作为搭档协同工作时，编辑和作者扮演各自角色，同时朝一个共同目标努力的结果通常会更好。

《从公民到活动家：劳拉·布罗迪的转变》（From Citizen to Activist: The Conversion of Laura Brodie）是一个典型的协同工作的例子。这篇文章发表在 2002 年 11 月《巴尔的摩太阳报》周日版上。我们的进度杂乱，成果远非完美，但这是一个作者和编辑如何合作的例子。

简·温伯恩（编辑）：2002 年 9 月下旬，《巴尔的摩太阳报》职员进行了一次头脑风暴，讨论作者如何报道逼近的伊拉克战争。我偏向于发反战民意的东西。我不想关注年迈的和平主义者还在反战这种老套的内容。那种故事揭示的东西很少。我想象了这么一个故事：一个新晋的活动家，刚刚出人意料地成为和平主义者。我常常用工作标题帮助自己专注于某个想法。我称这个故事为"出乎意料的活动家"。

莉萨·波拉克（作者）：当然，我对这个任务的第一反应是恐慌。到哪里去找这么个人？

我从网络搜索和打电话开始，寻找本地和全美的和平组织。找到可能的主人公的简介后，我就跟简商量。我排除了几个候选人：他们缺乏有说服力的个性或言谈，或者是他们参加抗议的决定不是那么出人意料。

简·温伯恩：我们设定了发表的目标日期，2002 年 10 月 26 日，差不多四周以后，某大型反战游行在华盛顿进行的那一天。

莉萨·波拉克：日子一天天逼近。乔恩·富兰克林在《写故事》（Writing for Story）一书里提到，要么花 80% 的时间寻找合适的主人公，要么花 80% 的时间确定最终的故事。我花了许多时间搜寻主人公，简理解其中的道理。找到有好故事的主人公前，简并未催促我动手写这篇重大的报道。

最后,"和平行动"组织的一个职员帮我联系上了劳拉·布罗迪。她是三个孩子的母亲,丈夫原为海军陆战队员,现就职于弗吉尼亚军事协会。她打电话给"和平行动",想知道自己能为阻止战争做什么。她以前从未参与过什么政治活动,这次却印制了 500 个"伊拉克不要战争"的徽章在镇里分发。我打电话给她,她告诉我她正在组织一个弗吉尼亚军事协会的战争讨论会。

简·温伯恩:莉萨对我说这些时,我很兴奋。

莉萨·波拉克:更重要的是,简告诉我,她很兴奋。一点点鼓励就能支撑很长的路,并推动我进入下一个阶段:弄明白如何报道这个故事。我知道要去布罗迪的镇子采访她,但需要几天时间?还需要采访谁?我大概能见到哪些场景?哪些采访需要面对面进行?哪些可以回到办公室后进行?我问简,她很乐意提供她的意见。她认为,距离编辑文稿还有很长时间时,一起斟酌这样的决定是她工作的一部分。

每次我做完采访回来,都会花半小时和简探讨。我叙述时,既在听自己说,也在了解故事哪些部分对我来说是重要的。从劳拉·布罗迪的讨论会回来后,我也这么做了。

简·温伯恩:这个阶段编辑的工作是容易的,只管倾听。我不是上来就抛出一堆问题。如果我说了什么,只是为了让作者说下去。什么让她吃惊?哪个谜点还吸引着她?故事的主题大概是什么?有时,我请作者用六个词描述故事。接着,我问,能不能用三个词?一个词行不行?这种聚焦练习帮助作者从内容转向意义。

莉萨说话时,我记笔记。这些笔记成了一扇发现材料和潜在问题的窗户。莉萨担心写不出一个切近的故事,写不出布罗迪眼里的故事。我不担心这一点。我听到的是一个写故事的故事:通过一个人的体验,写出一个公民如何成为一名活动家。

莉萨离开我的办公室前,我告诉她,这篇文章将是一个好的周日版故事。我建议莉萨跟着布罗迪去参加10月26日的游行,以便看看她在现场如何活动。文章将在下一个周日见报。

莉萨·波拉克:我不是很确定材料的强度是否足以撑起一个周日版故事,但简告诉我别担心这一点,我们在游行之后会有更好的判断。我完成了采访,开始写作。但在离周日截稿日期只有几天的时候,我意识到有点不对。故事太平淡,我觉得无聊。有些编辑会说,忽略这种感觉,尽管闷头把稿子写完。他们不想在写作的过程中就开始编辑。但简觉得这是她工作的一部分。即使把未完稿交给编辑有种裸体去办公室的感觉,我还是把手头的稿子发给了她。

简·温伯恩:那份稿子的开头是:"这是个徽章的故事,一枚红色小徽章,印着四个单词,白色字母。这是劳拉·布罗迪戴过的第一枚徽章,也是唯一一枚。四个单词是 No War Against Iraq('不打伊拉克')。"

我觉得很有趣,但往下读时,我理解了莉萨的担心。她用了个聪明的方法,但过分简单了。作为她的编辑,我不想只是说"对,你是对的。这样不行",我得确定为什么不行。我找出跟莉萨探讨时记的笔记。她的初稿确实加入了更多对社会改良运动的出奇想法,但等了太长时间才谈到它们。

现在,轮到我恐慌了。莉萨已经试了我想到的所有建议。我告诉她:"花一整天时间自由写作。尽量快速地写。别看笔记,别自我审查。只管写下自己的所有印象,写下你觉得一切最新鲜的故事元素。"

莉萨·波拉克:我就那么做了。只这么过了几分钟,我发现自己笔下正写的,是我看到的劳拉·布罗迪在弗吉尼亚军事协会讨论会上的一幕：她站在一屋子的军校学生前面，问一位海军陆战队将军是否认为伊拉克战争不可避免。将军说，是的。听到这个答案，听众里的其他活动家都垂头丧气；布罗迪没有。她觉得不能承受这样的沮丧，她决不能接受未来不在她的掌控之中。那个时刻给了我故事的动力和高潮。

我把新一稿发给了简。在她的回信里，她的想法之外，甚至还有大段帮助深化故事的文字。

简·温伯恩：我加进了一些建议性质的句子，请莉萨考虑。如果是一位第一次合作的作者，我很可能不会提出那种建议。莉萨理解，我不是要插手。我知道，她会把我的建议翻译成她自己的声音。

虽然做了这么多努力，我们还是超过了截止日期。

莉萨·波拉克：简仍旧让我过了遍校样，甚至允许我在最后一分钟做了几处挑剔的改动。我甚至在最后几秒钟改了最后一句。

简·温伯恩：图片编辑和文字编辑没有不耐烦。他们也喜爱这篇稿子。强大的作者和编辑之间的协同关系能够延伸到作者和编辑之外，延伸到整个新闻编辑部团队。

修改，反复修改
安妮·赫尔

只有编辑知道这个不怎么光鲜的事实：就算最好的故事，一开始写得也很糟糕。成功的写作需要强烈的竞争感，不是跟别人，而是跟自己竞争。你必须坚韧地做到最好的自己。开始写故事初稿时，你必须对自己提一些刁钻的问题。

我触摸到这个题目的核心了吗？重新起草时，或很不幸有时文章已经印了出来，我们还在故事的外围。找到故事的中心至关重要，通常只有坐下来写才能找到。这需要写好多遍，没有捷径。

多数报纸散文使用的语言疏远读者，毁掉了亲密的可能。作者明显在观察故事，读者不能贴近主要人物，更无法从主要人物的角度看待事物。努力捕捉人物的视角。世界对那个人来说是什么样子的？对这种问题的回答，在以下活动中自然地发生：采访，和他们一起玩，注意他们说话的调子、他们的方言、他们对特定事物的反应。

有三种抵达故事核心的方法：采访、思考、修改。

一、采访

如果你未做足够的采访，故事就会像秃顶的人梳到头顶的头发，每个读者都能看出你试图掩盖采访的盲点。采访时，努力写下所有东西。记笔记就像湖泊清淤，以后再整理也不迟。

我的笔记还包括一切使我不安、害怕和尖叫的事情。写作时，这些笔记就成了基准。它们重新激活我，把我带回那个时刻，使我能将其诉诸笔端。

故事的每一行，对，每一行，都必须要陈述事实，否则就没有意义。事实可以是观察到的场景，无意间听见的事情，或某智库报告里的细节。故事发表前，核查每一行的事实。一句句地读，问自己：我怎么知道这一点的？到笔记里复查每一个来源。

二、思考

思考是新闻编辑部里最未被充分利用的技能。叙事记者绝不能只写出抓人的故事，他们必须写出有重要意义的故事。采访时，我总是询问，这故事要说的是什么？开始写作后，我对这个问题的答案有时会改变。

测试对这个问题的回答好不好，一个方法是看自己能不能写一个核心段落。过去我认为，核心段落是不必要的干扰，限制了写作。现在，我理解了它是多么必要。关键是，用故事自身的语言写这个核心段落，使其融入上下文。不管写什么，你必须能向读者解释它为什么重要。核心段落抛下一份战书，对读者说：我将向你们展示我去过的某个世界，一起来吧。

三、修改

爱一篇文章的主题，而非爱你对它的处理。好的编辑或读者给你反馈时，认真听每一句话。这不是捍卫尊严的时候；这是个机会，重新探索你的故事，迫使自己挖得更深。重写几乎总是需要追加采访。初稿指出你的漏洞：笔记的漏洞，刻画的漏洞或历史背景的漏洞。

作者都需要一个好读者，有些作者特别需要。许多记者独自工作很棒，交上来的稿子几乎就是成品了，只需要编辑帮忙改进最后的5%。我不是这样。我只能做到30%，就需要有人帮助我改进。我开始写稿时，就像在一个黑屋子里摸索电灯开关。如果我的编辑只给了很少的意见，我就知道自己还没找到开关。

如果把自己放在挑战性的环境里，迫使自己挣扎，就能不断提高。那意味着，你必须持续地一点点移动自己的位置，以确保周围都是比你强的人。

修改故事时，把尊严放到一边，专注于要完成的工作。有时我会留下编辑从稿子里画掉的句子。我并不是打算留着它，只是把它当路标，提醒自己什么是我的目标。最后它会消失，但它标示了改进之处。

一旦有了完整的初稿，打磨它，问自己：怎么能改进？如何打磨掉多余的东西？坐下来读一读打印稿，拿起笔来改动，这是比较愉快的阶段——你已经完成了最难的工作。打磨的过程把文章的完成度从70%提高到90%。作者经常没有给这个步骤留下足够的时间。就算只有几分钟，也要进行这个步骤。改掉陈词滥调。删掉多余的词。就像剔肉一样，剔得只剩骨头。

每个词都是重要的，要逐个审视。如果不是绝对确定，查词典。避开太熟悉的词语。有时，写初稿时，你不得不先往前走，用了不对的词，只是为了把某个空填上。以后，再搜寻那个正确的词。

修改需要耐心和长时间集中精神，许多记者都缺乏这两项品质。有些记者厌烦了，不愿完成最后这个步骤。他们不是懒，只是想去写下一个故事。有些记者认为重写是一种惩罚，但我认为那是一种奢侈，是把故事变得更好的机会。

100个笔记本变成35 000个词
索尼娅·纳扎里奥

我发表在《洛杉矶时报》上的系列文章《被天堂遗忘的孩子》，叙述了一个14岁男孩的生活经历。成千上万的孩子独自从中美洲出发，长途跋涉，来到美国，恩里克便是其中之一。这些孩子常常是到美国投奔先到一步的妈妈，然后在美国找活儿干。我的系列文章从恩里克5岁时他妈妈离开写起，一直写到11年后他们母子在北卡罗来纳重新团聚。

《被天堂遗忘的孩子》聚焦于一个巨大的社会问题：非法移民。这也是一个个人故事，有普遍性的主题：男孩前往一个充满危险的世界寻找母亲。我花了两年时间采访和写作。文章在《洛杉矶时报》发表后，我将其扩充为一本书，由兰登书屋出版，后来又被HBO改编为一个迷你系列剧。

准备采访时，我知道不可能跟着一个孩子从墨西哥走到美国，所以我要找一个已经完成大部分旅程的孩子。恩里克刚到美国-墨西哥边境，我就锁定了他。我在墨西哥跟了他两周。当时，他一边维持生活，一边想办法穿过边境。后来，我在北卡罗来纳又见到了他。在那之后，我重走了他先前从洪都拉斯经危地马拉到墨西哥的那段旅途。我采访了许多他碰见的人，也采访了其他走过这段旅程的移民。恩里克一共走了122天，19 000多公里。这是因为他被墨西哥抓了好几次，每次都把他遣送回危地马拉边境。

发表的系列文章是我搜集到的材料的十分之一。我相信，搜集的资料应该比能用的更多，但这次搜集得过多了。我花了三个月时间搜寻恩里克的足迹，在那之前，也花了三个月时间进行相关的采访调查。最后，回到书桌前的时候，我积累了110个笔记本，几百小时的采访录音，以及超过100个电话采访的打印笔记。一种无力感萦绕着我，我不想面对堆积如山的材料。

我的编辑是里克·梅耶尔。他坚持要我对所有笔记和录音进行整理。起初我有点抗拒，但这么做是对的。这花了我整整六个星期。我用Word创建了一个分类簿，把所有材料按题目、主题和子主题分了类。我把所有笔记输入电脑，按题目进行排序。我打印了材料，归进活页夹。转录和整理的工作，让我对已有材料有了整体把握。日后需要写注解时，我也更容易搜寻材料的来源。

我下一步需要做的是把笔记压缩成一个相当粗糙的初稿，我的编辑把这个过程称为"丢垃圾"。写初稿时，我努力放空左脑。我想忘记整个工程是多么庞大。我唯一的目标就是把它写到纸上。我在电脑上贴了个标签："写的是年表，笨蛋！"恩里克的旅程年表提供了故事的结构，很自然地分为六部分。第一部分的开头，恩里克的妈妈从她自己的母亲家里出发，丢下了五岁的儿子。最后一章，恩里克渡过里奥格兰德河，进入美国到北卡罗来纳找到妈妈。

写初稿花了我六个月。我把总共 95 000 词的稿子发给了里克·梅耶尔，通常不会有人这么做，但这却很有效。他要我把一切写到纸上，认为这是推进的最快方法。他用铅笔编辑了整个稿子，删掉了大量章节。在他编辑的基础上，我花了两个月把文章删改为 35 000 词，还有几篇共 11 000 词的附文。这个系列文章还要经历十稿。这十稿，加上排版、照片、设计和尾注的准备工作，花了一年时间。文章于 2002 年 10 月见报。

从第一稿到第二稿，我有两个目标：减少长度，尽量聚焦于故事的核心目的，从而使读者理解、同情和关注主要人物。为了使恩里克的故事更吸引人，我无情地砍掉了其他人物。连恩里克的妈妈也成了第二位的。在主叙事里砍掉的几个人物，我写到了附文里，因为他们的故事对于儿童移民的一般性话题很重要。

我删掉了好几章的开头和结尾，即便这意味着省略了故事年表中一部分重要内容。我明白了，完全可以跳着写，从 A 跳过 B 直接写 C。我砍掉了恩里克的某些经历，以缩短篇幅，也为了避免重复。例如，他几次遭到抢劫，但我只写了其中一次。有些事情的原因，我自己不去解释，而是让当事人解释：加入一串短引语，一个接一个，不提说话人的名字。

一旦稿子写到了可观的长度，我就着手为之塑形。我重复某些短语，串联起一章里散落的部分。第四部分是叙事高潮：当地居民带来了食物，抛给火车顶上的移民。有些移民几天没吃东西了。那一章，我写了几件发生在恩里克身上的好事，用"这是礼物"这句话把它们串联起来。我把那一时间段发生的糟糕事减到最少，从而突出那一章的主题。

我还重复后来变得重要的细节。有人偷了恩里克的一只鞋。他另找了一只，结果穿了两只左脚鞋。这个细节很小，但我还是写了。他渡过里奥格兰德河后，我写了他把两只左脚鞋穿好。这些细节为后文他打电话给妈妈的段落做了准备。她不能确定电话那头是不是自己的儿子，因为他们很长时间没通电话了。她问："你穿什么？"他回答："两只左脚鞋。"于是，她知道是恩里克。

我按时间进程叙事，但也在几个地方把相关材料结合起来推进故事。例如，在第四部分，恩里克见到一个耶稣雕像。在那里，我跳开去写了其他宗教材料：旅人带着《圣经》、祷告者增强经文的力量、恩里克对宗教的想法。

有了稳定的故事结构，我就收紧叙事。最后见报的版本包括 25 000 词的故事主干，五篇共 9000 词的附文，和 7000 词的尾注。甚至句子层面也变得更紧凑。例如，二稿的一个段落如下：

他在河边的流民营出没，最后就住在了这里。这个营地是移民、蛇头、瘾君子和罪犯的避风港，但却比新拉雷多的其他任何地方都安全。这是个人口超过 50 万的城市，到处都有蛇头和警察。如果他因为流浪在城里被抓了，那么，政府会关他两到三天，再把他送回危地马拉。那可比滞留在此更糟，因为又回到了起点。

最终稿是这样的：

他加入的流民营是移民、蛇头、瘾君子和罪犯的避风港，但这里却比新拉雷多的其他任何地方都安全。这是个50万人口的城市，到处都有移民中间人（移民蛇头）和警察，警察可能抓住他，然后把他驱逐出境。

我改变段落的长度，使叙述顺畅。一句话的段落增加悬疑或愤怒的效果，或提醒读者特别留意这个句子。我增加细节以减缓节奏，或减少细节以加快节奏。有一幕是恩里克在靠近美国的北墨西哥搭一辆卡车，初稿是这样的：

第一个检查站在马特瓦拉以北数公里的洛斯波西托斯。恩里克上路没多久，就看见一块警示牌，写着"距检查站100米"。卡车排着队，等着通过。轮到他们时，警官问车里装了什么，要看司机的证件。他们透过大挡风玻璃瞥见了恩里克，但一直没问起这个男孩。司机后来说，他们认为恩里克是他的助手。如果他们问起，司机也准备这么说。几米之外，军队拦住每辆车，搜查毒品和武器。几个年轻的、留着士兵头的新兵对他们挥手致意。

发表的版本是这样的：

洛斯波西托斯的一个警示牌写着"距检查站100米"。卡车排着队，一点点地向前挪。司法警察问司机车里装了什么。他们要看司机的证件。他们瞟了瞟恩里克。

司机准备好的话是，他是我助手。

但警察没有问。

我也用省略句。初稿里，恩里克的妈妈和走私贩子谈运送恩里克的价钱："现在电话里换成了一个女贩子。女人说：'你儿子到得克萨斯了，但1200不够。'接着女人说要1700。"最终稿是这么写的："女人说：'你儿子到得克萨斯了，但1200不够，1700。'"

到了第11稿，已经很难再找到可删减的文字。我努力用新鲜的眼光看每一个句子，问自己：这个真的必要吗？删掉会损失多少？加快叙事节奏会收获多少？如果保留，怎样改进和缩短它？我对每一个词提问。

如何以小取胜

汤姆·霍尔曼[1]

我没有哥伦比亚大学的硕士学位，也从来没有在《华盛顿邮报》实习过。我的第一份工作是在纽约做文字编辑，但被解雇了：我是个

---

[1] 汤姆·霍尔曼（Tom Hallman），《俄勒冈人》报的高级特稿作者，系列文章《面具后的男孩》获得2001年普利策特稿写作奖，此外，还获得了厄尼·派尔人文关怀写作奖、两次ASNE奖和职业新闻协会奖。——译者注

极其普通的记者。但极其普通的记者也能赢得普利策奖，如果他们学习怎么讲故事。

我的故事里用的词可没这么漂亮。我爱采访，但真不喜欢写作。讲故事前，你得学会怎么看故事。把故事讲好，没有什么不二法门，但有一个观念支配着我：感情比规则更重要。故事是活的。故事不是从天上掉下来的，不是词语和意象的适当组合，也不是完美的结构。故事打动了作者，作者编排文章的事件、词语、意象和结构，让读者产生某种感受。

作者有不安全感。每次起草一个饱含感情的故事，我们都战战兢兢。不安全感要我们缩回安全的地带，但那样就拿掉了让故事成立的心脏和灵魂。感情活在每个人之中，虽然有时沉睡了，但作者必须唤醒它。故事能够做到这一点，即便是最平凡的故事。

有一次，我换到周六的班，派给我的任务是报道路易斯克拉克大学（Lewis-Clark State College）的毕业季。简报关注的是一位获得特别奖的教授——只有他妈妈会对这事感兴趣。我打电话到学校，问了几个问题，了解到有一个大龄毕业生：胡安·莫拉莱斯，大学的清洁工。

我打电话给胡安。他一开口便滔滔不绝，但我说："听着，我不想现在聊。周六我去你家怎么样？那时我们再聊，我还想跟你去毕业典礼。"采访和写作这个故事用了三小时。下面这个段落出现在故事的开场：

"这是我学习的地方。"胡安·莫拉莱斯一边说，一边带我去厨房。厨台开裂，地板凹陷。微波炉旁是一堆60年代出版的《世界图书》，都是他在二手书店买的。吃饭时，莫拉莱斯随便拿一本读。他不在乎读什么，什么主题都行。

"我浪费了太多年,"他说,"太多年做梦、徘徊,什么也没做。"他摇了摇头。"给你看样东西。"他说。他走进起居室,指着一面脏兮兮、需要粉刷的墙。今天早晨,他在墙上钉了个钉子。

"文凭挂在那里。"他说。

感情引导这个故事的结构。我要找的不是某种复杂现象、洞见或解决方案,而是情感核心。采访这个故事时,我记下了在胡安家看见和听见的一切,还有感受到的一切。由此,我终于明白,故事讲的是胡安·莫拉莱斯的历程,而不是毕业典礼。

胡安·莫拉莱斯,38岁,一个贫穷家庭最小的孩子,即将获得历史学士学位。

"我希望妈妈也去,"他说,"三月份,她到美国大使馆申请了护照。我和家人帮她付了机票钱。今晚我打算带她去吃晚餐。"

"钱?"他问。他笑了,卷起右侧的衬衫袖子,指着皮肤上的一个黑点。

"我很熟悉血浆采集站,"他说,"昨天我挣了25美元。我们用这钱吃晚餐。"

他有可能会去考研究生。

他关上费尔维尤(Fairview)家的门,走向100美元买的车。启动车时,他得搭上仪表盘下的两根电线。他让车空转了一会儿。

故事的结尾是这样的:

他驶入校区,一个拉美裔保安认出了他,朝他伸出大拇指。他叫住莫拉莱斯,跟他握手,敲了下车顶。保安的脸上一直挂着微笑。莫拉莱斯把他的达特桑210停在一辆沃尔沃旁边,然后和周围几百个年轻毕业生一起朝学生中心走去。

"我知道校园里的每一间办公室,"他说,"每一间我都打扫过。"

到了学生中心,他去休息室洗手。他看着镜子里的自己,戴着帽子,穿着学士服。

"我打扫过这个洗手间,"他说,"我,胡安·莫拉莱斯。"

他整了整帽子,走进人群里。他拿到了自己的资料,知道自己将是404个接受学位的学生中的第247个。他攥紧号码,贴在胸前,走了过去,很快淹没在涌动的黑色海洋里。

我开车跟着胡安·莫拉莱斯,从他家到路易斯克拉克大学。我一边开车,一边在脑子里写这个故事。中午我已经写完了。我知道,毕业典礼本身会毁掉这个故事。我想要胡安消失在黑袍的海洋里。故事在毕业典礼开始前就结束了。故事的细节,如达特桑210停在沃尔沃旁边,传递了故事的主题。事实是中立的,事实没有意义。作者必须在发现意义后渲染意义。

如果你想写更有挑战性的叙事故事,不要等着派下来的任务。不要一有想法就立刻告诉编辑。我曾在健身房跟一个女人聊天,她提到孩子正在上舞蹈学校,我12岁时也上过那个学校。我觉得这可以写成一个故事,但没有马上告诉编辑。我需要时间弄明白,为什么自己对12岁孩子的舞蹈学校感兴趣。

我到学校待了一晚上,四处转悠,琢磨到底是什么感动了我。结果如下:

男孩 12 岁时，生活开始令他迷惑。也许不是全部生活，但涉及女孩的那部分肯定是。更小时，女孩没什么大不了的。然后，他上了七年级，然后，啪，女孩变了，或者他变了。光是想想女孩，12 岁的男孩都会手心出汗。

虽然跟任何传统新闻故事都不一样，但它的确有一个要旨："真相是，舞蹈学校里重要的并不是舞蹈，而是它让男孩和女孩探索神秘的差异。是孩子站在变化的门槛前。是 12 岁的含义。"我把我和指导老师及他妻子的谈话写进了文章里：

沃克听着脑子里的音乐，从座位里跳了出来。
"这就是恰恰的节奏，"他说，"你听得出来吗？ 1—2—3 的节奏。顺畅，就是要顺畅。哦，孩子跳的时候，觉得跺脚很好玩。"
他妻子一脸痛苦的表情。"那不是舞蹈。"她说。
沃克笑着，继续跳。"不是，亲爱的，"他说，"是青春期。"

我没写指导老师如何教孩子跳舞，但写了他如何处理"他们 12 岁"这件事。其中一个学生上舞蹈课前，我跟访了他五小时，但我只写了他出发前的场景：

他们拼车去舞蹈学校，他，他最好的朋友汤米，还有阿比，他四年级就认识的女孩。"你知道，阿比，她穿礼服时不一样，"他说，"我从没见过她那样子。"他瞥了瞥周围，确定弟弟没在偷听。"你知道，她穿成那样时，汤米和我在她身边不怎么偷懒了。"

他又理了一下头发，然后走进厨房，等着车来。孩子的他唰唰地吃光了一把巧克力饼干、一杯牛奶、一包辣牛肉干。男人的他拍拍外衣口袋，确定带了舞蹈卡。

这种生活片段故事常常没有自然的结尾。于是，叙事者停下来，给故事加了结尾：

几十年后，你多半记不住舞步了，但你为妻子开门，教孩子说"请"和"谢谢"，在意礼貌的价值。你记住的是你的七年级。

许多记者嘲笑这种故事。谁想去报道舞蹈学校或大学毕业？读者可能忘记了他们读过的90%的报纸内容，但他们记得这种故事。

新闻编辑部并不总是支持你。那里有许多嫉妒，增加了我们的不安全感。你尽力想写个好故事，但没人对你说"做得好"。你只好信任自己，而且慢慢变得厚脸皮。

要写感人的故事，你不需要在《纽约客》工作，在最小的报纸也行，关键是相信自己。

四类叙事

雅基·巴纳辛斯基

在报刊行业，"叙事"不仅仅指花两年时间采访和写作十个系列文章，它也可以指标准新闻故事里的一个段落。我把叙事写作分为四类。

微叙事

"微叙事"一词来自写作教师玛丽·安·霍根（Mary Ann

Hogan)。我用它指标准新闻故事里的小段故事。你可以把小镇委员会的激烈辩论化为一个叙事场景，或塞进一段某委员的生平。飞机失事、火灾或其他灾难可以用叙事的方式描述，从而成为长篇新闻文章里的一个场景。这种小场景和小刻画使新闻在读者眼里活起来了。

新闻驱动的叙事

新闻事件，按其定义，有头、身和尾。记者可以把真实故事转变为叙事。这是让叙事故事上头版的最好方法。事件发生时，无论是母亲节还是飞机失事，作者和编辑都该停一停，问一问是否要用叙事技巧报道。

迈克尔·安德森（Michael Anderson）中校来自华盛顿州斯波坎市，在哥伦比亚航天飞机失事时遇难。他是机上唯一的黑人宇航员，却来自一个几乎全是白人的城市。我们为《西雅图时报》写了一篇他的标准生平。我们问自己：安德森很可能是学校里少数黑人里的一个，那么他是如何成长为宇航员的？这引出了另一个问题：成为宇航员要付出什么？飞机失事后一周，我们刊出了一个跟进故事，《宇航员的成长》（The Making of an Astronaut），更深入地刻画了安德森和他的职业。

揭示新闻趋势的故事

要帮助人们理解大的社会问题和趋势，真实人物的故事是最好的方式之一。叙事故事可以回答沉闷却重要的问题，比如，学校的预算是如何确定的？

要弄明白什么时候叙事能最好地揭示新闻趋势，使用抽象阶梯（见《抽象阶梯》一文）。问自己两个问题：这个具体故事有普遍意义吗？这个故事应时应景吗？如果两个答案都是肯定的，你就可以在这里讲个故事，帮助读者理解那个问题。

每个新闻事件都会打开一扇机会之窗，可以报道它一段时间。这扇窗开多久，取决于故事对社会的重要性，以及新闻机构怎么写这个故事。编辑决定使用叙事时，必须考虑这扇窗。

真实叙事

具有普遍意义的非虚构故事构成了叙事的第四个层面。汤姆·霍尔曼发表在《俄勒冈人》上的系列文章《面具后的男孩》（获

2001 年普利策特稿写作奖）就是一个例子。这个故事和任何新闻趋势无关，它是个永不过时的关于"接受"的故事。

这种故事包含了抽象阶梯的两端：普遍观念和具体例子。它们是最难找到和最难写的故事。

同一个新闻故事、话题或趋势可能值得写几篇文章。在《西雅图时报》，我们有一个常用的做法，我们称之为"1-2-3 连击"。我们写一篇主新闻文章作为最新的新闻，接着发表跟进文章，后来我们又回到这个话题，写一篇更为深入的故事。早期的故事打下了基础，吸引读者阅读后面错综复杂的长篇文章。早期的文章营造了氛围，随后的大故事回答了早期故事带给读者的问题。

连载叙事
托马斯·弗伦奇

英语里最美的三个词不是"I love you"（我爱你），而是"to be continued"（未完待续）。我一直喜欢追问"后来发生了什么"。我爸喜欢破坏故事，我却长成了爱故事的人。他拎起一本书，翻到最后一页，读一下。如果喜欢，他就读第一页。如果还喜欢，他再读中间的。我和他有长期的痛苦争论。"求你了，爸爸，"我说，"作者按那个顺序写有他的道理。你放弃了那种体验，也在伤害作者，不管他是谁。"他回答："抱歉儿子，我就是得先知道结果。"

我现在成了给报纸写连载文章的专业作家。也许我的全部职业生涯的所有努力，就是想让我父亲能从头到尾把故事读完。

连载叙事对我们有很强的吸引力，因为我们得等下一期出版。连载故事到处都是：《圣经》《伊利亚特》、肥皂剧、连环漫画。报纸上的连载文章在20世纪早期很流行，后来衰落了。20世纪80年代中期，它们又流行了起来。

写连载故事之前，先研究身边的故事。许多报纸记者从新闻编辑部回家时，只带着与日常工作相关的报告。这是个可怕的错误。我认识的最好的作者都很享受阅读。注意你那种有负疚感的愉悦。分析肥皂剧的节奏，尤其仔细分析周一和周五的节目。找一本漫画书。读读《哈利·波特》。J. K. 罗琳懂得如何抓住读者，这是写连载文章的一个核心技能。

连载文章必须好读，非常、特别、让人欲罢不能的那种好读。不像其他报纸文章，连载文章的成败几乎完全由读者数量决定。吸引读者的方法是，创造一个不可抗拒的核心人物，一个读者真心在乎的人物。如果读者不在乎人物身上要发生什么，就不会读下去。奖励跟随你的读者。给他们美妙的瞬间、无法忘怀的对话、惊人的情节转折。

准备写作时，把所有事件列在时间线上。即便不打算按时间顺序写，也得理清了时间顺序才能写。如果故事里的主要人物不止一个，这就更重要了。人物要互相交错，一个人在故事的某个地方打开一扇门，另一个人同时在另一个地方关上一扇门。没有清晰的时间线，这种呼应就没法儿实现。

掌握了时间顺序后，还得为故事找到框架，这样读者才能理解故事。你不能光写橄榄球。你可以学学比辛格（H. G. Bissinger）的《胜利之光》(*Friday Night Lights*)。他挑了个小镇，一个高中，一个橄榄球赛季。故事越复杂，框架就得越简单。主题越宏大，定的框架就得越细微。

用电影的方式思考。把故事里的重要事件转化为场景。要让读者沉浸在你的故事里，必须谨慎地选择场景细节和对话。故事里的人物要彼此对话,而不是只跟你对话。他们也不该只对话,还得互相捣乱、私语、咒骂和调情。人们在意报纸上的事实,是因为感情的河流流淌在事实底下。感情至关重要。

不要直奔最终结果。2000年,安妮·赫尔、休·卡尔顿(Sue Carlton)和我写了一个连载故事,讲述正在进行的一桩谋杀案审判。《圣彼得堡时报》对当地这一重要审判的报道,主要就是这篇叙事文章。开庭的倒数第二天,法官斟酌了一整天。被告人坐在围栏里,她15岁,被控杀了她妈妈。按照通常的新闻标准,那天只发生了一件事:下午五点前后,法官宣布休庭。我们的编辑知道后说:"今天的故事特别短,对吗?"错了。

这种等待有巨大的能量。我们写了受害人的家人与被告人的谈话,律师做了什么,最重要的是,被告在冰冷、气味难闻的围栏里,只有墙上涂鸦可读的时候,她做了什么。差不多每过一小时,她的律师们就来一趟,只是看看她。我们请律师记下那些涂鸦。被告人、律师和家人都在等待,我们也让读者等待。

故事的结尾必须给出补偿。如果故事不能结束于一个充满希望的音符,至少也得为读者提供新的理解。读者已经追随连载文章好几天了,一个黯淡的结尾不足以补偿他们的投入。这一点会限制有可能成为好的连载故事的故事类型。

每个故事都必须有一个悬而未决的问题作为引擎,吸引读者读下去。这个引擎总是一个简单的问题,是"后来呢"这个问题的变种。仔细想想你身边的故事,问问自己:它的引擎是什么?引擎不是故事的题材或主题,而是使故事进行下去的生猛能量。电影《大白鲨》的引擎是:谁会被鲨鱼吃掉?你可以为故事选择任何道路、目的地或焦点,但引擎在故事之内。你选定了故事,引擎就已经包含在其中了。

作者的工作是认出和理解引擎，然后驾驭它。

我的连载文章《天堂以南》(South of Heaven)写的是几个高中生的一年。引擎很简单：这个人物会退学吗？那个人物能坚持到毕业吗？引擎内嵌在人物的生活里。

在另一个系列的连载文章里，我写的是一群孩子在托儿所里度过的两年。两年过半时，一个孩子的妈妈死于白血病。故事的引擎变成小女孩如何在老师的帮助下承受悲痛，继续学习并渐渐复原。我认识到，上托儿所的目的不是为孩子上幼儿园做准备，而是为孩子的生活做准备。

连载叙事的力量源于一个事实：故事是慢慢展开的。在这个意义上，连载叙事就像生活。多数重要事件不是在一天之内开始、展开和结束的，它们需要时间。一个需要时间的故事进入我们的生活时，不同于能一口吞下的东西。如果读者不能直奔结局，如果故事辗转超出了一昼夜的范围，某种奇妙的事情发生了。晚上入睡时，人物及其麻烦留在我们的脑子里，故事还没有展开，问题还没有解决。它们渗入我们的意识，进入我们的梦境。第二天早晨醒来时，它们还活在我们心里。

编辑和作者的照管手册
雅基·巴纳辛斯基

大约十年前，我成了一名编辑。在此前大约 20 年，我是一个无保障、勤勉刻苦、有时顽皮捣蛋的记者。我从没想过，当了编辑，就要停止"挑战权威",所以依然我行我素。

早年,我曾把圣诞灯串缠在身上,亮闪闪地站到桌子上,抗议新闻编辑部禁止摆圣诞树的规定。好几个多年的朋友都坚称,我曾管最初分管我的那个编辑叫"吹毛求疵的臭狗屎"(从此我们成了好朋友)。20世纪70年代女权运动期间,我弄了一张图给主管编辑,上面有新闻编辑部每个女人的生理周期表,这样,我们脾气暴躁时,他不必问是不是"大姨妈"来了。后来,我还冲进执行编辑办公室,把晨报丢在办公桌上,手指着头版。上面有五栏写一场曲棍球锦标赛,一栏写针对RU486(那种口服堕胎药)的重要裁定。我怒斥:"谁是审批这版面的混账?"他平静地回答:"哦,那个混账大概是我。"

很明显,我是个不跟编辑合作的专家。

不过,多年的磨难和错误(多数是他们的磨难,我的错误)之后,我也学会了一点:怎么跟他们合作。好编辑是上天的恩赐。他们是后盾、擦屁股的人、解决问题的人。每天,编辑帮助记者清扫无数雷区:配置有限资源,平衡头条新闻和有建树的报道;周六警务记者打电话请病假了怎么办;怎么为视觉性不强的故事找到好图片。还有,管理一群难缠的作者——每个作者都有自己的个性,总有点挑剔。

我花了太长时间弄明白这些。还好,感谢那些容忍我的人,我弄明白了。好多年我都责怪某个编辑,说他拖我后腿,不懂我害怕失败,没有善于聆听的耳朵。干了大约15年后,我又有了个新编辑,我走进他的办公室,递给他一个文件。"这是我的手册,"我说,"我叫它'巴纳辛斯基的照管手册'。"根据别人对我的评价,我写了这个最佳管理指南。这本手册由两个简单列表组成:要和不要。如果编辑照着"要"列表做,我将忠诚,工作效率高,而且将是他在新闻编辑部里最好的支持者。(例如:每周告诉我一次,你很高兴我在这里工作,而且要说得可信。）但如果你照着"不要"列表做，我将在某个死寂的明尼苏达冬夜用雪铲把你干倒，封住你的车库门。或者更糟：我敷衍了事。（"不要"的第一项：读我的故事前，不要抱怨文章的长度。）

然后，我要他也给我写他的手册。他花了很长时间才写完，可能是因为作者很少问编辑这种问题：你需要我这么做？你反对什么？我怎么才能最好地管理你？

我们无意中立了一份合同，遇到难以收场的麻烦时，我们就拿出这份合同。我自己当了编辑以后，也去跟合作的作者这么做：这是我的手册，你的呢？

照顾编辑

作者：把你的责编看作你的第一位读者。作为记者，你了解故事，是专家和读者之间的翻译者。你的编辑能帮你更好地翻译，提出读者会问的问题。把编辑看作你的调音台。带他出去喝杯啤酒，告诉他你从采访里知道的东西。他的本能反应会告诉你什么值得写，什么不值得写。

把新闻编辑部看作一个采访区域，你的编辑是这个区域你最重要的线人。跟他谈话，听他说，对他有耐心，照他的方式相处，培养你们的关系。

照顾作者

编辑：对于作者，没有过多的反馈或太有建设性的反馈这回事。多数编辑善于告诉作者文章有什么毛病。很少有编辑能帮助作者想办法改进文章。

把跟你合作的作者想象成一年的投资。匹配任务的复杂度和作者的技能。每次提高一点要求。每年选择三项你希望作者重视或提高的技能。支持将会加强那些技能的任务。

读了故事初稿后,尽可能给作者一份《编辑备忘录》。圈出三处作者做得特别好的地方,以及三个你希望作者修改时处理的问题,要具体:"你的来源深入和透明。我真的信任你的报道。""试着少用不及物动词,不及物动词拖慢叙事。"

每月跟你的作者做一次"魔术笔活动"。找作者的五篇故事,选一个他的写作习惯:过度使用副词,缺乏定语从句,或过多的从属子句。在五个故事里,都用高亮强调例子。和作者一起过一遍,鼓励她在下一个故事里重点解决那个写作问题。(别忘了也用高亮强调正面的习惯。)

编辑和作者的关系和其他重要的关系差不多,它可以和婚姻一样困难和纷乱。我相信"十分之七"规则:在十样最想从老板、生活伴侣、工作或房子那里要到的东西里,如果你聪明又好运,而且为之努力,你可以得到七样。不要悲叹失去的三样,因为交易就是这样:你可以换工作,换伴侣,换房子,从而得到那三样东西,但总的来说,你得到的还是不超过七样。

没有编辑能满足作者的所有要求。有些编辑善于解惑,弄明白一个故事怎么布局,找出其中的漏洞。有些编辑擅长加工文字,控制进度,或者精于新闻编辑部政治。几乎没有编辑拥有一切工作技能的天分。

这就需要使用手册了。作者必须决定,哪七样东西真的需要他们的编辑做到,哪些可以不要或者从别人那里轻松得到。编辑需要放权,给作者最能帮到他们的东西,包括允许他们寻求其他人的帮助,那些能够满足作者特殊需求的人的帮助。

第八章 新闻组织里的叙事

王宇光 / 译

引子

你们当地报纸的记者友善吗?答案或许是肯定的,但他们印出来的文字也同样如此吗?下面这个例子来自我们当地的报纸:"昨日,警方表示,韦斯特福德495号州际公路上的这起由超速引起的两车翻车事故中,有四人死亡,其中包括三名儿童,他们的尸体挤在一辆满员的SUV的行李舱部分。"

朋友之间是不会这么说话的,甚至事故现场围观人群中的陌生人之间也不会如此交流。或许撰写这篇报道的人能言善思,事故中的死亡相应地触动了他,而他也只有几分钟的时间赶出这篇新闻摘要。最终出炉的稿子听起来很官方,但并不亲和。新闻写作者往往被训练成以一种通用的高效的口吻写作,并认为"新闻腔"代表了冷静以及所谓客观。

新闻写作能够允许的语调并不宽泛,但仍有空间。标准的新闻写作语调是可以做到友善并且真实的。权威而亲切的语调对新闻传播来说是有益的。这样的语调同样令针对复杂的观点和事件展开讨论成为可能。

当波士顿有30份报纸,每个种族、社区、教育阶层和信仰人群都有至少一份属于自己的报纸时,他们会享受自然的亲密感。每位作者都清楚地知道自己的写作对象是谁。现在,我们的城市只有两份日报(已经比许多城市要多了),记者们必须更努力更自觉地发展与不同类型读者之间的关系。

一些小地方的报纸还保持着亲切感。或许文章不是那么讲究,却很贴心。报道者了解他们的读者对于细节问题的关心:学校工地发生的事情,乐队是否找到了新的巡演制作经理,以及谁会出席玛丽和乔治·格利森在玫瑰茶室举办的金婚纪念会。

许多叙事报道者都努力为报纸默认的官僚语调增添些人情味儿。语调的改变能够令写作抵达他们之前难以触及的地方。为什么报道者应该冒这种险呢?在2002年举行的尼曼研讨教会上,曾为几篇获普利策奖的故事担任编辑的简·温伯恩这样表示:

"就平均人口而言,巴尔的摩当属美国最暴力的城市。每天,我们都会在报纸上做关于谋杀和严重伤害罪的新闻报道。我们会在社论版面印制用粉笔绘制的尸体图案并在上面标明数字。从这些粉笔图上,你并不会知道正在努力摆脱生活困境的死者最终身陷老友纠缠的故事,而叙事写作会讲述这些。很多重要的人物故事并未能登上我们的新闻版面。对个人和社区涉足或隐现的荒芜并未能充分展现于我们的笔端,这种情况显示出——即使不是全部,至少与勇气有关。当我们可以私密地报道这些故事时,就可以为读者呈现一个关于这个世界更为完整的图景。"

在这一章里,三位编辑、五位作者以及一位摄影师将就如何在报纸有限的范围内创造完整的世界给出他们的建议。

马克·克雷默,温迪·考尔

叙事之初
沃尔特·哈灵顿

没错,报纸是包鱼的,报纸是垫鸟笼子的。报纸上的故事,只有新的才值得一读。不过,用记者皮特·哈米尔的话来说,我们记者也是咱们这个部落的"记忆机器"。报纸和杂志记者也是个文化角色。我们是实时的人类学家,保留了一份我们文化的日常记录。历史学家查阅一百年前的报纸,他们研究广告、讣告和照片来理解过去。

作为记忆机器,我们很好地记录了许多事情:昨天的天气,迈克尔·乔丹对阵克利夫兰骑士得69分的那场惊人比赛,秘鲁的反政府军,莫妮卡·莱温斯基蹲在桌子下面,名人结婚了,名人离婚了,美元涨了跌了，奥马哈的一个老人去世了，陶斯有一个孩子出生了。在文化里有这个位置是一项荣誉。我们的读者，我们部落里的伙伴，容许我们拥有这种奢侈。他们常常感激我们的工作，并且奖励我们。

可还是有一些事情，我们记得不好。例如，一个孩子首次领圣餐时的感情，农夫最后一次闩上破产农场的谷仓门时的感情，学校老师看到坏学生变成好学生时的感情，父亲埋葬自己长子时的感情。

所谓"亲密新闻"（intimate journalism）——深度的、洞察世态的严肃新闻——记录普通人的行动和日常生活，在我们这个行当里太少了。这类故事记录人在生活里寻觅意义和目的时的行为、动机、感情、信仰、态度、不满、希望、恐惧、成就和渴望。它们帮助人理解自己在世界里的位置。

亲密新闻有一个简单的目的：由里到外理解其他人的世界，按照人对自己的理解来描画他们。我曾经写过一个故事，有个十几岁的男孩两年前自杀了。我努力向他的家人解释我想写的东西以及探究想要达到的深度。父亲听了许久，最后说"你想知道我在安静的房间里祈祷时心里想什么。"是的。驱动亲密新闻的问题，最简单的形式是：人怎么生活，他们看重什么价值？

刚当记者时，我去采访一个事件，然后回到新闻编辑部写文章。第二天，我在报纸上读自己的文章，意识到我看到的和我写下的没有什么关系。我疑惑了。少了什么？我启动了一个以前漏过的阅读计划：深度报道、游记和伟大的现实主义小说。

我对亲密新闻的兴趣源于我的社会学研究生背景。出于我受到的训练，我认为报纸上的特稿故事不是花边消息，而是个案研究。这种态度里有一点颠覆性，我只是自己这么想。想象一下，如果《华盛顿邮报》的城市组编辑问我"嘿，哈灵顿，你想做哪种新闻？"，而我说

"哦，我想唤起对生活经历的感情"，他会觉得我是个疯子。许多年里，我没有公开我的抱负，而是让工作自己说话。

成为讲故事的记者，不是一蹴而就的事。约翰·麦克菲编过一本著名的《片片架构》(*Pieces of the Frame*)。书名概括了亲密新闻记者的工作该有怎样的抱负。拿出架构的一片，打磨它，完成它，掌握它，再转向下一片。最后，你将学会造出整个架构。从简单的事情开始。

好好利用能让你打磨架构小零件的故事。不要起手就写宏大的故事，因为那需要你精通许多技能。不要放任自己走上失败之路。一次掌握架构的一片，慢慢地，它们会聚合起来，形成光滑的整体。迈克·塞杰(Mike Sager)曾是《华盛顿邮报》的作者，现在是《时尚先生》的作者，他曾对我说："没什么东西保证人物、行动和主题能在故事的结尾统一起来，但 20 年来，我还没碰到一个故事最后不是这样。"

怎么能做到呢？学会索求批评。培养一种人格，让其他人乐意批评你。这是个双重挑战：你必须学会怎么获得和利用批评，但你也必须学会什么时候该反抗批评。你可不想放弃自己最初想写进故事的声音和精神。

报纸叙事小史
杰克·哈特

新闻叙事不是什么新事物。即使回到英语新闻最早的时日，也能找到它的影子。甚至倒金字塔法这个我们以为是相对现代的产物，也可以追溯到最早的印刷报纸之前。《福格通讯》(*Fuggerzeitungen*)是一本手抄新闻通讯，16世纪时由遍布中欧的某商业大家族成员在城市间传递，看看其中的这份报道："邪恶和该死的女人瓦尔普拉·豪斯曼宁，现已被囚禁并戴上了镣铐。经过细致的询问及拷问，她已承认自己是女巫，做了如下供述。"

这是个经典的倒金字塔结构的开头，写于1587年，其中对五个W的强调，完全符合我们对现代交通事故或入室盗窃案件报道的期待。另一方面，注意《伦敦间谍》(London Spy) 1699年某一期上内德·沃德（Ned Ward）写的这篇故事："于是，我们闲扯消磨时间，直到见到一栋高贵的建筑……我以为是市长勋爵的府邸……听到我这无知的说法，我的伙伴笑了笑，告诉我这是贝德兰姆（Bedlam），一所疯人医院。"

故事就这么开始了，一篇整洁的解释性小叙事，约翰·麦克菲式的。沃德和伙伴（此人或是杜撰的）漫步于伦敦的疯人收容所，一边走，一边注意到这个那个，把贝德兰姆这个机构的第一手印象带给了读者。后来，"贝德兰姆"成了混淆和混乱的同义词。

这里的例子引自路易斯·斯奈德（Louis Snyder）和理查德·莫里斯（Richard Morris）的文摘佳作《伟大报道文库》(A Treasury of Great Reporting)。此书见证了现代新闻中报道和叙事两大支柱始终相伴而存的事实。

19世纪现实主义小说的盛行，在文学和新闻之间建立了一座桥梁，那个时代的叙事大师们都常常在这座桥上来来往往。沃尔特·惠特曼、马克·吐温和斯蒂芬·克莱恩都为报纸写作。查尔斯·狄更斯曾把"旅行通信"投给《伦敦每日新闻》(London daily News)，此报在1846年发表了一篇狄更斯的短篇小说，诱人的开头如下："星期五，他正和别的犯人吃饭，他们过来说，第二天早上他就要被砍头了，然后就把他带走了。"

在 20 世纪,理查德·哈丁·戴维斯(Richard Harding Davis)几乎被人忘却了,但他在 19 世纪是位著名记者。他父亲是位颇有成就的短篇小说家。那些深受大众喜爱的精到的叙事技巧不仅在他的小说里比比皆是,在他那些暴得大名的战地报道中也屡见不鲜。第一次世界大战是他参加过的最后的战役,也为他最多被引用的这个开头提供了素材:

德军进入布鲁塞尔的方式已经失去了人性。领头的三个士兵骑车进入摄政公寓大街(Boulevard du Regent),问去火车北站的路;自那一刻起,人性便消失了。那三个士兵经过后,人性的音符也随他们而去。他们之后来的,24 小时后还在过来的,不是行军的人,而是一种自然的力量。

文体间的这种兼顾,20 世纪的前半叶还在继续。欧内斯特·海明威、达蒙·鲁尼恩(Damon Runyon)、约翰·斯坦贝克等人,在小说和新闻写作中都使用现实主义的技巧,这仍是当时最流行的小说形式。

本·赫克特(Ben Hecht)与查尔斯·麦克阿瑟(Charles MacArthur)合写的剧作《头版》(*The Front Page*,又译《满城风雨》)写出了 20 世纪 20 年代记者的典型形象。在赫克特的一篇最有名的新闻故事里,开场部分的风格和那个时代的短篇小说实难分辨:"卡尔·万德雷尔刚刚刮过胡子,棕色的外套刷得笔挺。他站在那里,目光越过北坎贝尔街 4732 号他家的后廊。他的妻子昨晚在楼下走廊被一个劫犯谋杀了,尸体停在卧室里。"

叙事传统延续到"二战"。杰克·莱特（Jack Lait）和厄尼·派尔（Ernie Pyle）这样的新闻明星充分利用了这种形式，几乎获得了所有人的喝彩。但是，在更抽象的、"只说事实"风格的报道写作和更文学、叙事风格的故事讲述之间，已经出现了一道裂缝。早在 1896 年，断层就出现了：理查德·哈丁·戴维斯在短篇小说《红十字女孩》（The Red Cross Girl）里写了它。

小说发生在一个新闻编辑部里。记者被派去报道一家疗养中心开张。他在仪式本身上没费多少笔墨，也没怎么谈出资建造这座疗养中心的那位慈善家。他交出的是一份文学性的描述，核心人物是一个红十字志愿者。

文字编辑抗议说："这是社论，是散文，是咏春词。"这的确不是一篇新闻故事，不过，责任编辑决定发表它。文字编辑不满地嘟囔道："但这不是新闻啊。"这种抗议的声音仍回响在 21 世纪的新闻编辑部里。

最后，文字编辑的意见通常占了上风。到 20 世纪 50 年代中期，官僚化、统一性和"这不是新闻"的规则已经把叙事故事赶出了北美新闻报纸。它只在美国文化的几个角落里得以幸存。最著名的是《纽约客》，詹姆斯·瑟伯（James Thurber）、布伦达·吉尔（Brendan Gill）、莉莲·罗斯（Lillian Ross）、约瑟夫·米切尔和约翰·赫西在那里护卫着摇曳的火苗。

火苗一直在燃烧，终于在新一代非虚构写作者那里燃起了大火：汤姆·沃尔夫，琼·狄迪恩，诺曼·梅勒，亨特·汤普森（Hunter Thompson）等。最终，叙事将回归报纸——250 年前它曾如此活跃的地方。

在新闻编辑部培育叙事
杰克·哈特

大多数新闻编辑部都缺一份叙事词汇表。我们管什么都叫故事，无论它是否包含真正的故事元素。但在好莱坞，大家都知道讲故事所需的特定语言。我们需要把那种理解带到新闻编辑部的办公桌上。《俄勒冈人》每月有一期内部通讯《重读》，我们用它来评论自己的写作。早期的多数内容都是针对编辑部员工的故事语言的教学。

报业曾经用过这种语言。随着集团报纸在20世纪中叶的崛起，报纸新闻的黑暗时代来临，创造型的人物都被排挤出了新闻室。我们能够复兴这种创造力，定义一份新闻室叙事词汇表是复兴的开始（见下文《一份叙事词汇表》）。

如果你所在新闻组织的高层对叙事不友好，往下找个略微安全点的地方。这里需要的只是一个坚定的作者和一个志同道合且对报纸版面有一点控制力的编辑。最初在《俄勒冈人》推动叙事文章时，我是周日杂志的编辑。发表了一篇叙事短故事后，要收集获得的正面反馈，归档电子邮件，保存语音信息。这些都有助于说明读者喜欢叙事写作。对报纸高层来说，那意味着叙事有助于提高报纸的销量。

不管多么好读或好卖，叙事最要紧的是必须精确。以下是做到这一点的几种方法。

编辑早期介入

确保在采访前、采访中和采访后编辑和记者都有讨论。记者的一部分工作是确保编辑理解正在发生什么。跟编辑讨论故事，有助于故事的成形及其意义的深化。编辑的工作是提出问题，帮助记者锁定主题，确定还要做哪些追加采访。编辑可能想去现场看看，或见见关键的线人，以避免在编辑过程中反倒把不精确的内容加进材料里。

信息管理

做大型叙事报道时，仔细管理所有搜集到的笔记、背景材料和其他文件。考虑录音和用文字记录采访，以克服过时的笔记和过多的材料引起的精确性问题。

反馈环

一旦故事开始从材料里浮现，跟关键线人再过一遍关键场景和技术性描述。不仅要核查事实的精确，也要核查那些解释人物如何看待自己世界的细微之处。编辑过程中出现问题时，再去找线人把事情弄清楚。重复核查技术性术语。核实头衔、时间次序和其他有疑问的事情。

与其他部门合作

尽早与文字编辑沟通，确保他们理解故事的主题和基本结构。希望增强故事对读者的吸引力时，跟文字编辑沟通。跟设计师讨论故事的语调、次序和戏剧性。确保设计与文字和图片协调融洽。把早期的故事大纲发给摄影师和图片编辑，让他们能根据它来规划工作。作者、摄影师、编辑和图片编辑都要看过并同意图片的说明文字，以确保这种元素不损害出人意料的结尾效果。

协同打磨

最后阶段，编辑和记者要一起坐下来，编辑大声读文章，记者对改动之处表示认同或做出改进。

检控式编辑

编辑应持续发问，怎么知道这一点的。每一步，编辑都应斟酌证据，如果需要，搜寻更多证据。

清晰评述流程

为编辑、作者、摄影师和高级编辑都打印一份稿子。把所有问题和改动集中到一份主稿上面。坐到一起，进行最后一轮编辑，处理这些读者提出的所有意见。

叙事必须清晰，绝不能勉强。一旦想写一个叙事故事，要审视事情的各个方面，并问：有主人公吗？有矛盾吗？有一连串引起某种戏剧张力的事件吗？那种张力解决了吗？如果答案是"没有"，就不要勉强写。没有故事强过坏故事。

一份叙事词汇表

杰克·哈特

故事线和戏剧张力

逸事：非虚构杂志文章的常用手法，有自己故事线的简短描写。通常用于呈现和刻画，而不是推进主线。

回叙：叙事时间线的中断，描述某个之前发生的场景。若故事以"中段进入"（见下文）开场，那第二个场景几乎都是回叙。

跳叙：跳到叙事时间线前方的场景。跳叙比回叙少见得多，部分原因是跳叙会引起时态问题。

伏笔：暗示后文出现的重要事情。

圆满结尾：最舒服的结尾，有一种故事回到开头的感觉。第一段和最后一段的结构能够提供这种满足感。

完整对话：在故事时间里展开的两人或多人之间的对话。

片段对话：某个参与者的对话，杂以叙述。

中段进入：从中间开始讲述故事，而不是按照时间线开场。这个术语指故事结果悬于空中的点。

内心独白：叙述者以第三人称告诉读者人物在某个时刻正想什么。20世纪60年代，新新闻主义引入内心独白时，传统记者觉得不舒服。现在，它是成功的非虚构叙事作者的常用手法。

截断引语：结束一段话的简洁有力的引语，制造一种完结感，为接下去的叙事扫清道路。写这种引语时，节奏很重要，最好的截断引语以一个单音节词结束。

不祥之物：萦绕心头从而获得重要性的某物。契诃夫的"猎枪"（见下文）是一个经典例子。

参与性对话：叙述者参与的对话。

句子形式：及物动词描述动作，从而推进叙事线。系动词如"to be"的各形式，放慢行动，因为它们只下定义。

猎枪规则：契诃夫说过，如果剧的开场写到挂在壁炉上方的猎枪，那么在第三幕结束前，这把枪必须要开火。换句话说，每个细节都必须起到某种作用：充实人物，提供背景信息，或者——最重要的——推进故事线。

推测段：合理地猜测什么应该发生，补满故事线。小心地把推测说给读者听。

花絮：一段并无高潮结语的逸事。

场景设立

集体细节：不是刻画个体，而是刻画一组人或事物的元素。

建立视野：场景的综观，在作者聚焦到具体地点前，给出场景的笼统感觉。

比喻：明喻、暗喻或拟人，把场景的陌生面转为熟悉面，从而帮助设立场景。

质地：相互冲突的元素，帮助刻画场景。

主题细节：发展核心故事主题的元素。例如，盖伊·特立斯有一篇写一位《纽约时报》讣告作者的著名文章，文中写到他坐火车上班，经过墓地广告的广告牌。

刻画

逸事和花絮：戏剧性叙事中阐释人物的片段场景。

高潮：故事矛盾得到解决的点。

冲突或矛盾：搅乱现状，迫使主角做出反应，推动故事的事物。冲突既可是身体的，也可是心理的，常常产生某种冲突。

结局：高潮之后的最后一幕，或各散落线索的合拢。

方言：显露清晰语言特征的对话。方言很难写好，常常只是偶尔用到人物的语言特征，以给出提示。

直接刻画：对人物个性或外貌的抽象观察。

解说：用于告诉读者必要的背景信息。混进故事线时最有效。通常出现在子句、修饰语、同位语或其他次要语言元素里。

伪高潮：在这种技巧中，作者使读者相信冲突已经解决，但冲突却复现了。用于加强戏剧张力。

间接刻画：挑选外围细节，通过呈现而非直言来揭示人物。

形体描述：外貌细节，提示人物特点，或生动呈现人物的样子。

1号情节点：主人公首次遭遇冲突的时刻，通常在开场部分的结尾。

2号情节点：主人公的洞见或变化解决了冲突的时刻。

主人公：推动故事线的人物，不一定是故事的英雄。

升高段：主人公跟矛盾的冲突不断深入的故事部分。主人公常常在矛盾中挣扎并失败，加强戏剧张力，为高潮做准备。

身份标识：揭示人物社会地位的细节。

视点和语调

进入角度：作者进入故事的入口。

氛围细节：特别挑选的事物，以营造气氛。

选择人称：讲故事的视角，第一、第二或第三人称。

措辞等级：故事语言正式性的程度。作者的"声音"相对恒定，但"措辞"会根据主题及作者的目标而变化。

心理距离：叙述者和主人公之间维持的距离。"近心理距离"把读者放到人物心灵的内部；"中心理距离"退后一点，以身边观察者的角度描述主人公的遭遇；"远心理距离"只描述陌生人在一定距离外看到的事情。

立足点：作者放置三脚架的地点，三脚架支撑着观察行动的心理摄像机。典型的记者距离像一个悬挂气球：作者似乎在人物头部上方约 6 米处观察。

　　故事架构：作者给予故事的价值和目标。

　　语气：文章传递出的作者的总体性格。

结构

　　人物次序：作者引入关键人物的顺序和时机。人物次序影响场景的类型和放置，也影响叙事的方向，故能建立故事结构。

　　平行结构：用结构的形式建立相似性，是阐述较宏大观点的一种方法。

　　场景结构：一个场景一个场景建构起来的故事，每个场景展开一段具体的时空。一篇典型的 3000 词的故事包含三到五个场景。

　　话题结构：以话题而非故事线来安排故事的次序。

　　地标：划分结构各部分的符号。星形符号行（若干星形符号构成的一行）是一种传统手法，标志着场景或话题的较大变化。

　　统合手法：在整个结构中重复关键细节，是聚拢故事的一种方法。

作为日常习惯的叙事
莱恩·德格雷戈里

　　同事对我说："莱恩，你写的人都有点怪。"但我认为，他们都是普通人。我是一个什么类型的人都写的记者。

　　通常，我每周写一两篇短故事。我写过最长的故事，从采编到写作花了十个月；其间，我仍然进行日常故事的写作和发表。

　　我的多数故事发在专题版面上，新闻编辑部里写圣诞节和母亲节的人就是我。我甚至不得不写一个人和宠物合影的圣诞节专题。如何找到好的故事思路，从而避免写狗和圣诞老人的照片呢？以下给出十三种技巧。

一、跟陌生人交谈

当一个爱打听的邻居。坐到荡秋千的老女人身旁。到码头逛逛。去哪儿都别忘了跟人聊聊。有一次，我报道一个葬礼，亲属还没来，我跟掘墓人聊了一会儿。"这是个无聊的葬礼，"他告诉我，"明天还有个葬礼，那人要葬在咖啡壶里。"死者的儿女这么做，是因为他生前总在问，"我的咖啡呢？"第二天，我又去了墓地，写了个跨度一天的故事。

二、逃班

好多次，我找到好的故事，都是在本该坐办公室的时候。搬到佛罗里达的第二周，我正开车上班，看见一个大牌子上写着"佛罗里达皮货"。我就是想知道谁居然在佛罗里达开皮货店。我去了那家店，采访了一个老人。他刚从纽约来，建了一个能够控制湿度的仓库，供北方人存放皮草。

三、读墙上的文字

不管去哪儿，我什么都读，免费的药店广告单，自助洗衣店的公告板，特别是报上的小广告。有个小广告是这样写的："给一个面容如鲜花的女孩。上周三正午时分，你离开凯西餐饮店时，我们对视了几秒钟。我是那个站在店门口一张小桌子旁的高个子。如果你看到这条，打电话给我。"

我打电话给他，把他找那姑娘的故事写了下来。他一直没找到她，但我的文章给他带来了另外 40 场约会。

四、单独吃午饭

有时候,我坐在饭馆里,或坐在公园凳子上,捧着本书,听周围的对话。听到有趣的事情,我就说:"不好意思,我听到你们说……我可以跟你们聊聊这事吗?"人们通常都会乐意。

五、充实生活

注意自己日常生活里的有趣故事。我有一个朋友在哈雷·戴维森专卖店教人骑摩托车。他告诉我,有个五十几岁的女人,正吃力地学骑一辆13万美元的巨大哈雷摩托。她丈夫买了这个车,一周后却自杀了,给她留下了这笔大账单。她犹豫不决:把车卖了,还是趁这个机会试试新事物?

六、别写大人物

多数时候,我都觉得写大人物很无聊,因为别人早就写过了。我曾经得到过一个最糟糕的任务:采访佛罗里达小姐选美。我本该重点写本地选手圣彼得堡小姐,这是她第三次参选。结果,我写了她的服装顾问,一个快乐的餐厅服务员,她很享受水银灯下的时光。

有时候,大人物不理我,这时我就高兴写他们了。有一段时间,达里尔·斯特劳贝里(Darryl Strawberry)老上佛罗里达的新闻。我想知道他妻子卡丽丝为什么还支持他。她拒绝和我谈,但这个故事已经列入了计划,我不能放弃。我能做什么呢?我把各种写她的文章找来读了,趁着她丈夫一个案子开庭,跟了她三天。我甚至借了辆朋友的小货车,扮成一个承包商,开进了他家大门。虽然没采访到她,但我写了她是如何对周围事情做出反应的。

七、赞扬失败者

我们写过太多美梦成真的人，面临失败或挫折的人则更有吸引力。张力自然就在故事里：他们要往哪里去？危机如何改变了他们的生活？

我曾写过一个人，他想在佛罗里达中部建一个生态农场和共同社区。他买下一大块土地，在一份非传统周报上登广告，招募社区成员。找来的人都是酒鬼、吸毒者和逃犯。提供资金的是他妻子，她只肯再给他一个月时间把社区运行起来。我的故事写的就是那一个月，他正面对这个问题：毕生梦想破灭后，我要去干什么？

八、琢磨"谁去……？"

问自己这样的问题：谁去清空移动厕所的化粪箱？海盗队在雷蒙德詹姆斯体育场（Raymond James Stadium）的比赛结束后，谁去清理座椅底下的垃圾？我曾写过一个公共健康科护士，人称"V妈妈"，V指 vasectomy（输精管切除术）。她曾获得一笔资助，而且使佛罗里达皮内拉斯县成为全美国年度输精管切除术第一县。

九、到酒吧逛逛

酒吧里，人人都讲故事。就算不喝酒，你也可以叫一杯健怡可乐，听听在新闻编辑部、市委员会议，甚至大街上听不到的故事。

十、逢人就给电话号码

我一般都带着记者证。人们遇到我，会说："哦，你是报社的。"我总说："是的，没错。你那儿有什么故事吗？"我到处发名片：兽医诊所、地铁、加油站。他们真的有故事，有时是几年之后。现在，我的电子邮箱地址和电话印在每一个我写的故事下面。那也带来了大量线索,有些线索非常好。

十一、写节假日

我成了一个希望报道假日故事的人。我视之为个人挑战:这次情人节写点什么?我提前几个月考虑,因为我知道到时候任务会推给我。

有一次,独立日,我写了个故事,回答这个问题:放烟花在佛罗里达是违法的,为什么还有那么多烟花?原来,购买者只需要签一个声明:"我只用烟花赶走鱼池周围捣乱的鸟。"

十二、捡别人不要的故事

让同事翻白眼的任务可能会变成特别有趣的故事。我们曾收到一份简报,"心理疾病患者会所开放"。只有我愿意跟这个故事。一群参加同一个日间治疗项目的心理疾病患者开办了这个会所。他们参加的那个项目,为了打扫和准备晚餐,下午四点至七点会请他们出去。那期间,他们无处可去,有些人因为流浪而被捕。他们准备盛大的开幕式时,我去了,写下了他们的兴奋及会所对于他们的重要意义。

十三、寻找苹果表面的瘀伤

我曾用几周时间采访了一群来坦帕的俄罗斯孤儿。每个孩子分到一个家庭里住上几周,期望最后能被成功收养。我跟了一对夫妻,他们准备了男孩的房间,买了衣服和一把史酷比牙刷。甚至,他们去看侄子侄女,学怎么给孩子洗澡。这对夫妻五十几岁,非常想要孩子。最后,因为法律文书方面的问题,他们没能收养这个小男孩。

我得决定是写那40个成功收养的家庭,还是这一对没成功的夫妻。我写了这对夫妻和让他们心碎的收养过程。因为,比起其余光鲜的部分,苹果表面的这一块瘀伤,更能抓住我的心。

我们睁开眼睛，竖起耳朵，不再势利，见识到以前我们没听全的事，凭诚实的好奇去见识更广阔的世界，这时故事涌现了。有时，就像快乐的蓝鸲鸟，最好的故事落在自家的后院。

建立叙事团队
玛丽亚·卡里略[1]

招募作者！你喜欢到处跑，在最不可能的地方寻觅故事，而不是坐办公室。你的好奇心从来得不到满足。你对细节敏感，读者爱看，看完了笑、哭、思考。当然，你还写得出梦幻般的作品。

来吧，这里有你爱干的工作。

给你的装备：一个讲故事的团队，由三四位记者组成，都是本报的最强作者，上路搜寻最棒的故事吧。

这是出现在《弗吉尼亚导报》新闻编辑部里的招聘海报。这份报纸在弗吉尼亚诺福克有20万的印数。我们需要想法，需要天赋，需要不坐办公室、经验丰富且身心尚未疲惫的人。我们需要一切。

我们的叙事团队就是这么诞生的。做出这个决定之前，有一场高级编辑的闭门争辩：这个主意好不好？报社有没有能力支持？回头

---

[1] 玛丽亚·卡里略（Maria Carrillo），《弗吉尼亚导报》主管编辑。她曾领导该报的多数项目，并负责一个四人叙事报道团队。她编辑的故事曾获得ASNE、NABJ和AASFE的奖项，有三个系列被扩展出版成书。——译者注

看，这个决定很不简单——这是一家正在精简的报纸，20世纪90年代大部分时候对特稿写作的支持都不稳定。我们的团队成立前的七年里，《弗吉尼亚导报》曾两次建立特稿团队——一个叫"灵活团队"（Flex Team），另一个叫"真实生活"（Real Life）。它们的任务相同：为报纸的每个版面写作，把写作技巧带入传统的特稿文章里，同时也带入新闻、商业和体育故事里。它们的命运也相同：没支撑多久。

早期团队被裁减的原因，有些是《弗吉尼亚导报》独有的，有些是其他新闻机构也会碰到的问题：新闻编辑部领导的政治支持不断减弱，有效的故事写作所需的时间和精力被上级侵占，还有"成功的新闻文章应该怎么写"的守旧观念。

后来，一种"特稿文章自己会出现"的哲学统治了报社。我的叙事团队里有一个老作者，曾经历过早期团队的时期，他开玩笑说，《弗吉尼亚导报》读着像是"对你有用的东西"。特稿文章成了常规新闻的衍生物。报纸已经失去了精益求精的愿望。我们的编辑凯·塔克相信，一个致力于良好写作的团队不只带给读者好故事，还为其他员工设立了榜样。她想为不愿当编辑但也不愿老报道市委会的老作者创造一个家园。

就是在进行这些讨论的时候，我来到了《弗吉尼亚导报》。两个月后，招募和领导这个团队的任务交给了我。16个人申请加入团队，其中有一个商业记者，一个城市编辑，一个军事记者，一个从北卡罗来纳新闻社来的人，一个体育作者。他们送来简历、作品选和求职信。

我是报社的新员工，所以跟每个申请人坐下来谈，努力了解他们，分辨谁是我们要找的作者。我们把候选名单缩小到七人，最终选定了四人。七年后，我们还是一个四人团队。

我不只看申请人的作品，还看他们的想法。他们能看到故事吗？叙事作者善于看到其他作者看不到的可能性——故事背后的故事，或躲在角落里的故事。我选择的人还都希望得到并愿意给别人建设性的批评。

我又加了一个标准。我给每个人一种颜色。我想要个性的多样性。最热切和最有观点的作者，当然是红色。我还选了一个蓝色（思虑周到、好奇），一个薰衣草色（创造性、无畏），一个粉色（精力充沛、感情丰富）。那位"粉色"离开报社后，我们挑了个"黄色"（渴切、同情）。结果证明，这是一个个性、兴趣和天赋的强大组合。

起初，叙事团队的聘用有时长限制。两年后可以重新申请，成功后获得新的三年聘用期。现在，他们可以想待多久就多久。我们已经对他们进行了投资，我们想要留住他们。

我们的团队是一个小实验室，里面都是整天猎取故事叙事的思考者。每周开会，我们都讨论写出来的文章，学习其他地方的范文。我们越来越善于判断什么能写、什么不能写。

团队成员向作者提建议，努力与其他同事建立亲切合作的关系。团队为其他作者设立了榜样，很大程度上提升了报纸的水准。

当然，我们也确实招恨。这种特别团队的成员必然被打上"自负"的标签，而且他们拥有多数记者没有的时间和空间。去年，我们启动了"故事假"（story sabbatical），鼓励其他员工进行更多的叙事创作。每年两到三次，我们给版面记者一个月时间，在我的指导下写一个故事，成为团队的第五个成员。故事假支持了一些有抱负的想法，使那些记者真正体会到了"怎样写好一个叙事故事"。

故事假之外，如果其他记者有出色的想法，我们都会鼓励他们主动去做，完成前期工作。然后，我们帮助他们进行下去。我跟许多有想法的记者及其编辑合作过。也许我会指出他们想法的问题，但只是为了改进。我们一起做完整个流程。

我团队的故事一般发在头版或专题版，有时发在本地版首页，偶尔发在体育版。我们讲的故事，报社其他人很少有兴趣或时间去写。我们对新闻做出反应，以后还会再次回到那个话题。我们努力带给读者意料之外的东西——无论是话题还是处理方式。

首先，我们的目标是提高文章发表率，短文章和长文章都行。我们测试自己，确保我们能够快速讲故事，使用更多对话，并提升我们的实地采访。

我们也报道重要新闻。伊莎贝尔飓风来袭时，团队有一位成员负责整合风暴故事，因为我们想找一个能把故事讲好的人。

我出席报纸的预算会议，努力在新闻编辑部培养叙事文化。我挑战陈腐的做法。偶尔，预算中的一项还能给叙事团队一个故事灵感。

我主持一个固定讨论会，对所有记者、编辑开放。我们在午饭后花一小时集中讨论诸如故事结尾这样的具体话题。有时我先讲，有时我另找个人先讲。我还帮着办了一份内部通讯。有一次，一个军事记者和一个商业记者来会上听"面临截稿期限的故事写作"，他俩都在报社几十年了。我想："现在我可以退休了！"

两种视角，一个系列：作者与编辑的讨论
雅基·巴纳辛斯基，托马斯·亚历克斯·蒂松

蒂松：2001年9月12日，世贸大厦灾难后的第二天，我和一位摄影师开着一辆租来的卡车上路了。我们花了三周时间，从西雅图开到纽约，为《西雅图时报》写了14个故事。这个系列叫作"穿越美国"，

包含了采访到的个人叙事以及照片。

9月11日,我正在写第二天要发的主要新闻故事。下午几个编辑问我:"你想不想去纽约?"一小时后,我接到我自己的编辑巴纳辛斯基的电话。

巴纳辛斯基:当时,我在密苏里州哥伦比亚市,每周我去那里教几天课。全美国的飞机都停飞了,我困在大学校园里,回不了编辑部,也回不了家。《西雅图时报》的一个政治记者提出了一个想法:走出去,发现"新"美国。讨论这个非传统计划时,我们很快明白,问题不是写什么,或者如何报道,而是谁去报道。编辑部里有一个人是这个任务的自然人选。最初出主意的那个记者,同意了我们的决定,真应该感谢他。于是,我拨了蒂松的电话。

蒂松:我的反应是,"你想让我做什么?"

巴纳辛斯基:蒂松对编辑的提议总是不大热情。通常,我给蒂松某个故事想法,他花几天时间琢磨清楚,然后才同意。但这一次,他第二天早晨就上路了。我们没告诉他就为他租了辆卡车(9·11事件后各地机场都关闭了,这事可不容易),那时他还没同意写这个系列故事。

蒂松:第二天,周三,艾伦·伯纳和我开车穿越喀斯喀特山脉。途中,我终于给巴纳辛斯基打了个电话:"好吧,我们来做这件事。"但艾伦和我完全不知道要做什么。我们要在一个地方待一周,写个长故事?或者去两个地方?或者每天去一个小镇写一个故事?我们觉得有点不知所措。艾伦说:"我要一直走到华盛顿州州界,然后掉头回家。"他后来就是那么做的。

但是,我们周五就得把第一个故事发给巴纳辛斯基。第一站是华盛顿州中部的埃伦斯堡(Ellensburg)。我们头脑风暴了一下,列出了可以去的地方：保龄球场、教堂、商业楼、市政厅。我们决定去学校。我们跟校长交谈，听学生背诵效忠誓言。第一篇文章的开头为整个系列设定了调子：

西雅图到埃伦斯堡。小心头疼时出现的幻觉，尤其还不只是头疼，而且还是都没法儿用手揉的那种疼痛。

我在电视里看到世贸大厦像山一样坍塌下来的时候，疼痛先是击中了我的肚子。当我看到照片里男男女女从地球上最高的大厦顶部跃下时，我的心感到强烈的刺痛。2001年9月11日，周二，这一天结束的时候，我的脑子里装满了那些可怕的画面，非常疼痛。

我听到一个声音说："去东部。"于是，我就去了，虽然并不十分确定为什么。

即便旅程的意义并不明确，但感觉是对的。我是个行路人。当我需要做什么事，我就起床，然后上路。这是我的行走方式，只不过我是开着一辆租来的福特征服者走了4800多公里。许多人和我处在相同的心理和感情空间中，我邀请你们在精神上随我一同穿越美国。就像真正的西雅图人，我们能够一起做事。

我邀请西雅图全城跟我一起走。但要是他们不走呢？

巴纳辛斯基：蒂松和艾伦已经列出了要去的地方，但编辑们自己也拟了一个单子。一位编辑在办公室放了张地图，上面插满了小标。我应付编辑们的各种想法，跟图片部和新闻部商讨文章的标识图案和大标题，考虑把文章放在哪个版面。

有几个新闻部编辑抱怨："现在发生的可是美国历史上最大的新闻故事，你却想弄几个放不进头版的人物故事？"

是的。这种时候需要新闻切入感情。我相信那位摄影师和那位记者能够做到,即便谁也不知道他们会如何去做。

蒂松:我完全不知道巴纳辛斯基在编辑部里的辩论。

巴纳辛斯基:我和蒂松谈的不是去哪里和做什么,而是故事的调子。我们谈系列文章的结构和灵魂。我们的想法是找到美国。我相信这个系列文章必须写得个人化,但我得确保故事依然是新闻,从而使其他编辑及读者能够理解。

蒂松:用第一人称写作对我来说不难。我喜欢这种感觉,词语背后有一个人,一种指明方向的意识,即便不用"我"这个词。

巴纳辛斯基:想用第一人称写新闻报道或表达强烈观点的年轻记者应该知道,蒂松写这类系列文章之前,用了20年时间学习如何取舍。

蒂松:第一篇文章发了之后,我收到读者寄来的70封电子邮件。我个人化的叙述和他们的感情发生了共鸣。

巴纳辛斯基:读者写来这样的话:"我希望能跟你们一起去。我去不了,但把我姑姑在北达科他州的地址告诉你们,我很愿意提前给她打个电话,请她给你们做樱桃派。"这样的话使得编辑部的其他人逐渐相信,这个系列文章值得放在头版。

如蒂松提到的,在华盛顿州和爱达荷州的州界,摄影师退出了。其中有经费的原因,也有其他任务的压力。头两个故事之后,就没有照片了。我终于从密苏里州哥伦比亚市飞回了西雅图,然后每天游说图片编辑和其他高级编辑。我指着蒂松没有照片的文章说:"天啊,读者看不见那个人,这岂不是太糟了?"后来,我又觉得,蒂松写得太好了,就算没有照片,读者也能真的看见他写的那个人。那时,摄影师又回到了蒂松身边,读者的反应就更热烈了。

没有摄影师的那段时间，把蒂松这个系列放到头版更难了。反过来，一旦我拿到了头版版面，就得确保有故事填满它。有几次，我傍晚打电话给蒂松，说第二天早晨八点要一个故事。艾伦开车，他用笔记本写作。有几次，主管编辑不得不插手，确保故事还能留在头版。

"穿越美国"在某种意义上成了《西雅图时报》的转折点。从那以后，我们刊发了不少个人化的、感情丰富的亲密故事。它们的缘起可以追溯到蒂松和艾伦的工作。

蒂松：巴纳辛斯基为我争取摄影师，我却想独自工作。一般来说，我喜欢单独采访；有人在旁边，有时会觉得累赘。这次我没成功。不过，在丹佛机场看到艾伦时，我知道这意味着这个计划已经赢得了新闻编辑部的支持，因为图片部本来是最不看好这件事的部门。

巴纳辛斯基：我当作者的近20年里，身边一直想有一个摄影师。好的摄影师——大部分摄影师都很好——看待世界的方式，是我缺乏的。他们提供了一双不会被笔记本干扰的认知眼睛。

蒂松：巴纳辛斯基和我对频率的意见也不一致。我希望少写几篇，巴纳辛斯基希望多写点。最后，我们商定两三天一个故事。这是可以做到的，但这意味着我们每天要工作16小时。

基本上，早上我们赶路。多数时候是艾伦开车，我阅读《西雅图时报》研究员做的背景资料，还有路上看到的一切。一旦到了一个地方，我们到超市喝杯咖啡，买来能找到的所有当地报刊。下午，我们去采访。晚上，我通常边想边睡，很早起来，用一到四小时写作。然后，我们再次上路，开始新的循环。

巴纳辛斯基：我坚持要他们去俄克拉何马城，蒂松不肯。但最后，他还是去了。他写的故事里有这么几段：

我们到达的那天下午，邦妮·马丁内斯穿着正式的白袍，戴着头饰，出席她的肯色阿成人礼（Quincenera），这是拉美女孩满15岁的庆祝仪式，同时也是为了纪念她的父亲。

她父亲是吉尔伯特·马丁内斯神父。炸弹爆炸时，他正在一楼帮助某个朋友填写社会保障表。那本来是顺手帮忙。当时，邦妮上三年级。

她老师以为是地震，要学生蹲在课桌下面。

几小时后，邦妮放学回到家，看见亲戚们哭泣，才明白出了什么事。她只是说："我想念他的一切。"六年过去了，她已经学会把全部悲伤概括为一句话。

这四段话说出了这个系列文章的核心。无论事件多么巨大，悲伤是个人的。摄影师艾伦发现了邦妮·马丁内斯。

蒂松：我不想去俄克拉何马城，因为那样故事很容易变成陈词滥调。那篇故事的开头，我写了不去的理由："我们没打算来这里。在这里还能说什么呢？"只要没有实际到那地方，写作中触碰感伤是没问题的。感情内嵌在情境里，没必要谈论它。

巴纳辛斯基："穿越美国"的故事，我没做多少文字编辑。我的编辑工作多数都在以各种方式问同一个问题："你是怎么知道的？"即便在这样第一人称的故事里，我也不在乎蒂松是怎么感受的，我在乎的是他如何把体验带给读者。

蒂松：这个系列的叙事主题，始于我们在痛苦和紧张中离开西雅图，结束于我们到达纽约。直到我们到了怀俄明州，才找到节奏。那时，主叙事，也就是这次旅程本身，开始变得清晰。每天的故事是一个微叙事，加起来构成一个大的故事走向。故事常常始于我们抵达一个镇子，结束于我们离开。我们遇到的人，他们的感情和想法，成了故事的核心张力。

随着这一系列文章的发表，我们收到了读者的建议，有些我们采用了。一位读者说："你们应该去肯塔基州路易斯维尔。那地方有意思，因为那里一半南方，一半北方。"我们去了那里，计划写穆罕默德·阿里最初打拳的拳馆，或者他和伊斯兰教的密切关系。我们发现，随着居民的中产阶级化，城里多数拳馆都关门了。我们找不到一个认识他的人。我们找到一位牧师，他说能带我们去阿里的拳馆原址。路上，我们见到一所老旧坍塌的房子，挂着一面巨大的美国国旗。门前，两个老女人坐在摇椅上，穿着罩衣和法兰绒衬衫，戴着草帽。我们跟她们待了一下午，她们成了我们的故事。

我们最后写出的故事，半数以上都和我们开进镇子时计划写的故事不同。

巴纳辛斯基：蒂松开始说："我认为，我们应该在到纽约之前换个方向。"我听了有点不安，心想，我怎么劝他去纽约呢？他们在宾夕法尼亚写了一个车祸现场的故事，那以后，蒂松觉得跟真实事件更贴近了。我告诉他，必须去纽约，如果他在那儿找不到故事，到时我们也总会有办法。

蒂松：结果，纽约的故事是这个系列故事里较好的一个。

巴纳辛斯基：写这种东西必须要很好的记者。采访的过程中，主题变得明确。系列里的每一篇文章，开头都预示了主题，使得编辑部里比较传统的那些人更能接受这样的个人化叙事。

第三篇文章开始写道："战争时期，那些小老太太在做什么？一天下午，近黄昏时分，开车经过比特鲁特山区东侧山脚，在这个国家的一个新恐怖日过去快一周时，我遇到了两个小老太太，问了她们。"

"这个国家的一个新恐怖日过去快一周时"是核心句,是不让故事迷失在云端的拉线。

蒂松:这个系列的文章非常成功,2002年我们又来了一次,再次穿越美国,在"9·11"一周年时到达纽约。第二个系列在写作上更好,我们有时间做详细的规划。不过,第二次没有2001年的感情冲击。第一次的成功是因为时机合适。当读者对个人化的声音的需要最强烈的时候,我们给了他们。

团队叙事
路易丝·基尔南

我们的团队有64位记者和摄影师,共同为《芝加哥论坛报》完成一组系列文章——《拥堵之门》(Gateway to Gridlock)。团队里有图片记者、艺术家、各种编辑。就像许多项目一样,这个项目始于某个人的经验:我们的编辑安·玛丽·利平斯基和小女儿一起从佛罗里达飞回芝加哥时,经历了一段糟糕的日子。她决定,《芝加哥论坛报》应该关注一下航空业的问题。

该系列有四部分,我写了第一篇,也是这篇文章的记者之一。我们计划写在航空系统里度过的一天。我们跟联邦航空管理局(FAA)及各大航空公司进行了广泛协商,然后随机挑了个日子。纯属遇到了——好运或坏运取决于视角,那天下午,芝加哥奥黑尔机场遭遇两次大雷暴。数千人整夜困在机场,全美航班都受到影响。《芝加哥论坛报》的记者和摄影师进驻各地机场、飞机、联邦航空管理局指挥塔，以及各大航空公司总部，就看接下来的一天时间能不能把这个故事做好。

编辑们开始策划这个系列是在 2000 年 7 月，我在 8 月参与进来。我们报道的那天是 9 月的一个周一。故事发表是在 11 月的第三个周末。报道日和发表日之间有九个星期，这对大项目来说只相当于一瞬间。

团队叙事的一个重要策略是在报道之前报道。确保所有工作人员出门前知道去找什么。我们团队有两个记者，日常工作就是报道航空公司，他们已经在为报道日的某些较大主题和问题做准备。例如，一个焦点是看看航空公司是否把误导性的信息传递给乘客。你为团队准备得越多，他们就报道得越好。

只要有可能，团队项目的首席作者应该也是现场记者。如果那天我自己不去奥黑尔机场，没看见一团团揉皱的汉堡包装纸，没闻到被困人群嘴里过期的啤酒味，我就写不出《拥堵之门》。作者的参与还能建立起团队合作的氛围。如果作者不在，在机场出入口转了 16 小时的记者，可能还以为你躲在办公室喝卡布奇诺呢。

无论团队多大，每个记者都应该有具体任务。你不能把人放出去，只告诉他们"搞点好的采访记录回来"。这个项目，我们给每个团队成员清晰的指令：守在行李口，或盯着 2 号口，或紧跟机场主管。我们希望大家理解，只要坚守岗位，并做好笔记，最终好的材料就会出现。

同时，我们也需要灵活性。一个记者原计划是早晨飞到丹佛，却和其他人一样被困在了奥黑尔。但他和摄影师碰到了一个女人，带着蹒跚学步的孩子，她们也被困住了，孩子没有尿布。记者和摄影师跟了她一天，跟到纽约布法罗她妈妈家里。她成了故事里的一个主要人物。

最大的挑战是帮助记者理解我们不是做组合新闻。目标不是十个不同的人的十句话，而是品质和深度。这是许多记者做的第一个叙事项目，或者根本就是他们做的第一个项目。需要一些劝说，才能让他们认可，只跟一个人聊没问题，只要那个人是合适的人。

我们设计了一种机制，使大家从报道日前到报道日后，彼此一直保持密切联系。大家一直在打电话。我在奥黑尔机场的一项职责是，每一两小时组织一次短会。会议不强制参加，正在忙有趣事情的人可以不到。我们只是希望，大家在束手无策或者需要指引时知道去哪儿求助。

通信至关重要，它能大大提升故事的品质。例如，一个记者在得克萨斯美航指挥中心，他打电话到芝加哥，报告有一架飞机已经在奥黑尔机场跑道上等了快五小时；另一个记者去了出入口，找到那个唯一被允许下飞机的乘客——他带狗去厕所。正是依靠通信系统，我们能在对的时间出现在对的地方。

报道日后，记者把笔记交给我。我首先通读材料，把看起来有意思的东西画出来，然后拟出那天的粗略时间线。我努力把所有故事整合起来，拼出大的形状。在几个地方，某个人的笔记与另一个人在别处看到的事情有所联系。例如，有人听到飞行员和控制塔的一段对话，结果我们也采访到了那架飞机的乘客。

我跟团队提过，如果我们收集的资料中有 10%~15% 能进入最后的故事，就算运气很好了，他们听完都笑了。但那是个相当精确的估计。有时，数页的采访和描述缩减为一个有力的形象，比如一个人坐着，一个人躺在地上，前者的脚在后者的脸上方晃悠。

对于很可能采用的材料，我尽量再找那个记者索要更多的信息。团队项目里重要的一点是，每个记者都要尽量多做一些自己那块的跟进报道。实际情况是，我不可能自己完成《拥堵之门》的所有跟进报道。更重要的是，要记者继续对自己的工作负责，能减少错误溜进故事的概率。

整个写作阶段，我都跟记者保持密切联系，核查我是否正确理解了他们的笔记。发表故事前，我把最终稿里涉及各记者材料的部分发给相关记者，确保信息准确。

在这么大的团队里，要大家相信自己的个人贡献有意义，不是件容易的事。并非每个人都尽全力，但多数人是的。并非每个人的工作都进入到最后的故事里。贡献最多的团队成员，名字列在一个框里，和故事一起刊出。

这一系列文章获得了普利策深度报道奖后，我们的编辑安·玛丽用奖金把奖座复制了很多个，每个团队成员都拿到一个。这个做法使大家更能感觉到自己的努力工作得到了认可。

讲故事的摄影师
莫莉·宾厄姆[1]

文字和照片分别为读者提供彼此无法取代的信息，两者的结合是强有力的。可是，编辑挑选的图片往往只用来充当文字的说明，而不是任凭图片说话，千言万语尽在其中。为拍摄对象拍了多张照片的摄影师，就是叙事记者，就是讲了个故事。如果用叙事摄影新闻讲述复杂的深度故事，多数报刊都会提升水准。

文字编辑和图片编辑之间似乎总有一堵厚厚的墙。把摄影师引入

---

[1] 莫莉·宾厄姆（Molly Bingham），曾为美国前副总统阿尔·戈尔的官方摄影师，2005年度尼曼学员。——译者注

编辑过程对报刊有好处：考虑故事思路，寻找报道角度，决定深度叙事的策略。把摄影师引入故事思路的讨论，使得摄影师真正成为故事团队的成员。在新闻行业里，摄影师常常被视作二等公民。摄影师并非个个是天才，但作者也不是。不像多数编辑和许多作者，摄影师必须离开办公室，天天闯进粗糙的世界。

摄影师很难直接把故事推荐给报刊，这几乎不可能。故事编辑可能喜欢摄影师的故事想法，然后找作者来写，但图片编辑不喜欢别人插手说这故事用哪个摄影师。自由摄影师可能完全失去自己的故事。报刊行业里，文字和照片之间的这个隔阂，意味着一个错失的机会。摄影师看待事物的方式跟作者不同，看到的事物也不同。

编辑常常告诉摄影师，如今的预算比往年少多了。故事的拍摄必须是一两天的"短平快"。以前，有些杂志会给摄影师一周时间拍一个故事。减少拍摄预算，意味着故事视觉呈现空间的缩减，而视觉呈现是能增加深刻意味的。在这样受限的工作环境里，失去的是什么？

失去的是视觉叙事的复杂度。好的摄影新闻需要时间。在广告业中，图像的力量得到广泛承认。但在摄影新闻的真实世界里，做出一切尽在不言中的重要图像花的时间比在广告工作室里多得多。摄影师必须鼓励拍摄对象打开心防，让事件在眼前展开。这个过程不能操之过急。写作者能重建错过的关键场景，摄影师不能。

图像和文字之间的创造性张力也失去了。两者虽应大致相应，但不必在同一轨道上。摄影师拍摄的若是文字未直接处理的事物，读者的收获往往更多。在只带一张图片的故事里，摄影降格为图解，重复文字已然传递的信息，这是对读者的损害。

编辑应该给摄影师时间，去探索故事，挖掘视觉元素，找到对的拍摄对象，取得他的信任，让他忘记自己正被拍摄。摄影师需要时间跟拍摄对象相处，无论他们做什么，只要跟故事主题相关，但不是在他们接受采访的时候。作者采访人物时，是拍摄好照片最糟糕的时机：人物坐在黑暗的角落里，张着嘴，做出各种表情，翻白眼。

有些图像自己会说话，有些则需要较长的文字说明。我发照片时，附上的文字总是比其他报刊上的长得多。有些图像的意义更具隐喻性，或只在读者知道一点信息后才看得明白。这种图像需要解释。但这引起了一个问题：作者和编辑的心态使摄影师无法推荐故事，同样也使这种解释文字地位不稳。有时，刊登照片的故事误解了摄影师的意图，尤其当摄影师是自由职业者时。如果图片是从摄影师代理商的图库里买来的，而非报刊直接找摄影师拍的，则更可能发生这种事情。有时候，我们能跟自由作者合作，但若编辑不喜欢文章，我们的照片也就白弄了，无论照片有多好。

最好的情况是，写作者和摄影师合作，一起报道一个故事。就像婚姻，摄影师和作者的关系可能是美好的，可能勉强过得去，也可能很失败。成功的合作需要相互理解及清晰流畅的沟通。作者和摄影师无须黏在一起，但必须每天或每周交换各自积累的信息。在摄影师面前，和在采访中，人的表现会不同。他们可能对摄影师说一句不经心的话，或者对摄影师交心，于是就有了故事里的一个核心句子。

摄影师拍摄人物周围的一系列图像时，常常能看见故事更宽泛的语境。同时，作者通过采访、调查和观察搜集的信息，能帮助摄影师准确理解视觉故事和文字故事如何结合。摄影师和作者都寻求真相，但他们用的方式不一样。

文字和图片的真正合作能提升一个故事。这种合作关系把摄影师整合到故事的进程里，培育这一领域的沟通。优质的摄影，尤其是靠人物和情景的微妙意味讲述的视觉故事，所花的时间与优质的写作同样多。

叙事颠覆家：组建叙事小组
鲍勃·巴茨[1]

我所在的报纸《匹兹堡邮报》，并非像波特兰《俄勒冈人》或《巴尔的摩太阳报》那样，是叙事新闻的温床。美国国内许多新闻机构还不是特别支持叙事写作。不过，这些机构的雇员依然可以提高自身的写作，甚至把故事偷偷塞进报道里。

第一次参加叙事作者会议时，我已经写了14年特稿，但参加那次会议仍然彻底改变了我的工作。我回到匹兹堡，跟写作指导彼得·利奥（Peter Leo）共同传播尼曼会议的精神，从根本上发起叙事者的革命。

我们的报纸早就有一个内部培训项目。我也已经参加"匹兹堡邮报大学"的讨论多年。那些讨论加起来也没起到多大作用：帮助《匹兹堡邮报》蜕变为另一家《俄勒冈人》。彼得·利奥鼓励我组织一个写作小组。我想先从少数同道者（我知道对叙事报道感兴趣的人）开始。我们有目的地邀请了若干部门的摄影师和作者，但没有邀请编辑。我请一位摄影师和我共同领导小组，部分原因是摄影在我们的叙事观念里很重要。

第一次会议，我们甚至没有打开会议室的灯，不想引人注意。我们自称"叙事颠覆者"。我们可以讨论心中向往的写作，不用担心某个编辑说，"是个好主意，鲍勃，请在三天内写出来"。第一次会议只有六个人参加，议题也只有一个：我们怎么能停止抱怨报纸新闻如何

---

1 鲍勃·巴茨（Bob Batz），《匹兹堡邮报》特稿作者。——译者注

糟糕，并实际为此做点什么？

彼得·利奥提议办一份内部通讯，报社内部的地下报纸。《号外！》（Extra！）第一期的头版故事宣布叙事颠覆者的诞生。我们暗示不希望编辑参加，因为这样能让记者们感觉轻松点。后来，我们放松了限制，让几个编辑参与了进来。第一次公开会议时，出席的人数很多；大家对叙事的兴趣比我预想的要大。

会议办了几个月后，我担心"叙事者"（人们这么叫我们）正在成为另一个说得多做得少的组织。这时，有位编辑给了我们第一个项目。2001年初，匹兹堡建成开放了一个新的棒球场。《匹兹堡邮报》报道这个棒球场已经有五年了：从通过税收法案，到整个建造过程，再到种植草皮。开放日来了，却没东西可写了。这个故事成了谁也不想写的东西。

那天在快餐店，本地新闻编辑汤姆·伯德桑对我说："嘿，巴茨，这周末球场要开放了。你和你们那个小组来写吧，怎么样？"

这并不是友好的邀请，而是挑战。我答应了，这或许有点蠢。我召集我们小组的成员，跟他们说了。我说："如果我们相信叙事，这就是我们的机会。"大家都表示同意。距开放日只有一周了。我们从来没有一起写过故事，更不用说大故事。我们坐下来，仔细策划报道。我们决定采用"局—局"（inning-by-inning）的结构，从第一掷开始。

我们没有马上决定如何协调报道，而是勾勒出叙事报道的基本面。我们给出例子："我们不想采访带儿子来看球赛的老爸，然后记下诸如此类的话：'带吉米来这个历史性场合对我非常重要。'我们想要看到这样的场景：吉米说，'爸？'然后掷出他的墨西哥玉米片，因为他已经吃得太多。"这似乎有点初级，但对那时的小组来说不是。我们预先跟文字编辑、图片编辑和设计师谈了，这样，我们写的故事不会惊到谁。

开放日那天，几个记者和四个摄影师来到棒球场。我是这个临时团队的组长。他们眼里能看到发现猎物的目光。我们能得偿所愿吗？我们找得到每一局的材料吗？我们知道去找什么吗？结果，我们得到的好材料比我们需要的还要多。

回到编辑部后的合作很漂亮：一个体育记者和一个硬新闻记者一同坐在电脑前，这种事很少发生。一个艺术版作者和一个年轻实习生一起干活。故事从A1版开始，开头是第一次投掷，配一张错位的照片：一名观众的脚挤在场地边，小小的投手在远处。这张照片既抓到了球，也抓到了球迷在开放日的心情。

我们只用了几小时就写出了两个版面的故事。故事远非完美，但的确是个故事——文字和图像的实验性叙事。我们作为一个小组，获得了小小的成绩，这提高了我们在新闻编辑部的信誉。也许某些同事不希望我们成功，但这个故事刊出后，他们肯定会想："我不确定这小组是干什么的，但至少他们不只是谈论写作。"

《匹兹堡邮报》和其他报纸的同人都给了我们正面的反馈。"读完才明白，"一封信这么说，"只是买张票坐在位子上，错过了多少棒球场的气氛。"读者的反馈也证明，我们写出了报上不常见的动人场面和画面。读者有点吃惊，多数很高兴。一位自称"长期订阅者"的读者写信给拍摄首张照片的摄影师史蒂夫·梅隆，抱怨道："主场开放日来了36 984名观众，不知道为什么，你却拍了……一个怪胎的又大又肥又丑又臭的脚！"

随后的那次小组会议，我们分析了这个故事。然后，小组又写了几个故事。劳动节——我们知道报社喜欢在这天出个专题——我们想了某些相当疯狂的主意，然后敲定写一系列人物小传，还有他们谋生的工具。获得几个编辑的同意后,我们写了一位出名的烧烤师傅,他的烧烤铲已经用了 10 年;还有一个女人,是本地地板装修行会的首位非裔美国人成员,有人送她一台瓷砖切割机,期望她成功,她做到了。故事发在头版上。这不是完美的叙事,但具备重要的元素:实地采访,优质写作,摄影师和作者的密切合作,真正的人的元素,以及深化的含义。

维系这样的小组并不容易。你最想招募的——最有才能的记者,往往是编辑部里最忙的人。《匹兹堡邮报》走了几个年轻记者,小组失去了能量。即便没有联合任务,叙事小组也可以是强大的资源。我们共同阅读和讨论文章和书籍。记者和摄影师介绍他们的工作,我们研究怎么能改进。某种意义上,我们的小组提供了记者向往的记者和编辑之间的关系。同时,在编辑会上不说的事情,我们也会自由地谈论。我们分享不成熟的想法,因为这里不会有人笑话你,也不会有人要你马上把故事写出来。

第九章 在杂志和图书行业规划职业生涯

王宇光 / 译

引子

不论在杂志还是图书领域,最畅销的作家往往并非最优秀的,却是最执着的。除非你被指定报道一个选题,一份完美的手稿并不意味着大功告成。写作本身已经很艰难了,但无论是在动笔之前、写作期间,还是在完成之后,如何营销作品依然要靠你自己。

这意味着时间、人力、职业以及资金上的风险。《随机家庭》一书的作者阿德里安·妮科尔·勒布朗这样描述自由职业:

"你确实是在赌博。即使你赢了头奖,也不见得能赚得盆满钵满。它或许会让你血本无归,但这是你自己的选择。在你在意的事情上花时间,这便是收益。你所付出的代价是必须向所有人——包括你的信息源、编辑和读者——证明你的故事值得一读。你必须对自身和选题充满自信,因为你还要说服一大群人。一旦你获得了几次成功,事情便会变得顺畅起来。"

在本书的最后一章,一位经纪人、两位编辑以及五位作者将阐明如何令营销顺畅运作。

马克·克雷默,温迪·考尔

做自由撰稿人
吉姆·柯林斯[1]

自由职业的叙事作者想靠写作维持生计，从来都不容易。近年来，由于杂志产业的变化，做自由撰稿人变得更加艰难。二十世纪六七十年代是叙事新闻在《时尚先生》《滚石》和《纽约客》这类杂志上的黄金时代。自那以后，大杂志发表叙事长文越来越少。《滚石》坚持的时间最长，但发表的叙事文章已经短多了，而且转向了名人文章。

依赖订阅的杂志不再有能力抗衡依赖广告收入的杂志。最畅销的杂志已不是《哈泼斯》和《大西洋月刊》这样的综合性刊物，而是涉及面窄且定义清晰的垂直刊物，提供某个小天地的信息。《户外》(Outside)和《田园和溪流》(Field & Stream)的成功，是因为它们为广告商提供了特定的读者群。自由职业作者的多数机会来自垂直杂志。我们都渴望名字印到《大西洋月刊》的作者栏里，但多数作者不是从那里进入杂志世界的。有些垂直刊物，如《悦游》(Conde Nast Traveler)和《国家地理探险》(National Geographic Adventure)都发表优质的叙事文章。

刚当自由撰稿人时，要用跟写作相当的时间去投稿（及接受退稿）。我只知道一个作者，他的生活费从一开始就全靠自由职业的收入来支撑。这个人毕业之后就当了全职自由撰稿人。第一年，他卖出

---

[1] 吉姆·柯林斯（Jim Collins），Attaché 杂志客座编辑，曾是《达特茅斯学院校友杂志》（Dartmouth Alumni Magazine）和《洋基》（Yankee）杂志的编辑。他在《洋基》杂志任职期间，该杂志获美国国家杂志奖的综合卓越奖和报道奖提名。——译者注

了58篇文章，挣了30 000美元。他的大客户是《今日混凝土》(*Concrete Today*)，一本产业通讯杂志。能写的他都写，无论高低贵贱。《魅力》(*Glamour*)的一篇文章为他挣了5400美元，但他也为妻子参加的家庭老师协会写便宜的通讯文章。《魅力》是他的突破口。很快，他固定为这本杂志写稿，而且《魅力》的编辑把他介绍给了《时尚淑女》(*Mademoiselle*)。现在他写得少了，但挣得更多，这是他努力得来的。

通常来说，大家都是先有个职位，如刊物的作者或编辑，再慢慢转向自由职业。他们先业余写点文章赚外快，培养自由职业的基础，自由职业的收入达到每年25 000美元或30 000美元时，再转为全职的自由撰稿人。对于多数自由撰稿人，某几个报刊或合同带来大多数收入。我为《全美航空》(*US Airways*)写一个月度专栏，每篇挣1800美元。这就为每年的家庭预算提供了近22 000美元。我知道，我还可以每年写两到三篇特稿长文（每篇三四千词）。这个收入，再加上一点写书的预付款，我的年收入就会在50 000美元左右。

不同的杂志给的稿费差别非常大。有些校友杂志特稿的稿费是一词一美元。这也是《波士顿》杂志的稿费标准。航空杂志通常也为特稿开一词一美元，但栏目文章的稿费可能只有一半。一词一美元或许令人向往，但已经很长时间没涨了；我15年前向往的也是这个数字。最好的杂志开的稿费是一词两美元，或者更高（有时高得多），但一般来说，只开给成名的一流作者。

飞机杂志是叙事作者的一个大市场。我的《全美航空》编辑只定了一条规矩：不要写死亡、受伤、糟糕的天气，或任何提醒读者他们正在坐飞机的东西。这种杂志会冒险登一点商务舱乘客感兴趣的好玩另类题目。你可以写一篇关于"小人眨眼"(Tiddly Winks)成为百万美元产业的短文，因为那是一款在亚洲热卖的游戏。

寻找潜在客户时，不要以封面判断杂志。细读每一种貌似有趣的杂志。特稿有多长？作者名字印在目录上了吗？作者的资质如何？编辑允许个人化的声音吗？文章体现出深度、创造性和复杂性了吗？

一旦列出了潜在的杂志，为每一本杂志细化你的故事创意。投稿之前就要开始采编素材，不用等到任务敲定之后再动手。我们知道，自由撰稿人可能意味着一个陷入中年危机的居家爸爸，但其他人不知道。接近潜在的故事人物，说"我正在为一篇文章收集资料，我觉得这文章真的很有意思"。多数人会很有兴致谈论自己的生活、工作和困境。表现得亲切和自信。诚实地回答他们的问题，但不要一开始就道歉："还没人约我写这篇文章，但是……"

要想把故事创意成功地投出去，你必须预先做点研究。你需要说出人物是哪些人，放进至少一个你可能用的场景中，描述大致的故事线——推动故事的某个戏剧性元素，清晰的开场和结尾。你可能得花几个周末和晚上先试着干起来。不知道会不会有回报，但也别无选择。

跑腿的事完了以后，坐下来，认真考虑你的投稿策略。你要卖的不只是故事创意，还有故事背后的含义——为什么这个故事适合这本杂志？例如，把故事试投给一家地区性杂志时，谈一谈故事的潜台词揭示了这个地区历史元素的微妙变化。

首先，读杂志。如果附近实在找不到，打电话给杂志社索要样刊。研究刊物的栏目。短篇叙事能够满足多数杂志栏目的需求，包括美食、旅行和时尚。编辑倾向于注重特稿，但也必须填满每期的栏目版面。把故事投给那些版面，能提高你的命中率。

有效率地规划时间资源。要想靠自由职业谋生，让工作一举两得是唯一的出路。例如，我为《全美航空》写的月度专栏名为《怎么回事》（How It Works）。写那本科德角棒球联赛的书时，我想要使用专栏里的部分材料。早先我写过木球棒和铝球棒的物理特性对比。18个月后，书刚上架，我又发了一篇文章，写的是主要棒球联盟的人口分布变化和年度棒球选秀。

你的试投文章要能说明你已经掌握叙事的基本技巧。用闪光的细节使人物生动起来。确保那些细节能说明，为什么这个人配得上故事里的核心位置。考虑你提出的特稿和栏目长文的戏剧潜力。一篇成功的特稿要包含冲突或张力，并在叙事过程中得到解决。

在试投信里，只附上一两篇过去的作品；编辑的工作很繁重，看不了更多。只有能增强你的竞争力时，才附上以前的作品，而且旧作应属于你正提议写的那类。如果你试投的是需要采访的非虚构叙事，就不要附上私人散文，哪怕你写得很好。那种散文不能向编辑展示你的采访技巧和聚拢事实的能力。旧作要能证明你的能力：用故事进行思维，写作清晰，过渡顺畅，深化故事以求得意义。旧作用于证明你的专业性，糟糕或无关的旧作还不如没有。

我在《洋基》杂志做编辑的时候，每周收到50到75份试投信或文稿。其中一半以上都不适合这本杂志。剩下的大部分也只给出了话题简述，没有说出为什么我们应该选择它们。我们很少收到展示了采访证据，甚至实习生也能分辨出来，知道把它们放在"编辑细读"一堆里的详细叙事试投稿。我从那一堆里甄选，寻找作者声音的痕迹。我寻找的是激情，一种作者真的想讲某个故事的感觉。

新手可能因为一稿多投而遇到问题。编辑喜欢作者只考虑自己的杂志。每份试投稿都要为具体的杂志量身定做。如果你的主意适合多个杂志，做出相应的剪裁，一家家按次序试投。你投给每家杂志的试投稿应该是不一样的。先投给首选刊物，注明："我觉得其他杂志也可能对此感兴趣，这是个时效性话题。能不能在一个月内给我答复？"

如果没有收到答复，再去投下一家。重要的是，别让拒稿信打击到你或延误你投稿。

这里有几个策略，可以帮助你第一次接触某家杂志时提高命中率。

想一个只有你能写的故事主题

把你的生活经历、专业技能和个人及职业资源考虑进来。考虑你居住的地区，你的社区，你长大的地方，你周末做的事情。你生活中的独特领域带来只有你才有能力写的故事。如果你有自己独特的渠道，编辑也没办法找别人做这个故事。

跟进

如果编辑拒绝了你，说"我们正在做一篇类似的文章"，为自己设置一个跟进的提醒。如果六个月后那个题目还没有出现在杂志上，给编辑写一封友好的电子邮件，附上最初的试投信，询问是怎么回事。也许他还对你的想法感兴趣？

从小处着眼

为了在行业里站稳脚跟，报纸记者写较为重大的题目。转到杂志工作时，他们常常相信必须找到更重大的话题。杂志编辑不是这么想的。他们感兴趣的不外乎是这样的故事：能告诉读者世界怎么运作，人们怎么看待世界，怎么在其中生活。杂志照亮日常生活。精彩的叙事常常写的是揭示性的小事件。

考虑周年纪念

季节性的关口和事件的周年纪念是杂志文章的好机会。对于周年性的主题，月刊比报纸更为灵活。每年春天，科德角的大肚鲱洄游只持续两周,但写这件事的文章可以发在4月刊或5月刊上。记住,有些杂志的时间线很长。《洋基》的标准交稿截止期限是在发表前五个月,提前一整年甚至更长时间交稿也不是很罕见。幸运的是,作者可以在稿件录用时收到稿费——多数好杂志都是这么做的。

除了最成功的少数人之外,大多数自由撰稿人可能都需要为各种杂志写稿,接受各种各样的任务,而不是只写严肃的叙事新闻。我的目标是逐渐提高其中的叙事比例。如果把自己投入到这项技艺里,无论从个人还是金钱的角度,工作的挑战和回报都将越来越高。

不停手:作者的时间管理
斯图尔特·奥南[1]

约瑟夫·康拉德(Joseph Conrad)是一位多产作家。他说,写作只有两件难事:开始写,不停手。他说的绝对没错。每个作家迟早都要做大的独立项目。要想成功,你就必须找到时间,挤出时间,甚至偷得时间。正因为项目是独立的,没人能帮你,或催你写完。想要写完,就必须为自己立下规矩——不停手。

刚开始写作时,我还是个全职工程师。写短故事和小说的过程中,我经常半途失去兴趣,就此放弃。作家应该把事情做完,无论喜欢与否。即便失去了对作品的爱,你也能回过头来改进。半途而废会成为

---

[1] 斯图尔特·奥南(Stewart O'Nan),著有《为垂死者祈祷》《雪天使》等10部小说,以及《忠诚》(与斯蒂芬·金合著)和《马戏团火灾》等非虚构著作。——译者注

你的坏习惯，一定不要这样做。

大卫·布拉德利（David Bradley）是个优秀的虚构作家。我从他那儿学到，所有的初稿都是狗屎。有时，认清自己的初稿是一件伤心事。你已经一点点推进，很仔细地写，在纸上写出了漂亮的句子和出奇的意象，创造了正确的氛围。结果，你的初稿还是像狗屎一样。但这不要紧，你还有时间修改。

我研究了小说家约翰·加德纳（John Gardner）的私人文件，看过《格伦德尔》（Grendel）这样的奇妙小说的早期稿子，写得都很糟糕。就像多数优秀作家一样，他不会写作，却具备重写的能量和决心。每一部小说，他都写了一遍又一遍，直到写成我爱读的那种生动、持续的梦。我们怎么能效仿他呢？我们怎么能不停地干下去，即便是为别人干活？

规则一

自己对自己负责。有些作者自己跟自己立合同：我将于某月某日出版这本书。我认识的一个作家，奇普·斯坎伦（Chip Scanlan），真的签署这种合同，还钉到办公室的墙上。

规则二

永远随身带着手稿。我总是把正在写的东西带在身边。只要有一点时间，我就可以写几句。即便只是带上一张记着最新那句话的卡片，也能用五秒钟时间扫一眼，琢磨下一句是什么。过去当工程师时，我每天上班时都对自己说："今天我要写一句话。"

演员的一个窍门是永远带着台词，从而随时能更深入地研究角色。你也应该总是随身带着自己的手稿，以便能随时更深入地研究材料。不知怎么回事，写作在肉体上的贴近，能帮助我保持与它的联系，无论我正在上班，跟家人相处，还是在每天两小时的上下班路上。

规则三

抓紧午饭时间。抓紧生病的时间。如厕时也思考你的写作。抓紧所有可能的时间考虑你的作品。

规则四

永远带着笔记本和笔。

规则五

带上你的人物。我常常变身为笔下的主要人物，努力钻进那个人的视角。我会整天想象，那个人如何看待我看到的事情。如果主要人物是一个等丈夫出狱等了25年的女人，我会走进旅馆大堂，看每一个人都像看一个享受自由的人。

规则六

永远不要把稿子扔开太长时间。如果好几个星期不去写，你就永远写不完。现在我全职写作，我的目标是每天写一页。过去我有正职时，一天一段就很好。每天，我最多只能写五小时，无论有多少空闲时间。我在最好的时间段写作，然后用剩下的时间去修改、研究或核查事实。

规则七

写，不要聊。刚开始写一个东西时，不要过多地谈论它。有时，聊着聊着作品的神秘性就没了，然后你就会失去热情。

规则八

问问别人知道什么。如果你写的东西需要信息或线人，询问你遇到的每个人。

规则九

隔绝自己。午饭时间别让人能找到你。其他人都下班回家了，你要继续坐在桌前，或者比所有人都早到。那个时候，你干自己的活儿。

规则十

仔细安排时间。如果你不上班，把最好的时间用于大项目，把不那么要紧的时间用于谋生的活计。弄清楚你的黄金时间段是什么，规划日程表，把黄金时间用在你最在意的工作上。

规则十一

把最强的精力和最好的辞藻留给自己的写作。雇主的工作要做好，自己的要做得更好。

规则十二

永远不要迫使自己从写停了的地方开始写。方法当然就是，永远不要停手。把这个事放在心里。每次你停笔时，写一个小注或提醒，以便你第二天接着往下写。

规则十三

落实在纸上。除非词语在电脑屏幕或纸上一个个出现，世上的一切研究和采访都没有意义。

规则十四

采取极端手段。以前我真的用尼龙绳把自己绑在椅子上，强迫自己盯着光标。修改时，我发现自己保留的句子里，感觉糟糕的日子写的，和感觉轻易顺畅的日子写的，数量一样多。

有多长时间，就坐在那里多长时间。用尽力气让自己坐到那张椅子上。一旦你坐下来了，稍稍放松点。罗伯特·弗罗斯特（Robert Frost）说得最好："写作的艺术，就是坐到椅子上的艺术。"如果你被绑在椅子上，就会容易不少。

规则十五

记下你的梦。我曾半夜醒来，得到了一个完整的短故事。

规则十六

找到时间和空间。你写作的桌子必须舒服。用灯光、音乐、暖和的毯子或屏蔽噪声的耳机，把你的桌子布置成一个度过每天时光的舒适场所。

规则十七

享受写作。你不可能确切地知道你正在写的书能不能获得成功。你必须享受写作的时光。稿子离开桌面后的一切事情都不是真实的。桌面上发生的一切都是真实的。如果你的书赢得了国家图书奖，挣了几百万美元，那很好。如果彻底搞砸了，六个月就停印了，也很好。无论怎样，书本身一个词没变，没有更好或更糟。

评委会的心得

杰克·哈特

和以往一样，2002年普利策奖特稿写作评委是最后离开哥伦比亚新闻研究所会议室的。最后那个下午，我们已经挑出了三个最终候选。我们坐在桌子周围，筋疲力尽。桌子下面，已经排除的落选文章堆成了山。最终候选都是叙事文章，大约半数的入围文章都是。

《芝加哥论坛报》编辑吉姆·沃伦向大家提出了一个问题："经历了这个评选过程后，在特稿写作上，我们学到了什么？"以下列表是我们的心得：

1. 言之有物。
2. 对受害者的故事持怀疑态度。
3. 有叙事结构。读一本剧本写作的书。
4. 尽量清晰地组织文章。
5. 有一个戏剧性的引擎。
6. 不墨守成规。
7. 考虑故事的卖点。读者会从故事里得到什么？
8. 不要制造假英雄。
9. 不要惧怕表现复杂性和歧义性。

与代理合作

梅利莎·费伊·格林

给报刊写了一段时间文章之后，你开始觉得2000词的文章有点荒谬。很快，10 000词似乎也不足以容纳你想讲的故事。你渴求越来越多的词。为什么不写20 000词？或10万？是时候考虑写一本书了。

该如何让出书的想法离开你的书桌，送到出版社编辑的手上呢？

纽约的出版世界如迷宫一般，疯疯癫癫，政治化，博学，时髦，市场驱动，痴迷名人。在这地方行走，你需要帮助。你需要一个文学代理人。把文学代理人想象成房产经纪人，而你是卖房子的房主。第一件事就是收拾房子。打扫地下室，清理衣柜，给地板打蜡。你要让房产经纪人觉得：（1）这是颗宝石；（2）会有很多人感兴趣；（3）我们会卖出最好的价钱；（4）甚至，我心里已经有了买主。

你提交给文学代理人的资料必须光芒闪耀。第一句话应该像一个梦，流向第二句话。第一页的最末一段最好引人入胜。好的代理人都非常忙碌，他们桌上堆满了稿件，电话响个不停，助手们在联邦快递和复印机之间奔来奔去。每天11点到14点，代理人和编辑在小饭馆吃午饭，吃橄榄油面包和紫叶莴苣。他们从来不读已经出版了的书，老是驮着没出版的稿子和出书提案，在地铁里读，在出租车里读，在小饭馆里等编辑的时候读。

我的代理人每天收到10到20份提案。你的提案必须挤过一个极窄的窗户，赢得代理人的注意。有四种挤进这个窗户的办法。

1. 在代理人阅读的报纸或期刊上发表文章。例如，我的代理人订阅了至少一打主要报纸，用来搜寻好作者。如果你发表了有意思的文章，代理人可能给你打电话。这是找到代理人最容易的办法，也是可能性最低的办法。

2. 成功的作者把你推荐给他们的代理人。如果能这么做，那很棒。

3. 在《文学集市》(*Literary Marketplace*)或类似的出版指南上寻找代理人。这是最难的路径，你的提案会落进每天10到20份的一堆提案里。一般来说，100份主动提交的提案里，代理人最终决定代理的还不到一份。但确实有这种情况。

4. 通过代理人代理的书找到他们。这是我的代理人给严肃作者的建议。到一个大书店，找到你的书应属的书架。找跟你的书最相似的书，读里面的致谢那一节，找出代理人的名字，把书带回家。读完书，然后给代理人写一封私人信件，谈谈那本书，当然也谈谈你自己的书。

代理人找的东西有两样：写作能力和看清更大图景的能力。作者是否了解这本书关注的特别领域之外的地貌？作者是否真的明白这本书的意旨？这本书的前提是什么？优秀的文笔之外，驱动这本书的是什么？回到房产的比喻，文学代理人没时间应付破败的房子。他们要的是能卖得出去的东西。

这并不容易，但作者和代理人确实能找到对方。一旦碰上了代理人，就到了下一个阶段：准备你的出书提案。也许在找代理人的同时，你已经写出了完整的提案，但是，给编辑过目之前，你还得大大修改一番。我的每份出书提案都花了六到十个月才写完，并且都超过一百页。这是一种折磨，但我的代理人坚持要我这么做，因为他希望作者周详地考虑整个计划。这是一种保护，保护作者、代理人和出版商，以免无法结出成果的书伤害他们。

我的第一本书是《为墙板祈祷》(*Praying for Sheetrock*)。它的提案列出了书的完整故事，包括内容目录和六个样章。这里有个逻辑问题：记者和非虚构作者怎么能在调查尚未过半时就写出六章呢？答案是：提案不是非虚构写作。我把我的出书提案设想为主题是"史上最出色的非虚构书籍"的出色的虚构作品。当然，在做完全部调查前，你不知道写完后的书是什么样子。记住，你将会重写——也许重写许多遍——提案里的章节。出版商知道你还没写那本书，也知道你没做完调查。他们只是需要一个有根据的估测，一种做事的味道。

例如，《为墙板祈祷》的提案没有提到白人。作为游客、法律援助工作者和朋友，我混迹于佐治亚州麦金托什县的非裔美国人社区已有10年。写那份提案时，那里的白人我一个都不认识。最后，那本书里的一半事件和人物来自白人社区。那就是说，我的提案大概射偏了50%。

我决定写第二本书《庙宇爆炸》时，《为墙板祈祷》已大获成功。我想："出版商喜欢我，我和代理人编辑相处甚欢，一切都搞定了。我只需要告诉他们下本书写什么。"但我的代理人说："去写一份出书提案。"我震惊了，气呼呼地说："我打赌，詹姆斯·米切纳（James Michener）有了新书的想法时，只在鸡尾酒餐巾上写下'波兰'送过去，他们就给他800万美元。"我的代理人说，"你说的对。詹姆斯·米切纳是那么干的。现在去写你的提案。"

好书是怎样炼成的
海伦妮·阿特万[1]

想想你读过的最好的初刊在报纸或杂志上的非虚构书籍，它们为什么是好书？为什么那个主题值得写10万词？考虑写一本书时，这是要问自己的第一个问题：这个话题撑得起一本书吗？

有时候，主题很复杂，需要的字数远远超过一篇文章的容量。杰弗里·图宾（Jeffrey Toobin）的《巨大的阴谋》（*A Vast Conspiracy*）一

---

[1] 海伦妮·阿特万（Helene Atwan），曾在兰登书屋、西蒙·舒斯特等出版公司工作过，1995年任灯塔出版社社长。——译者注

书写的是克林顿弹劾案，全书超过 400 页，大约 15 万词。劳里·加勒特（Laurie Garrett）的《逼近的瘟疫》(*The Coming Plague*) 约有 30 万词，其中很多都有点惊悚。这种主题需要书的长度。

有些书中的故事超越了书发表的那一刻。约翰·赫西的《广岛》，蕾切尔·卡森的《寂静的春天》，卡尔·伯恩斯坦和鲍勃·伍德沃德的《总统班底》，这些书是应时的，却也拥有长久的价值和重要的主题。它们都还在加印。即便是未达此标准的书籍，其话题的时效性也必须保持三年。如果有了能写 10 万词的故事雏形，你就必须具备使之开花结果的写作技巧和风格。毕竟，作者需要长时间保持对读者的吸引力。

围绕一个主题发表了几篇报刊文章后，作者对相关主题的视野会变得比较有分析性、思想性和个人性。亚当·佩特曼（Adam Pertman）的《收养的国家》(*Adoption Nation*) 和汤姆·沃尔夫的《真材实料》就是如此。佩特曼先是为《波士顿环球报》(*The Boston Globe*) 报道收养孩子的故事，随后，他对收养的个人经验构成了一本丰富的书。《真材实料》中，起初是一群宇航员如何进入太空计划的文章，后来成了一本主题是男子气概的书。把叙事新闻扩展成书时，作者能够也必须写出自己的观点，比如，对报道和调查的看法，对事件意义和影响的分析。

也许你已经就书的主题写过多篇文章，但写书时，你很可能要做更多的采访。我在灯塔出版社编辑的最早几本书里，有一本是菲利普·温斯洛（Philip Winslow）的。他是个记者，一直在报道地雷的事情。我们动手做这本书时，他已经在非洲采访了 18 个月，但这本书需要一种不同的采访方式，他只好又去了非洲。他需要找到此书的中心人物。他在安哥拉的难民营里住了四个月，重点采访一位被地雷炸伤的女人。枯燥的统计数据背后需要那样一位人物。他希望读者了解地雷问题的大故事，也希望读者了解那个人。

书籍长度的叙事要获得成功，就必须拥有强大的叙事推动力、发展的人物和层层推进的故事。出版商对短故事集的兴趣小得多，因为不好卖。许多《纽约客》的作者出集子，但《纽约客》是个例外，它成就作者的方式，其他任何报刊都做不到。

大型商业出版社依赖少数大卖的书来补贴多数卖不动的书。小型的独立出版社在激烈的市场里寻找牢靠的书——虽然只能卖到中等水平。灯塔出版社的许多书成了大学教材，二三十年后还在印刷。

过去，多数非虚构书籍的销量在两万到三万之间。现在，很少有书能卖到这个数量。如果一本书卖出三万册，灯塔出版社这样的小型出版社会很激动，但兰登书屋已经不为所动了。商业出版社寻觅的是有潜力卖出远超那个数字的书。它们必定把注意力放在营销最有可能成功的书上，而不是谨慎地编辑、周详地营销每本书。产业机制使得一丝不苟地编辑的书籍得不到太多青睐。

当然，多数出版的书籍最后卖不到几十万册。为了应对这种情况，大出版社经常及时止损——即便合同已经签了，作者已经递交了书稿。若认定某本书不可能好卖，就只印很少，也不怎么推销。结果，十年前可能卖两三万册的书，现在只能卖五六千册。

第一次出书的作者大概只能拿到 5000 到 7500 美元的预付款。如果出版社觉得某本书将成为下一本《漫长的诉讼》(*A Civil Action*)，作者也许能拿到 15 万甚至 20 万美元。出书时不要只想着预付款。寻找你真正信任、能跟你共同进退的出版社。出第二本书比第一本难得多。对于许多首次出书的作者，最好选择一家作者较少的出版社，以免你被冷落。无论预付款多么丰厚，若出版社抛弃了你的第一本书，你再想出第二本可能就难了。

出书：从主意到合同
吉姆·柯林斯

我有了写一本书的点子：用叙事来描绘科德角联赛——全美最好的大学棒球手在夏天都会聚集到这个地方。我大学时打过棒球，知道这个联赛的神秘气氛。我放弃进入棒球大联盟的梦想已经20年了，但仍然想着怎样才能达到那个级别。一个20岁的全明星选手，突然身处一群20岁的全明星选手中间，第一次明白自己到底是什么水准，这是一种什么样的感觉？我兜售这个主意的经历虽然只是个例，但也许能带你一窥图书出版世界的神秘运作。

当杂志编辑和作者有几十年了，但写这本书的提案是我第一次真正在图书市场推销自己。我还没做完调查，不想勉强写几个样章，于是写了篇预测性的图书提案。提案里只是说："这个是联赛及其历史。这个是奖金。这个是赛季的典型过程。"许多地方我用心写到最好。

我原来是《洋基》杂志的编辑，这本杂志在新英格兰地区颇有名气。此时，我刚刚离职。我主要是个地区性的作者，我从来没有为《纽约时报杂志》或《大西洋月刊》写过稿。但我认识为它们写过稿的人，就请他们推荐代理人。同样的提案，我发给了五位代理人。

提案只有38页。我的市场分析其实就一句话："我认为这本书之于棒球，就像《对这些女孩来说，希望是肌肉》(*In These Girls, Hope Is a Muscle*) 之于篮球，《胜利之光》之于橄榄球。"这句话告诉他们：我熟悉体育写作，我懂得体育写作和体育文学的不同，我要写体育文学。

我联系的五位代理人中，有四位想代理这本书。有一位说，她不太懂棒球，代理不了。在一个鸡尾酒会上，她碰到另一位代理人，说到了这个提案。她觉得那个人非常适合。结果，这个人就是那四位里的一个。我犯下了第一个错误：一稿多投。我本该对每一位代理人都说明，提案不是只发给他一个人。

不过，事情还是进行得不错。我见了三位代理人，面试了他们（就像他们面试我），选了似乎是最适合的一位。他代理的作者中，许多写科德角的书都成功了，而且他在新英格兰书商中间口碑很好。

我跟代理人签约了。随后，他说：“我喜欢你的提案。现在，去做调查吧，写一个真正的给出版社的提案。”他认为，先做一个赛季的调查，将收获对这本书的更大兴趣和更多的钱。

为此，妻子和我冒了财务风险。我兑出了自己的人寿保险，付了夏天在科德角的10周房租。我们希望这本书的预付金能把保险金还回去。更重要的是，我们希望这本书能引来更高级别的杂志编辑，推动我的职业发展。

代理人和我递交给出版社的提案也挺短的，只有40页。其中有两篇我写体育的作品，两篇报纸上介绍我的文章。我没有写样章，而是写了书的目录、每章的故事线、全书的叙事走向，并详细描述了故事设定、联赛历史、球队和主要人物。

我的代理人把提案发给了22位编辑。一周之内，有14位联系了他，有意买下这本书。我已经很吃惊了，代理人却说这数字还不够高。他的反应出乎了我的意料。他说：“等到他们跟销售部门谈过再看吧。”出版社一个个退出了竞争。选稿编辑跟市场部谈过后，14家出版社缩减到6家。几位编辑提出了报价，最后我和珀尔修斯出版社（Perseus Press）签约，预付金是75 000美元。我对这个数字很满意。

按照网站"出版社的午餐"（Publisher's Lunch）的说法，我得到了一个"不错的合同"。再往上是"好合同""重要合同"和"大合同"。

在"出版社的午餐"眼里,我站在最低的一级;但我站在梯子上了,这就够我高兴的了。我知道,有些好作者只拿到 10 000 或 12 000 美元的预付金。

我的编辑是阿曼达·库克,她说,引起她注意的是我的提案里的调子。她不是棒球迷,但知道自己想读这本书。她一周收到五到十份提案,一年买下约 10 本书。交稿之后,我问她,她怎么知道哪本书是那 1/50 的呢?她回答:"就像判断什么是色情片一样,你看到就知道了。"

书和市场
盖里·托马[1]

每位非虚构作者都要努力记住一件事:图书出版商、代理人和编辑都爱你。我们可能爱你爱得过多,或爱得不恰当,但我们确实爱你,因为你有工资付房租,因为你习惯了被拒绝,也因为你理解截稿日期。

代理人代理短篇小说作者的难度最大,因为那个市场最小。代理学者的难度最小,因为他们有教职,也因为他们来到出版市场时,已经历过把论文写成书的艰苦历程。记者位于这两种人之间。有时,他们决定写一本书时,不完全知道自己签下的是什么。如果你身负大量在时间上相互冲突的职责,尤其有一项是固定的新闻报道时,不可能

---

[1] 盖里·托马(Geri Thoma),纽约伊莱恩·马克森代理公司(Elaine Markson Agency)的合伙人和文学代理。——译者注

估算出写完一本书究竟有多么困难。

　　写完第一本书后,许多非虚构作者说自己经历了一趟地狱之旅。其间,他们不再和朋友或家人交谈,最主要的,不再和配偶交谈。太长的时间里,他们什么也不做,只抱着那本书吃饭、呼吸和睡觉。写完后,他们精疲力竭,很难想象再这样来一次,特别是有全职工作的人。不过,许多人仍然写了更多的书。

　　决定写书时,你必须强烈意识到,无论时间和精力的代价多大,你的故事必须用一本书的容量来讲述。记者比其他作者更能感受到那么长篇幅的痛苦。我的学者客户担心写得太长,记者客户却打电话来问:"合同说我要写多少词?"只有记者才总知道自己已经写了 10 万词里的多少词。

　　通常的图书合同约定的时间是 18 个月。出版商签下一本书,这本书就以利润的形式塞进了一个出版周期。对于更以生意为导向的出版商,如哈珀·柯林斯和西蒙·舒斯特,预付款是账本上的借记条目,最好在书出版后变为贷记条目。现今,编辑承受着很大的压力,合同的截稿日期刚过,若书还没上架,就要取消该书的出版计划。有时作者可以延长合同,但出版社面临拖延时,很可能就把书取消了。传统的出版社,如克诺夫和诺顿,对截稿日期的态度偏向灵活。他们更想要的是作者,而非某一本书。

　　商业出版社似乎更愿意给学者更长的合同。他们明白,写公民权利运动的历史需要花点时间。学者会说:"未来五年我有两个学术假,所以我可以在五年半内写完稿子。"对于记者,商业出版社则催促他们更快地写完书。

　　书出版时,许多作者已然筋疲力尽,便产生了这样的想法:"卖书不是我的事。"很不幸,如果卖书不是你的事,它也不是任何别人的事。随着出版日期的临近，你必须运用创造力和说服力，而且干劲十足，力保书的成功。

由于你身处调查性的行业，对于出版社推广宣传部门那群工作过度、薪水过少、地位过低的职员，你的帮助可能是无价的。首先和最重要的一点是，最友善地对待那些在某种程度上掌握书的命运的年轻人。你可以像我的一个客户那样，提供一份名单和地址：可能为书写评论的报纸专栏作者，曾写过类似题材，可能为书写推介的记者。

我最爱合作的那类作者，既乐意介入出版流程，又懂得自己控制不了它。只要有助于书的销售，他们什么都愿意做。销售的成功是一种奇特、常常令人心碎的轮盘赌。结果往往取决于谁来写书评，以及营销人员是不是足够敏锐。

六年前，如果我问年轻编辑最想要哪种书，他们的答案里通常会有"灵性类"。惬意的平装小书一本本出："做这事的12条禅的法则"，"做那事的七条禅的法则"。大多数这种书都失败了。编辑很少再说要买灵性类的书稿了。三年前，同一群聪明的年轻编辑开始说，他们想要"叙事新闻"。但情况依然是：成功的作者卖书靠的是写作的力量，而非风潮的力量。

多数阅读严肃非虚构作品的买书人，寻觅新书时看的是作者，而非话题。读者购买《利奥波德国王的鬼魂》时，想的通常不是"我真的想看一本写利奥波德国王的书"，而是"亚当·霍赫希尔德真是个很有意思的作家。我敢打赌，他写的这本讲刚果的书一定很好"。

所有代理人都在寻找这样的文学作者：作品强大有力，读者永远忘不了那次阅读体验。这样的作者，无论下一步想写什么，代理人都很想了解。

跨界：从主张到叙事
萨曼莎·鲍尔[1]

我写《来自地狱的问题：美国和种族灭绝时代》(*A Problem from Hell: America and the Age of Genocide*)这本书时，不得不从激进主义和人权宣传转向历史和调查报道。我转向了写一本书所需要的某种客观性，但并非中立性。我也不得不走出学术界的围墙，进入真实的世界。

我决定写这本书，是因为有三个问题困扰我：为什么美国为种族灭绝做的事很少？为什么我们没意识到我们做得这么少？为什么我们还能说出"永不再犯"，仿佛20世纪90年代的种族灭绝没有发生？

我花了六年时间进行这本书的采访工作。我采访了数百位暴行的受害者、旁观者和施害者，他们来自发生了种族灭绝的国家：土耳其、德国、柬埔寨、波斯尼亚、卢旺达。但书的重点还是美国和美国人：记者、政府领袖、非政府组织的决策者。采访结束后，我面临三个关键挑战。

既然大家都知道这些事的结果，我该如何避免陈词滥调？我们都知道，600万犹太人死于大屠杀，80万人死于卢旺达的种族灭绝。我想让读者关注这些巨大危机里的生命代价，但如何才能制造某种悬念呢？

如何不以道德家的面目来写道德思考？事件的严重性深深地震动

---

[1] 萨曼莎·鲍尔(Samantha Power)，她的著作《来自地狱的问题：美国和种族灭绝时代》获得了2003年普利策奖和NBCC奖。现为哈佛大学肯尼迪政府学院教授。——译者注

了我，我如何能抽身跳出故事呢？

如何写一本关于没有发生的事情的书？我的书讲的是"非决定"或决定不做决定——不作为之罪，而非犯下之罪。这是写社会正义时的常见问题。官僚机构里的许多个人并不认为自己要为不正义负责。他们认为自己是机构的继承者——是机构造成了巨大的痛苦。我如何能同时捕捉到人物作用的限度，以及他们温顺地、不思较量地遵从"游戏规则"时展现出的个人作用？

第一个挑战，即避免陈词滥调，是极其折磨人的。我努力追踪美国官员何时明白正在发生什么——亚美尼亚种族灭绝，纳粹大屠杀，波尔布特统治红色高棉，卢旺达种族灭绝。他们具体在何时拿到正在发生的暴行的情报？情报何时被证实是事实？事实何时变为令人战栗哭泣的事实？某一具体个人如何和为何丢开这一系列事实？我们都知道这些故事的结果，但不知道其发展过程。

为这本书采编素材时，很难说服美国官员回顾自己的经历，提供对此的看法。因为美国政府内部很少人有个人立场，他们大部分不愿回顾自己在事件披露过程中的行为，这并不奇怪。

我发现《信息自由法案》是无价之宝。一位前政府官员可能会说："我不知道80万的死亡数字，直到种族灭绝之后，我们介入之后，坟墓挖开之后。"我可以证明，事实不是这样：在一份文件上找到那位官员的签名，表明在挖掘坟墓之前很久，他们已经知道屠杀。我也找到美国政府里的一些人，他们有兴趣随我挖掘他们的记忆。他们回顾自己的日记、笔记和电子邮件。我努力把媒体对事件的报道跟这些官员的个人备忘录和回忆匹配起来。为了避免陈词滥调，我追踪人物态度和日程的实时档案。

我面临的第二个挑战是，如何避免以道德家的面目写道德主题。

我写这本书，是因为我曾在波斯尼亚做过战地记者。我感到无比沮丧，因为一方面我在战地见证了屠杀，另一方面却看着北约战机在头顶飞过，他们观察着屠杀却不采取任何行动阻止。我报道了1995年斯雷布雷尼察（Srebrenica）的陷落。在电视摄像机的镜头下，8000名穆斯林男人和男孩被系统性处决。我想知道为什么。在纳粹大屠杀和斯雷布雷尼察屠杀之间的50年里，我们为何学到的这么少？

此书的第一稿写得不怎么样，谁也不会爱读。我很愤怒。我把第一稿扔到一边，不想想这件事。等再次回到书稿时，我的心态是编辑的心态：我正在编辑一份话题吸引我的稿子。我一直认为自己当编辑比当作者强。

把故事交给人物是关键。作者应该培养出强大的声音，但音调不该高到分散了读者的注意。我要保证读者不会因为我的声音过响而跟我争辩，读者的对手应该是美国官员，如乔治·舒尔茨、沃伦·克里斯托弗和富兰克林·罗斯福。

定位于道德的灰色地带是必要的。犯下恶行的人，甚至是种族灭绝的施害者，很少认为自己是在做坏事。他们跟自己讲有力的道德故事。如果对这些事情的描述不包含施害者的叙事——无论多么伪善或离奇，那么，就降低了我们在未来类似事情里辨认出这种人的能力。

我是通过写奋起阻止种族屠杀的干预者来写种族灭绝的旁观者的。书中的一个主要人物是拉斐尔·莱姆金，一位在纳粹大屠杀时失去了49位家人的波兰籍犹太人。20世纪30年代，他告诉欧洲的律师，大屠杀这样的罪行肯定要发生，不只杀犹太人，还会杀亚美尼亚人、蒙古人和胡格诺派（Huguenots）。1944年，他发明了genocide（种族屠杀）这个词。善行之外，他是个不可忍受的混蛋和大剽窃犯。正如恶比黑色要灰一点，善也不是纯白色。这是我学到的重要一课，也是此书努力传达的一点。

卢旺达种族灭绝时期,克林顿政府里有几个恶棍,他们的态度很简单:此事与我们的国家利益毫不相干。非洲人不在我们国家投票,而我们马上要大选了。克林顿的国家安全顾问安东尼·莱克不是这样。他的故事复杂多了,读来尤为引人入胜。我采访的所有人里,莱克是最配合的。他开放自己,解读发生的事情。结果,我的书讲他讲得最透,我很感激他的许可。

我面临的第三个挑战是讲述"非事件"和"非决定"。对种族灭绝做出反应时,美国官员经常决定不做决定。很难让官员回忆自己的行动,因为面对这种恐怖时,他们做的事很少。国家安全档案库是位于华盛顿的一个非政府组织;卢旺达种族灭绝后不久,他们促成了政府文件的解密。因为美国政府什么也没做,解密官员非常慷慨。他们的思路似乎是,美国没什么要隐藏,因为美国在卢旺达什么也没做。这些文件帮助我追踪美国在种族灭绝时期的态度——本书的叙事动力。但是,一本书要有戏剧性,通常需要行动。这里,我很幸运地了解到某些个人,他们推动政府做更多的事(当然并未成功)。他们与不想行动的人的对抗提供了不错的戏剧张力。我的悬念来源于一丝不苟地描写某个时刻的悬而未决——只是在事后,这种悬而未决才消失。

如乔治·奥威尔所言,写一本书就像生一场病。我的结论是,只有当我不能忍受某本书不存在,只有我心里有个纠缠的必须回答的问题,我才能写出那本书。作者动手写书时,最重要的决定是如何表述那个问题。如果早知道这个过程这么折磨人和漫长,我可能根本不会动笔。写严肃的非虚构作品需要在一段时间变得厌恶社交。经受那种程度的厌恶需要固执和一种几乎要命的对满足好奇心的渴望。绝不要只是为了写书而写书,大量其他类型的重要文字也等着人写。

写作的热情
苏珊·奥尔良

成功的作者必须抱有对写作的热情。成为作者和看重热情，这是某种悖论。因为按定义，作者是局外人。写《星期六夜晚》(Saturday Night)这本书时，我问自己："我究竟为什么选中了这份工作？我讨厌自己是局外人。我讨厌自己被排除在外。"我写的书讲的是那种美式热情：一周用一个夜晚做特别的事。我发现，大部分人希望星期六晚上和在乎的人共同度过。而我发现这一点，是因为五年时间里的星期六夜晚我都是和不认识的人共同度过的。

许多作家强化了疏离感，使得我们特别适合这一工作。写《兰花贼》时，我嫉妒我写的人。他们都深深嵌入自己真的在乎的事物之中。兰花盗掘者渴望找到珍稀兰花，书里刻画了他们的生活：如何花掉时间和金钱，谁是他们的朋友，他们会去什么地方。

跟访兰花盗掘者的时候，我明白自己确有一种真正的热情：对于我的工作，以及"我的工作重要"这个想法。叙事非虚构作品有一个自我尊重的问题。为了讲点小故事，写出读来很耗时间的长文，这事情正当吗？我认为很正当：我们人类天性就爱交流，想要了解其他人的故事。作为作者，我们出去了解世界，然后回来告诉别人。只要作者对之有热情，任何故事都值得讲述。

身体上和感情上的偶尔不适是叙事作者的一个负担。这个工作不是坐办公室的。每次逼着自己出门，我都努力记住这么做是有回报的。经常是这样：在外采访时，我最强烈的欲望是回家。

而强迫自己留在外面时,我通常会发现某个改变整个故事的东西。有一次,我写琼·詹宁斯的特写,她是《汽车》杂志的编辑。采访快结束时,她决定跟她的妇科医生驾车去路易斯安那猎野鸭。我想:"哦,听起来是瞎搞。"虽然很想回家,但心里冒出的声音一直萦绕不去:我应该跟着去猎野鸭。后来,事情是这样的:

琼·詹宁斯和莱得福特医生开车非常非常快,基本都是顶着限速开。莱得福特医生还有个名字,她用那名字在密歇根州安娜堡当妇科医生。琼·詹宁斯是莱得福特医生的病人,也是《汽车》杂志的主编,总是四处跑来跑去。最近的一个早晨,琼和医生前往路易斯安那猎野鸭。她们开一辆银色 2001 款雪佛兰 Suburban,装了三箱弹药、三把猎枪、琼的两条切萨皮克湾猎犬罗纳德和桑德拉·卢、迷彩衬衫、夹克、裤子、鞋、伞、我、六瓶健怡可乐。她们的计划是早晨五点半离开安娜堡,除了加油和上厕所,直奔目的地,当然还得在纳什维尔把我放在机场;最后,在第二天黎明到达新奥尔良附近的一处野鸭猎场。为此,她们的平均速度要达到每小时 136 公里。她们俩从来没有一起出行过。不管去哪儿,琼都习惯了自己是路上最快的司机;她不确定这位妇科医生会有什么反应。莱得福特医生并未令人失望。

"这辆车 90 迈时的转弯相当不错,珍妮(译注:珍妮为琼的昵称)。"医生说,把车扭向右侧。

"棒极了。"琼说,"就算这该死的雨下成这样。"

"嘿,珍妮,"医生说,"等我们到了路易斯安那,那些该死的机器鸭最好在那儿。"机器鸭是琼前一天预订的诱饵鸭子。突然,一辆黄车从右侧飞驰而过。"狗娘养的,"医生说,"那辆野马跑疯了。我看看能不能追上他。"

"他跑远了，医生。"琼说，身体前倾，辨认那辆野马，"哟，他已经到下一个县了。那家伙火烧眉毛呢。"

"真是的！"医生不爽地说。她把 Suburban 推到 95 迈，靠近左道一辆脏兮兮的重载卡车。她猛地刹车，然后看着琼，翻了翻眼睛。

"反目的地联盟的又一个成员。"琼说。

有时，你也希望干一份坐办公室的工作。但是，什么也比不上报道时看着事情在眼前展开那么动人。那时你会想，我做不了世上任何其他事。

下面是走上这条路时，你要问自己的几个问题。

你为什么要当作家？这么问似乎把问题简化了，但这是个值得一问再问的问题。你当作家，是因为你喜欢跟人交谈？或是因为你喜欢讲故事？到底是什么？写作不是世上最容易的职业，也肯定不是最挣钱的职业。只有秉承高度的承诺和真正的渴望，写作才会成功。

你热爱语言吗？语言使我着迷。有时，我看到一个很久没见的词，或不认识的词，就迫不及待想把它写进故事里。

你好奇心强吗？你真的对周围的世界感到惊奇吗？如果不是，这个职业不适合你。

甚至更重要的：你有点控制狂吗？很强的控制欲是有价值的。你车里的后座坐着读者，你要带他们去某个地方。你必须掌控一切。报道时必须谦卑，但回到桌前动手写作时，你必须当领头的，对读者说："坐好，我要带你们好好走一程。"

最重要的，你是否觉得这个世界和世上的人是一个奇迹。把孩子们的兴奋感和探索欲望带进你的工作。我们都是成熟的成年人，见识过和做过许多事情。但当你出门寻找故事时，仍要带着愉悦感。如果你能体会到愉悦，你的读者也能。若我写一个10岁男孩，对于"10岁"这件事，他的智慧远胜于我。无论主人公的才能高低，我们都能从中学到东西。每个人都觉得自己掌握了某种东西。走进世界时，记住这一点。在不同人身上，这种品质落在"真的很棒"到"有点错乱"的区间里，但从来不是傻。那是人们爱上了什么——爱从来不傻。